Johann Conrad, u. a.

Handwörterbuch der Staatswissenschaften

Johann Conrad, u. a.

Handwörterbuch der Staatswissenschaften

ISBN/EAN: 9783743434219

Hergestellt in Europa, USA, Kanada, Australien, Japan

Cover: Foto ©Andreas Hilbeck / pixelio.de

Manufactured and distributed by brebook publishing software (www.brebook.com)

Johann Conrad, u. a.

Handwörterbuch der Staatswissenschaften

Handwörterbuch der Staatswissenschaften

Herausgegeben
von

Dr. J. Conrad,
Professor der Staatswissenschaften zu Halle a. S.

Dr. W. Lexis,
Professor der Staatswissenschaften zu Göttingen.

Dr. L. Elster,
Professor der Staatswissenschaften zu Breslau.

Dr. Edg. Loening,
Professor der Rechte zu Halle a. S.

Ausführliches Sach-Register

bearbeitet
von

Dr. P. Lippert,
Bibliothekar des Kaiserl. preußischen statistischen Bureaus.

Jena,
Verlag von Gustav Fischer.
1895.

Die römische Ziffer bezeichnet den Band, die arabische die Seitenzahl desselben.

Register.

Abbau I, 1, s. a. Arrondierung, Gemeinheitsteilung, Zusammenlegung der Grundstücke.
Abdecker I, 2.
Abdeckereigesetzgebung s. Abdeckerei.
Abfallstoffe I, 5, s. a. Industrieabfälle, Städtereinigung.
Abfahrts- oder **Abzugsgeld** s. Nachsteuer V, 1.
Abfertigung, Abfertigungsverfahren (Zollamtliche Behandlung), s. Zölle x. VI, 841.
Abfindungsfeststellungen, Abfindungsgrundstücke s. Zusammenlegung der Grundstücke VI, 905 u. 913.
Abfuhr s. Städtereinigung.
Abgaben an den Papst, Abgaben an die Bischöfe s. Kirchliche Abgaben IV, 675.
Abgaben s. Steuern, Gebühren, Bäuerliche Lasten.
Abhängigkeitspatent s. Patentrecht V, 128.
Abiturientenexamen s. Reiseprüfung IV, 413.
Abkehrscheine s. Arbeitsbuch I, 640.
Ablösung, I, 5, s. a. Abdeckerei, Apotheken, Bäuerliche Lasten, Bauernbefreiung, Eigentum, Forstpolitik, Gewerbegesetzgebung, Grundgerechtigkeiten, Mühlenrecht.
Ablösungsbanken s. Rentenbanken.
Abmeierung s. Meier und Meierrecht.
Abogados s. Anwaltschaft I, 358.
Abonnenten s. Zeitungen x. VI, 806 u. 809.
Abonnements (Abfindungen) s. Wein x. VI, 665.
Abortive s. Abtreibung der Leibesfrucht.

Abrechnungsstellen I, 7, s. a. Clearing-House II, 886, Giroverkehr IV, 66.
—, Geschäftsordnungen, technische Prozedur der einzelnen, s. Abrechnungsstellen I, 8.
Abrechnungsstellenstatistik s. Abrechnungsstellen I, 10.
Abrollspediteur, s. Speditionsgeschäfte V, 807.
Absatz- und **Absatzstockung** s. Handel, Krisen, Ueberproduktion.
Absatzgenossenschaften der Landwirte s. Magazingenossenschaften IV, 1095.
Abschoßgeld, Erbschaftsgeld, gabella hereditaria s. Nachsteuer V, 1.
Abschreibung s. Buchführung.
Absenteismus I, 1x.
Absolutisten in Nordeuropa und Asien (Schweden, Norwegen, Rußland) s. Mäßigkeitsbestrebungen x. IV, 1150.
Absperrungsmaßregeln gegen Fremde, s. Fremdenpolizei III, 681.
Absterbeordnung s. Sterblichkeit und Sterblichkeitstafeln VI, 7x.
Abstinenztheorie in der Preisbildung s. Preis V, 240.
—, im Zinswesen s. Zins VI, 819.
Abtreibung der Leibesfrucht I, 13.
Abteilung der Küste des deutschen Interessengebiets in Ostafrika durch den Sultan von Zanzibar an England s. Kolonien x. IV, 758.
Abweisungsrecht fremder Ankömmlinge s. Fremdenpolizei III, 681.
Abzahlungsgeschäfte I, 14, s. a. Handwerk IV, 864.
Abzugsbrief s. Freizügigkeit III, 678.
Abzugsgeld oder **Abfahrtsgeld** s. Nachsteuer V, 1, s. a. Freizügigkeit.

Accessoire s. Zölle x. VI, 836.
Accise I, 17.
—, ihre Entwickelung in Preußen, Sachsen, Bayern, England s. Accise I, 18.
Accisestreit, s. Finanzwissenschaft III, 493.
Accordsystem s. Gefängnisarbeit III, 723.
Achard, Fr. Karl, als Begründer der ersten Rohzuckerfabrik Deutschlands, s. Zuckerindustrie VI, 866.
Achenwall, Gottfried I, 21.
Ackerbau I, 22.
—, Ackerbau, Feldbau s. Landwirtschaft.
—, der alten Griechen und Römer s. Ackerbau I, 23.
—, Entwickelung des, vom Zerfall des römischen Reiches bis zur Mitte des 18. Jahrh. s. Ackerbau I, 25.
—, Fortschritte des, im 18. Jahrh. s. Ackerbau I, 27.
—, Umgestaltung des, im 19. Jahrh. s. Ackerbau I, 30.
Ackerbaukolonien s. Kolonien IV, 703.
Ackerbauschulen s. Landwirtschaftliches Unterrichtswesen VI, 579.
Ackerbausysteme I, 34.
Acquit-à-caution s. Veredelungsverkehr VI, 420, s. Wein x. VI, 666.
Acta eruditorum s. Zeitungen VI, 806.
Acta diurna populi Romani, s. Zeitungen VI, 805.
Acta senatus s. Zeitungen VI, 805.
Actuary s. Lebensversicherung IV, 1011.
Adams, Charles Francis jr. I, 42.
Adel I, 42.
—, der spanische und englische s. Adel I, 47.

Adjudikation — Alters- und Invaliditätsverficherung

Adjudikation, Adjudikationsverfahren f. Zusammenlegung der Grundstücke VI, 911.
Admission temporaire f. Ausfuhrprämien I, 969, f. Veredelungsverkehr VI, 416 u. 420.
Adulteration of Food Acts 1860, 1872, 1874 f. Nahrungsmittelpolizei V, 5.
Advertisement tax f. Zeitungssteuer VI, 814.
Advokatur f. Anwaltschaft.
Aequivalenztheorie f. Steuer VI, 106.
Ærated bread shops f. Wirtshauswesen x. VI, 720.
Ärztlicher Beruf, Ordnung des, in Oesterreich, Frankreich, England f. Arzt I, 946.
—, Stand, Organisation des, f. Arzt I, 945.
—, Titel, Führung des, f. Arzt I, 942.
Aes hordearium f. Wehrsteuer VI, 652.
Affektionswert f. Wert VI, 683.
Aftermieter (Chambregarnisten) f. Wohnungsfrage VI, 730.
Agenten f. Ausfuhrmuster lager I, 961.
Agents de change f. Börse, f. Mäklerwesen IV, 1101.
Agraturwesen I, 48.
Agio, I. 50.
Agrarbevölkerung f. Agrarstatistik I, 68.
Agrargesetz Jean Cuja's v. 24./28. VIII 1864 f. Bauernbefreiung II, 250.
Agrargeschichte I, 51, f. a. Ansiedelung.
Agrarkommunismus frühester Zeiten f. Sozialismus x. V, 769.
Agrarkrisis I, 54.
Agrarpolitik I, 63.
Agrarsozialismus, der moderne, (Th. Spence, Th. Hall, H. George) f. Sozialismus x. V, 777.
Agrarstatistik I, 63.
—, Geschichte der, f. Agrarstatistik I, 64.
Agrarwesen der Germanen f. Feldgemeinschaft III, 376.
Agrarzölle f. Getreidezölle. Viehzölle.
Agricultural College (Royal) Cirencester (gegr. 1845) f. Unterrichtswesen, landwirtschaftliches VI, 392.
Agrikultursystem f. Physiokratische Schule V, 150, f. a. Quesnay.
Aichung f. Maß- u. Gewichtswesen.
Aids (auxilia, dona) f. Taille VI, 180.
Ainigungen f. Zunftwesen VI, 882.

Akademie f. Gelehrte Gesellschaften, Gewerbliches u. landwirtschaftliches Unterrichtswesen, Universitäten.
Akatal-la-Syftem f. Bauernbefreiung II, 259.
Akklimatisation I, 78.
Akklimatisation u. Kolonisation I, 84.
Aktien, junge, f. Zeitgeschäfte VI, 801.
—, Kursüberschuß der, über den Parikurs f. Agio.
Aktiengesellschaft als Korporation f. Aktiengesellschaften I, 87.
—, als Person f. Aktiengesellschaften I, 92.
—, Vorstand der, f. Aktiengesellschaften I, 95.
—, f. Handelsgesellschaften IV, 785.
Aktiengesellschaften I, 85.
—, Anwendbarkeit der Unternehmungsform der, f. Aktiengesellschaften I, 115.
—, Gebahren der (Inventur, Bilanz), f. Aktiengesellschaften I, 97.
—, Geschichtliches und Begriffliches f. Aktiengesellschaften I, 86.
—, Grundkapital (Erhöhung und Verminderung) der, f. Aktiengesellschaften I, 98.
—, Liquidation u. Fusion der, f. Aktiengesellschaften I, 100.
—, Simultan- u. Sukcessivgründung der, f. Aktiengesellschaften I, 96.
—, Statistik der, in Deutschland, Oesterreich-Ungarn, Großbritannien u. Irland, Italien, Frankreich, Rußland, Belgien, Holland, den Vereinigten Staaten v. Amerika f. Aktiengesellschaften I, 123—177.
—, Statutenänderung der, f. Aktiengesellschaften I, 98.
—, volkswirtschaftliche Bedeutung der, f. Aktiengesellschaften I, 111.
Aktiengesellschaftlicher Betrieb, Vorzüge und Nachteile des, f. Aktiengesellschaften I, 116.
Aktienkommanditgesellschaften, Rechtsgesetzliche Normierung der Bestimmungen für, gegenüber den für die einfachen Aktiengesellschaften f. Kommanditgesellschaften auf Aktien IV, 781.
Aktienrecht f. Aktiengesellschaften.
—, in England, Frankreich, Belgien, Italien, Schweiz, Spanien, Oesterreich-Ungarn, Verein. Staaten v. Amerika f. Aktiengesellschaften I, 101.
Aktionäre, Generalversammlung der, Sonderversammlungen, An-

fechtung der Generalversammlungsbeschlüsse f. Aktiengesellschaften I, 99.
Aktiv- u. Passivhandel f. Handel IV, 764.
Aktivmasse, Bestandteile der, f. Konkurs IV, 802.
Alimentation I, 177.
Alimentationspflicht f. Alimentation.
Alkoholgegnerbund f. Mäßigkeitsbestrebungen IV, 1151.
Alkoholismus f. Trunksucht.
Allmenden I, 181.
—, f. a. Ansiedelung I, 299, f. Hufe IV, 491.
— in der Schweiz f. Allmenden I, 183.
— in Süddeutschland f. Allmenden I, 185.
Allmendrecht f. Allmenden I, 184.
Allmendusurpation f. Gutsherrschaft IV, 235.
Allodification f. Lehnsgüter, Lehnswesen.
Allowance-System f. Armenwesen I, 835 u. 876.
Almosengeben und Gabensammeln, Verbote des, in Deutschland f. Armenwesen I, 921.
Alpenwirtschaft I, 190.
Altböter od. Flickschuster f. Zunftwesen VI, 891.
Altenteil, Altenteilsverträge I, 192.
—, f. Leibrente.
Alter der Heiratenden f. Heiratsstatistik IV, 462.
Alternationsverficherung f. Lebensverficherung IV, 991.
Altersgliederung der Bevölkerung I, 199.
Altersgruppen, die demographisch u. volkswirtschaftlich relevanten, f. Altersgliederung I, 201.
Altersrente, Fortfall der, eines Versicherten bei Gewährung der Invalidenrente f. Invaliditäts- x. Versicherung IV, 605.
—, Verminderung der Wartezeit für den Erwerb der (RG. v. 8. VI. 1891), f. Invaliditäts- x. Versicherung IV, 607.
Alterscreditkasse, Gesetzliche Organisation und Entwickelung f. Arbeiterversicherung I, 560.
—, nationale (Projekte Cavours, Billos, Cairoli's, Berti's u. Grimaldi's) f. Arbeiterversicherung I, 579.
Alterssparkasse, gestiftet von Frh. v. Diergardt in M.-Gladbach, f. Sparkassen V, 796.
Alters- und Invaliditätsversicherung I, 204.
— der Arbeiter f. Reichsversicherungsamt V, 407, f. Arbeiterverficherung I, 529.
—, Kosten der, f. Alters- x. Versicherung I, 209.

Altersverschiedenheit der Eltern im Einfluß auf das Geschlecht der Geborenen s. Geschlechtsverhältnis ꝛc. III, 617.
Altonaer Krierung zum Freihafen, 1664, s. Schiffahrt V, 546.
Altruismus I, 238.
Amalgamationsverfahren, Einführung des, s. Silber ꝛc. V, 660.
Amerxforter Tabak s. Tabak VI, 186.
Ammenwesen I, 241.
Amortisation s. Mortifikation, Staatsschulden, Buchführung.
Amortisationsdarlehen der Hypothekenbanken s. Hypothekenbanken.
Amortisationsgesetze I, 241.
—, Geltender Rechtszustand in Preußen, Bayern, den übrigen deutschen Staaten u. Elsaß-Lothringen s. Amortisationsgesetze I, 244.
Amortisationszuschlag s. Konversionen IV, 852.
Amt, Amtsfragen s. Zunftwesen VI, 878.
Analphabeten I, 248.
—, Statistik der, s. Analphabeten I, 249.
Anarchismus I, 262.
—, der französische, in den 80er Jahren s. Anarchismus I, 260.
—, Kritik des, s. Anarchismus I, 265.
— s. a. Proudhon.
Anarchisten, die, und die Internationale, s. Anarchismus I, 258.
Anarchistenausschußung auf dem Haager Kongreß, 1872 (Bakunin ꝛc.) s. Internationale IV, 596.
Anatocismus conjunctus, anatocismus separatus s. Wucher VI, 781.
Anbaustatistik s. Agrarstatistik I, 71.
Andersons' (James) Grundrententheorie s. Grundrente IV, 193.
Andrews, Elisha Benjamin I, 270.
Aneignung, körperliche, der Sache s. Besitz II, 419.
Anerbenrecht I, 270.
—, neueres, in den deutschen Staaten u. Oesterreich s. Anerbenrecht I, 273.
Anerkennung der deutschen Erwerbungen in Ost-Afrika und der französischen Schutzherrschaft über Madagaskar durch Frankreich, 17. XI. 1890 s. Kolonien ꝛc. IV, 758.
— des deutschen Protektorats über Südwest-Afrika durch England, s. 22. VI. 1884 s. Kolonien ꝛc. IV, 758.
Angebot u. Nachfrage in der freien

Verkehrsordnung s. Wettbewerb VI, 700.
Angebotspreis s. Preis V, 242.
Ankündigung, Aenderung s. Zeitgeschäfte VI, 801.
Anlagekredit s. Kredit IV, 874.
Anleihen I, 278.
—, Begebungsweise der, s. Anleihen I, 287.
—, erzwungene und freiwillige, s. Staatsschulden V, 826.
—, innere und äußere, s. Staatsschulden V, 826.
—, Lasten- u. Besitzverteilungsbeeinflussung durch, s. Staatsschulden V, 822.
—, Nominalzinsfuß der, s. Anleihen I, 286.
—, Wirkung der, auf die Güterzeugung s. Staatsschulden V, 822.
—, Zweckmäßigkeit von, s. Staatsschulden V, 822.
Anmeldestellen, Ansagepoften (zwecks Anschreibungen für die Verkehrsstatistik im deutschen Zollgebiet) s. Meldepflicht IV, 1164.
Anmeldung bei der Eintragierungsbehörde s. Registrierungsabgaben.
Annaten s. Kirchliche Abgaben IV, 675.
Annoncen, Annoncenwesen, Anzeigewesen, Annoncenbureaus s. Zeitungen ꝛc. VI, 809.
Annuität I, 289.
Anmilitär-Belastungsrecht der Heimstätte zur Hälfte des Ertragswertes s. Heimstättenrecht IV, 455.
Anonyme Gesellschaften s. Aktiengesellschaften.
Anrüchigkeit s. Abdeckerei, Zünfte.
Ansagestellen, Ansagepoften, Ansageverfahren s. Zölle ꝛc. VI, 841.
Ansiedelung I, 291.
— s. Kolonisation, Auswanderung.
Ansiedelungsgesetz, preußisches, v. 1885 bezw. 26. VIII 1876 s. Wohnungsfrage VI, 746.
—, preußisches, für Polen u. Westpreußen I, 311.
Ansiedelungsgesetzgebung I, 314
Anteilswirtschaft s. Gewinnbeteiligung, Landwirtschaft IV, 64.
Anthropologie und Anthropometrie I, 318.
Anthropometrie s. a. Statistik VI, 6.
Antialkoholkongresse, internationale, zu Paris und Brüssel 1878 u. 1880 s. Mäßigkeitsbestrebungen IV, 1164.
Anti-corn-law-league I, 336.
Antikettengesellschaft s. Freihandelsschule III, 667.

Antinomie, logische, im Sozialprinzip s. Individualismus IV, 565.
Anti-rent-agitation, Anti-rent-associations s. Antirenters.
Antirenters in Amerika I, 346.
Antisklavereikonferenz, Brüsseler, v. 2. VII 1890 s. Kolonien ꝛc. IV, 716.
Antisklavereilotterie 1891/92 s. Kolonien IV, 769.
Antizipation von Steuern s. Staatsschulden V, 827.
An- und Abmusterung der Seeleute s. Schiffahrt V, 550.
Anwaltschaft I, 347.
— im Deutschen Reich, in Frankreich, England, Oesterreich-Ungarn, Belgien, Rußland, Spanien, Italien s. Anwaltschaft I, 348/54.
Ansteckungspflicht, gesetzliche, bei Erkrankungsfällen an Cholera, Blattern, Typhus ꝛc. s. Volkskrankheiten VI, 521.
Anzugsgeld I, 354.
— im 19. Jahrh. s. Anzugsgeld I, 356.
Apanage I, 357 s. Civilliste.
Apanagebauern s. Bauernbefreiung II, 258.
Apanagium s. Apanage.
Apotheken I, 360.
—, Statistik der, Deutschlands s. Apotheken I, 365.
Apothekerwesen des Auslandes s. Apotheken I, 369.
Apotheker, Niederlassungsfreiheit approbierter, s. Apotheken I, 365.
Appraisers (amtliche Schätzer) s. Zölle VI, 836.
Appreturverfahren im zolltechnischen Sinne s. Verebelungsverkehr VI, 418.
Appreturzoll, österreichischer, seit 1. 1863 s. Verebelungsverkehr VI, 421.
Approbation der Aerzte s. Arzt I, 941 u. Approbationen.
—, Erwerbung der, s. Apotheken I, 361 u. Approbationen.
— u. Konzessionierung zu Gewerbebetrieben s. Gewerbegesetzgebung III, 964 u. Approbationen.
Approbationen I, 372.
Approbationsjahle s. Budgetrecht II, 776.
Arbeit, I, 372.
— jugendlicher und weiblicher Personen in Frankreich nach gegenwärtigem Recht s. Arbeiterschutzgesetzgebung I, 461.
— von Kindern, jugendlichen Personen und Frauen in Oesterreich, s. Arbeiterschutzgesetzgebung I, 426.
— von Kindern und jungen Leuten in der Gegenwart. Umfang derselben seit 1880 (in Deutschland

Italien, Belgien, Holland, Frankreich, der Schweiz, England) s. Jugendliche Arbeiter IV, 436.
Arbeit, materielle und immaterielle s. Arbeit I, 372.
— Minderjähriger, Gesetz, schwedisches, betr. die, vom 18. XI. 1881 s. Arbeiterschutzgesetzgebung I, 478.
—, produktive und unproduktive s. Arbeit I, 373.
—, Verbrechen gegen die Freiheit der, (strafgesetzliche Bestimmungen für Italien) s. Gewerbegesetzgebung III, 1021.
—, vorgethane s. Zins VI, 817.
Arbeitende Klassen und die Arbeiterfrage, Geschichtliches s. Arbeiter I, 386.
Arbeiter I, 362.
— und Armenkolonien, holländische, s. Arbeiterkolonien I, 598.
—, Belastung der, durch die Thätigkeit am Sonntage s. Sonntagsarbeit V, 703.
— in Deutschland, Statistisches über die, s. Arbeiter I, 383—86.
—, jugendliche s. Jugendliche Arbeiter.
—, Koalition der, zur gemeinsamen Bestimmung ihrer Löhne s. Arbeitslohn I, 691.
—, weibliche s. Frauenarbeit.
Arbeiteragitation unter dem II. Kaiserreich s. Commune II, 840.
Arbeiterassoziation, internationale, s. Internationale IV, 592.
Arbeiterausschüsse s. Bergbau II, 375.
Arbeiterbildungsvereine, kommunistischer Londoner, s. Internationale IV, 592.
Arbeiterbildungswesen s. Volksbildungswesen.
Arbeiterfrage, industrielle, s. Arbeiter I, 389.
—, Wesen der, s. Arbeiter I 380.
Arbeitergesetzgebung von Connecticut im 17., 18. u. 19. Jahrh. s. Arbeiterschutzgesetzgebung I, 493.
Arbeiterinnenvereine, katholische, s. Volksbildungsvereine VI, 513.
Arbeiterkammern I, 393.
Arbeiterklasse s. Arbeiter.
Arbeiterkolonien I, 595.
—, deutsche, s. Arbeiterkolonien I. 595.
— und Verpflegungsstationen, evangelisch-soziale, s. Soziale Reformbestrebungen V, 760.
Arbeiterkongreß in Berlin, 23. VIII—3. IX. 1848 s. Handwerk IV, 373.
Arbeitermeeting, internationales, in London, 28. IX. 1864 s. Internationale IV, 592.

Arbeiterreservekasse, schweizerische, s. Arbeitseinstellungen I, 653.
Arbeiterschutzgesetz, französisches, vom Jahr 1841 s. Arbeiterschutzgesetzgebung I, 458.
Arbeiterschutzgesetze, unter der III. Republik von 1874, 1885 u. 1889 s. Arbeiterschutzgesetzgebung I, 460.
Arbeiterschutzgesetzgebung I, 400.
— in den einzelnen Staaten in Deutschland s. Arbeiterschutzgesetzgebung I, 401 ff.
— in Deutschland, Oesterreich-Ungarn, Großbritannien, der Schweiz, Frankreich, Belgien, Holland, Luxemburg, Italien, Dänemark, Schweden und Norwegen, Rußland, Rumänien, Spanien und Portugal, den V. Staaten v. Amerika s. Arbeiterschutzgesetzgebung I, 401—498.
Arbeiterschutzkonferenz, internationale, in Berlin, v. 15. bis 29. III. 1890 s. Fabrikgesetzgebung III, 343.
Arbeitersekretariat, schweizerisches, s. Arbeiterbüreaus I, 607.
Arbeiterverein, allgemeiner deutscher, begründet 23. V. 1863 s. Sozialdemokratie V, 720.
Arbeitervereine, evangelische, s. Volksbildungsvereine VI, 515.
—, katholische, s. Volksbildungsvereine VI, 512.
—, s. a. Gesellenvereine, Gewerkvereine, Volksbildungsvereine, Ritter der Arbeit, Internationale, Sozialdemokratie.
Arbeiterversicherung I, 499 s. a. Gewerkvereine, Hilfskassen, Invalidiätsversicherung, Krankenversicherung, Unfallversicherung, Wittwen- und Waisenversicherung.
— Aufbau der, s. Arbeiterversicherung I, 512.
—, Geschichte und Kritik der, s. Arbeiterversicherung I, 517.
—, Leistungen und Genüsse der, s. Arbeiterversicherung I, 503.
— in den einzelnen Staaten: Deutschland, Oesterreich-Ungarn, Großbritannien, Schweiz, Frankreich, Belgien, Holland, Italien, Skandinavien, Rußland, Ver. Staaten v. Amerika s. Arbeiterversicherung I, 519—587.
— Versorgung für die Hinterbliebenen des Arbeiterstandes s. Wittwen u. Waisenversicherung VI, 720.
Arbeiterversicherungskassen in großen gewerblichen Unternehmungen in Amerika s. Arbeiterversicherung I, 590.

Arbeiterversicherungswesen, Statistik des englischen, s. Arbeiterversicherung I, 549.
Arbeiter- ob. Volksbüreaus, katholische, s. Volksbildungsvereine I, 787.
Arbeiterwohnung s. Wohnungsfrage.
Arbeiterwohnungsfürsorge durch den Arbeitgeber s. Wohnungsfrage VI, 741.
Arbeitgeber, Organisationen der, s. Gewerkvereine IV, 5.
Arbeitsamt I, 549.
Arbeitsbörsen in Amsterdam, Brüssel, Lüttich, Paris s. Arbeitsnachweis I, 787.
Arbeitsbuch I, 598.
— Bewegung für die Wiedereinführung 1871/88 s. Arbeitsbuch I, 601.
— in Frankreich s. Arbeitsbuch I, 602.
— in Sachsen von 1869 s. Arbeitsbuch I, 600.
—, s. Handwerk IV, 385, Arbeiterschutzgesetzgebung I, 405.
Arbeitsbüreaus I, 604.
Arbeitseigentum s. Robbertus.
Arbeitseinstellungen I, 607, s. a. Zunftwesen.
— deutsche Gesetzgebung betreffend, s. Arbeitseinstellungen I, 611.
— in Deutschland seit Aufhebung des Koalitionsverbotes s. Arbeitseinstellungen I, 616.
—, Geschichte, ältere, der, von 1329 bis 1796 s. Arbeitseinstellungen I, 613.
— in Oesterreich, Großbritannien, Frankreich, Belgien, der Schweiz, Italien, den V. Staaten v. Amerika s. Arbeitseinstellungen I, 626—666.
Arbeitsfähigkeit s. Arbeit I, 377.
Arbeitsfeld s. Arbeit I, 376.
Arbeitshaus I, 667.
Arbeitsinspektoren, Institut der, in Dänemark s. Arbeiterschutzgesetzgebung I, 475.
Arbeitskraft s. Arbeitslohn I, 676.
Arbeitslohn I, 670.
—, Plan zur genauen Ermittelung des, s. Arbeitslohn I, 701.
—, Statistik des, in Deutschland (Preußen, Sachsen ꝛc.), Oesterreich, England, Frankreich, Belgien, der Schweiz, Italien, den Ver. Staaten v. Amerika s. Arbeitslohn I, 692—731.
Arbeitsmaschinen s. Maschinenwesen.
Arbeitsnachweis und Arbeitsbörsen I, 731.
— Berufsgenossenschaftliche Organisation des, s. Arbeitsnachweis I, 784.

Arbeitsnachweis, karitativer, s. Ar-
beitsnachweis I, 740.
Arbeitsstatistische Abteilung im
Board of Trade s. Statistik VI,
27.
— **Büreaus** in Amerika s. Arbeits-
büreaus I, 605.
Arbeitstag in der Fabrikgesetzgebung
Großbritanniens s. Arbeiterschutzgesetzgebung I, 489.
Arbeitstauschbank (Equitable labour exchange) 1882—1884 s.
Sozialismus x. V, 777.
Arbeitsteilung s. Arbeit I, 380,
Fabrik III, 331.
Arbeitsunterricht. Arbeitsjacher im.
(Pappen-, Hobelbank-, Metall-
arbeit, Kerbschnitzerei), s. Handfertigkeitsunterricht IV,
367.
— im Auslande s. Handfertigkeitsunterricht IV, 368
— in Deutschland, Ausbreitung und
Unterstützung des, s. Handfertigkeitsunterricht IV,
368.
—, Geschichtliches zum (Comenius bis
zur Gegenwart), s. Handfertigkeitsunterricht IV, 365.
— an Internaten s. Handfertigkeitsunterricht IV, 367.
Arbeitsvereinigung u. Arbeitsteilung s. Arbeit I, 380.
Arbeitsvertrag I, 742.
— u. Arbeitsordnung s. Bergbau
II, 373.
—, Arbeitsvermittelung, Arbeitszeit
beim deutschen Gesellenwesen im
14 bis 18. Jahrh s. Gesellenverbände III, 825.
—, Gesetzgebung und freier, s. Gewerkvereine IV, 1.
—, Rechtsbegriffe u. Rechtszustände,
ältere und neuere des, in Deutschland, Oesterreich und Frankreich
s. Arbeitsvertrag I, 744.
— u. das Recht der Gegenwart s.
Arbeitsvertrag I, 747.
— s. a. Arbeiterschutzgesetzgebung, Arbeitslohn,
Bergarbeiter, Fabrik,
Frauenarbeit, Gesellen-
verbände, Gesindever-
hältnis, Gewerbeordnung.
Handelsgehilfe, Jugend-
liche Arbeiter, Landwirt-
schaftliche Arbeiter, Lehrlingswesen, Schiffahrt V,
550, Zunftwesen.
Arbeitsvertragsbruch I, 750.
Arbeitswerttheorie s. Wert VI,
668.
Arbeitszeit I, 761.
— in Fabriken u. Werkstätten Großbritanniens s. Arbeiterschutzgesetzgebung I, 444.
— u. Nachtarbeit in der Industrie
s. Frauenarbeit x. III, 644.
— in Deutschland, Oesterreich, der
Schweiz, Großbritannien, Frankreich, Belgien, Italien, Rußland,

den Verein. Staaten v. Amerika s.
Arbeitszeit I, 763—786.
Arbitzyerlegung s. Gewerbe III,
944.
Arbitrage I, 787.
—, Bedeutung der Wechselparitäten,
des Wechselpari u. des Goldpunktes
für die, s. Arbitrage I, 789.
— s. a. Spekulation.
Arbitragegeschäft beim internatio-
nalen Wechselverkehr s. Wechsel
VI, 626.
Arbitration Act v. 6. VIII. 1872
s. Einigungsämter III, 41.
Arealhaussteuer in Bayern s.
Häusersteuer IV, 402.
Argentarier s. Banken II, 48.
Aristoteles I, 790.
—, Anschauung, ethische, über Be-
völkerungspolitik s. Bevölke-
rungswesen II, 470.
—, Bekämpfung des Kapitalzinses
—. Zins VI, 816.
Arithmetik, politische, s. Statistik
VI, 4.
Armenenquetekommission, italie-
nische, von 1876 u. neueste Gesetz-
entwürfe s. Armenwesen I,
910.
Armengesetz der Elisabeth von 1601
s. Armenwesen I, 874.
—, englisches, vom Jahre 1834 s.
Armenwesen I, 877.
Armengesetzgebung, Reform der
deutschen, s. Armenwesen I,
883.
— in den einzelnen Staaten: Deutschland, Oesterreich, Großbritannien,
Schweiz, Frankreich, Belgien, Italien, Skandinavische Staaten s.
Armenwesen I, 842—914.
Armenlast und Armensteuern I, 792.
Armenpflege, Aufwand der, und
durchschnittlicher Unterstützungs-
trag (im Deutschen Reich) s. Armenstatistik I, 809.
—, Geschichte der öffentlichen (Altertum bis 19. Jahrh.) s. Armenwesen I, 824.
—, Leistungen u. Ergebnisse der, in
Italien, Frankreich, Spanien, Belgien, Großbritannien u. Irland,
Holland, der Schweiz, den Skandinavischen Staaten s. Armenstatistik I, 812—817.
—, offene u. geschlossene, s. Armenstatistik I, 807.
—, Organe der öffentlichen Armenpflege in Deutschland s. Armenwesen I, 844.
—, schweizerische, nach dem Orts-
bürger- und Ortsterritorialprinzip
s. Armenwesen I, 885.
—, Stellung der Steuern in Finanzwesen der, s. Armenlast u.
Armensteuern I, 792.
Armenrecht, Bayerisches, s. Armenwesen I, 852.
—, Elsaß-Lothringisches, s. Armenwesen I, 854 u. 857.

Armenstatistik I, 801
—, Ergebnisse der, des Deutschen
Reiches von 1885 s. Armen-
statistik I, 804.
—, Leistungen der, in Deutschland,
1847—85 s. Armenstatistik I,
802.
Armensteuern in England, Frank-
reich, Deutschland, der Schweiz s.
Armenlast x. I, 795.
Armenwesen I, 819, s. a. Elber-
felder Armenpflegesystem
III, 227.
Armer Konrad s. Sozialdemo-
kratie V, 710.
Arnd, Karl, I, 931.
Arnoldi, Ernst Wilhelm, als Grün-
der der Lebensversicherungsbank
für Deutschland in Gotha s. Le-
bensversicherung IV, 993.
Arrosierung s. Konversionen
IV, 849.
Artels I, 932.
Artikel, 12, der Odenwälder Bauern
s. Gutsherrschaft IV, 236.
Arzneibuch für das Deutsche Reich
s. Reichsgesundheitsamt
V, 406.
Arzneimittel, Regelung des Ver-
kehrs mit, s. Reichsgesund-
heitsamt V, 408.
Arzneiverkehr s. Arzneitaxen
I, 936.
Arzt I, 939.
Ascendenten s. Erbschafts-
steuer III, 298.
Asségnal bancari (Checks) s. Ban-
ken II, 140.
Assekuranztheorie s. Steuer VI,
105.
Assessment-Anstalten (Umlagegesell-
schaften in Amerika) s. Arbeiter-
versicherung I, 596.
Asiento de negros s. Asiento-
vertrag.
Asientoprivileg s. Südseege-
sellschaften VI, 146.
Asientovertrag I, 946, s. a. Han-
delsverträge IV, 360.
Assignaten I, 949.
Associations Genossenschafts-
wesen, Vereinswesen.
Association for improving the dwell-
ings of the industrial classes s.
Wohnungsfrage VI, 729 u.
743.
Associationen s. Erwerbs- und
Wirtschaftsgenossenschaf-
ten.
Associations momentanées s. Ak-
tiengesellschaften I, 168.
— en participation s. Aktien-
gesellschaften I, 168.
Astralebenkompagnie s. Kolo-
nien x. V, 772.
Asyle für Obdachlose s. Obdachlose
Asylrecht s. Fremdenpolizei
III, 679 f.
Ateliers nationaux, ateliers sociaux
s. Nationalwerkstätten, s.
Louis Blanc II, 648.

Ateliersystem — Avoués

Ateliersystem in der Hausindustrie f. Hausindustrie IV, 424.
Atkinson, Edward I, 951.
Attornies, solicitors, proctors f. Anwaltschaft I, 350.
Aubaine, droit d', f. Fremdenrecht III, 691.
Audit Board f. Rechnungskontrolle x V, 361.
Auditor General f. Rechnungskontrolle V, 359.
Aufbewahrungsgeschäft I, 951.
Aufenthaltsstaat, rechtliche Stellung des, zum Gebietsaustritt des Fremden, f. Fremdenpolizei III, 689.
Aufgebot I, 953.
Aufgeld f. Agio.
Aufkauf f. Getreidehandel III, 866 ff., Preiskonvention, Ring.
Aufsichtsrat f. Aktiengesellschaften I, 94.
Aufwandgesetzgebung f. Luxus IV, 1079.
Aufwandsteuern f. Verbrauchsteuern, Luxussteuern, Mietsteuer.
Augsburger Schuhknechte, Aufstand der, f. Zunftwesen VI, 889, Arbeitseinstellungen I, 613.
Auktion I, 955.
Auktionatoren I, 957.
Ausreiben f. Prostitution V, 206.
d'Aulnis de Bourouill I, 957.
Ausbeutung der Notlage, des Leichtsinns, der Unerfahrenheit eines Geldbedürftigen f. Wucher.
— von Person zu Person f. Wucher VI, 776.
Ausbeutungstheorie (contra Kapitalzins) f. Zins VI, 820.
Auseinandersetzung f. Bauernbefreiung u. Gemeinheitsteilung.
Auseinandersetzungs-Behörden, Plan n. -Verfahren, Verordnung über, v. 20. VI. 1817 f. Zusammenlegung der Grundstücke VI, 901.
— und Umlegungsverfahren f. Zusammenlegung der Grundstücke VI, 904.
Ausführung des Auftrags, Ein- u. Verkaufskommission f. Kommissionsgeschäfte IV, 787.
Ausfuhr, Ausfuhrhandel f. Handel u. Handelsbilanz.
(Ausgangs-, Export-, Retorsions-Zölle) f. Zölle VI, 826.
—, Provenienz der, f. Handelsstatistik IV, 340.
—, Wiederausfuhr und Zwischenhandel, Erleichterungen für, f. Zölle x. VI, 845.
Ausfuhrbonifikation, österreichische, auf Zucker f. Zuckerindustrie x. VI, 875.
Ausfuhrmusterlager I, 956.

Ausfuhrprämien, deren Bedeutung für das Schutzsystem f. Schutzsystem V, 604.
— und Ausfuhrvergütungen I, 963, f. a. Wolle VI, 771, Zölle x. VI, 845, f. ferner Branntweinsteuer, Fischerei, Getreidehandel, Getreidezölle, Rückzölle, Berebelungsverkehr, Zuckerindustrie.
Ausfuhrvergütungsanträge v. Mirbach, Stolberg, Puttkamer-Plauth, Ampach f. Identitätsnachweis IV, 554.
Ausfuhrzoll f. Zölle VI, 828.
Ausfuhrzölle und Ausfuhrverbote I, 969, f. a. Handelspolitik, Schutzsystem, Getreidehandel, Getreidezölle, Münzwesen.
Ausfuhrzuschuß (Zuckerprämie, Deutschland) f. Zuckerindustrie x. VI, 874.
Ausgaben und Einnahmen des Deutschen Reichs in verschiedenen Etatsjahren der Periode 1874—1893/94 f. Reichsfinanzen V, 397.
Ausgleichsabgaben f. Übergangsabgaben VI, 294.
Ausgleichszölle f. Einfuhrzölle.
Ausgleichungshaus f. Clearinghouse.
Auskunftsbureaus, Organisation der heutigen, f. Auskunftswesen, kaufmännisches, 984.
Auskunftswesen, kaufmännisches, I, 983.
Auslagerungsgewicht f. Zölle x. VI, 848.
Auslandshandelskammern f. Handelskammern IV, 316.
Auslaugen der Rohtabake f. Tabak VI, 162.
Ausnahmegesetz gegen die gemeingefährlichen Bestrebungen der Sozialdemokratie I, 988.
Ausschlagwaldungen (Nieder- und Mittelwald) f. Forsten III, 598.
Ausschließung bestimmter Gäste f. Wirtshauswesen x. VI, 719.
Ausschreibung, öffentliche, von Lieferungen und Leistungen f. Submissionswesen.
Ausschüsse und Kollegien, schiedsrichterliche, f. Gewerbegericht I, 959.
Aussetzung (von Kindern und Erwachsenen) I, 993.
Aussperrung I, 994.
Außenzölle f. Zölle VI, 828.
Ausstand f. Arbeitseinstellungen.
Ausstellungen I, 996.
—, Ergebnisse der, v. 1842—89 f. Ausstellungen I, 998.
Aussteuerversicherung f. Lebensversicherung IV, 991.

Ausstruerversicherung nach dem Kontinentprinzip f. Kontinuen VI, 231.
Austausch von Briefen und Kästchen (boîtes) mit Wertangabe, Abkommen betreffend den, (Pariser Beschluß v. 1878) f. Weltpostverein VI, 675.
Australian Land Sales Act f. Kolonien x. IV, 714.
Auswandererschiffe, Untersuchungen der, f. Schiffahrt V, 585.
Auswanderung I, 1000.
— aus den einzelnen europäischen Staaten (Deutschland, Großbritannien, Schweiz, Frankreich, Belgien, Holland, Standinavische Staaten, Oesterreich-Ungarn, Spanien u. Portugal, Italien) f. Auswanderung I, 1018/1040.
— bis zum XIX. u. im XIX. Jahrhundert f. Auswanderung I, 1002.
— und Geburtenfrequenz f. Auswanderung I, 1012.
— in der Geschichte f. Auswanderung I, 1001.
—, gesetzliche Regelung der italienischen, f. Auswanderung I, 1038.
—, Stellung des Staates zur, f. Auswanderung I, 1015.
—, Umfang und Gliederung der deutschen, f. Auswanderung I, 1018.
—, Ursachen der, aus den verschiedenen italienischen Provinzen f. Auswanderung I, 1037.
—, Wirkungen der, auf das Mutterland f. Auswanderung I, 1011.
Auswanderungs- und Einwanderungspolitik f. Kolonien x. IV, 711.
— -Unternehmungen (in Deutschland, Frankreich, England, Schweiz, Belgien u. Oesterreich) I, 1041.
—, Ursachen f. Auswanderung I, 1009.
Auswechselungszwang f. Münzwesen IV, 1253.
Auswerfung I, 1044.
Auszahlungsschulden f. Schulden V, 591.
Auszug, Auszugsverträge f. Altenteil x. I, 198.
Autonomer Tarif f. Zölle x. VI, 833.
Autonomie des Individuums f. Individualismus IV, 570.
Autorrecht f. Urheberrecht.
Avaries en franc f. Transportversicherung VI, 261.
— matérielles f. Transportversicherung VI, 261.
Avis préalable f. Patentrecht V, 130.
Avocats exerçants f. Anwaltschaft I, 349.
Avoués f. Anwaltschaft I, 349 u. 352.

Avvocati f. Anwaltschaft I, 354.
Axelrod, Plechanow und Lawroff, als litterarische Vertreter der derzeitigen marxistischen Sozialdemokratie in Rußland s. Sozialdemokratie V, 731.

Babeuf, François Noël II, 1.
— sche Verschwörung (1795—96) s. Sozialdemokratie V, 711.
Baccalauréat de l'enseignement secondaire classique s. Reifeprüfung V, 415.
— de l'enseignement secondaire spécial s. Reifeprüfung V, 415.
Backwardation (Deport) s. Börsengeschäfte II, 689.
Bacon, Francis II, 7.
Badeanstalten und Bäder II, 8.
Bäcker-, Fleischhauer-, Seilcher-, Wirts- u. Schankgewerbe in Frankreich s. Gewerbegesetzgebung III, 1009.
Bäckereigewerbe II, 2.
Bäcker- u. Konditorengewerbe in Deutschland, Statistik v. 5. VI. 1852 s. Bäckereigewerbe II, 5.
Bäckerordnung und Brotausrechnung für Königsberg v. 17. VI. 1737 s. Preistaxen V, 260.
Bäuerliche Agrargesetzgebung, Polen u. die baltischen Gouvernements in Bezug auf die, s. Bauernbefreiung II, 243.
— Besitzverhältnisse im Mutterlande, 14.—16. Jahrh., Verfall der, s. Grundbesitz IV, 154.
— Besitzverhältnisse auf kolonialem Boden, 15.—17. Jahrh., Verschlechterung der, s. Grundbesitz IV, 157.
— Betrieb (bezw. der landwirtschaftlich benutzten Fläche) in Belgien, Holland, Oesterreich-Ungarn, Italien, Dänemark, den Ver. Staaten v. Amerika, Frankreich, Deutschland s. Bauerngut u. Bauernstand II, 371.
— Bevölkerung, Emanzipation der Unterthänigkeit der russischen, s. Bauernbefreiung II, 230—246.
— Gemeindebesitz, Gestaltungsformen des, s. Mir IV, 1190.
— Gemeindebesitz, Umteilungsarten des, und Ursachen u. Häufigkeit derselben s. Mir IV, 1192.
— -grundbesitzrechtliche Beziehungen, russische Lokalgesetze betreffend die, s. Mir IV, 1190.
— Hofbesitzer, Berechtigung der, bei ²/₃ Majorität der Gemeindehofinhaber zum individuellen Grundbesitz überzugehen s. Mir IV, 1194.

Bäuerliche Lasten s. Bauernbefreiung.
— russische Grundbesitzverhältnisse, Ausgleichung der, s. Mir IV, 1189.
Bagehot, Walter II, 10.
Bakunin, Michael II, 10.
— als Begründer der modernen anarchistischen Partei s. Anarchismus I, 256.
— sche Gründung der internationalen Allianz der sozialistischen Demokratie in Bern, 1868, s. Internationale IV, 596.
Ball, John, als Agitator für Aufhebung der Leibeigenschaft und des Grundeigentums (1360—83) s. Sozialdemokratie V, 709.
Bamberger, Ludwig II, 11.
Banalitées, Baanrodschap (Bannrechte in Frankreich u. Holland) s. Bauernbefreiung II, 207 u. 214.
Banca nazionale nel Regno, Banca nazionale Toscana, Banca Romana, Banca di Napoli, Banca di Sicilia s. Banken II, 130—141.
Bandini als Finanztheoretiker s. Finanzwissenschaft III, 496.
Bank, Kgl. in Berlin (1765—1846) s. Banken II, 68.
— von Frankreich (1800—1890) s. Banken II, 116.
— und Geldwesenstatistik s. Statistik VI, 7.
—, Nederlandsche, zu Amsterdam u. Entwicklung der Banktätigkeit 1864—87 s. Banken II, 175.
— Oesterreich-ungarische (1878—87) s. Banken II, 97.
Bankakten, Suspendierung der, Mai 1873, s. Banken (Oesterreich-Ungarn) II, 103.
Banken II, 12, s. a. Abrechnungsstellen, Ched, Clearing-house, Giroverkehr.
— im Altertum s. Banken II, 40.
— in Deutschland, 19. Jahrhundert s. Banken II, 71.
— in Großbritannien u. Irland, 1694—1858, s. Banken II, 54.
— der kontinentalen Staaten, 19. Jahrh. s. Banken II, 66.
— im Mittelalter u. bis zum 17. Jahrh. s. Banken II, 47.
— in Rußland s. Banken II, 155.
— der Schweiz, Frankreichs, Italiens, Skandinavischen Staaten, Ver. Staaten v. Amerika s. Banken II, 111—175.
— Statistik der deutschen Banken seit 1847 s. Banken II, 84.
—, Statistik der englischen, österreichisch-ungarischen, italienischen, russischen s. Banken II, 68; 97; 130 u. 155.
Bankerott s. Konkurs.
Bankgesetz, Deutsches, v. 14. III. 1875 u. Banknovelle v. 18. XII. 1889 s. Banken II, 76.

Bankierengeschäfte s. Auskunftswesen, kaufmännisches I, 984.
Bankkredit s. Kredit IV, 874.
Banknoten, Vorschriften über Ausgabe, Einlösung und Deckung der, s. Banken II, 84.
— -Ausgabe s. Banken II, 15.
— -Gesetzgebung, schweizerische, s. Banken II, 112.
— -Wesen, Ueberficht des deutschen, vor der Feststellung des Bankgesetzes für das Deutsche Reich s. Banken II, 71.
Bankpolitik, allgemeine, s. Banken II, 27.
Bankruptcy Act v. 25. VIII. 1883 s. Schuldhaft V, 598.
Bankuskottet (schwedischer Reichsbankausschuß) s. Banken II, 152.
Bannforsten, Errichtung der, s. Jagdrecht IV, 547.
Bannrecht, Bannmeile s. Bauernbefreiung.
Banque nationale (Belgien) s. Banken II, 124.
Baratto-(Tausch-)Handel s. Handel IV, 364.
Barbarichenstiftern der Bodenkreditinstitute s. Landeskreditkassen IV, 931.
Barreau s. Anwaltschaft I, 350.
Barren, Barrenhandel s. Gold, Silber.
Barrieregeld (Turnpike roads) s. Wege VI, 546.
Barrister s. Anwaltschaft I, 350.
Barthélemy de Laffemas, als fortgeschrittener Merkantilist Gegner des Verbotes der Geldausfuhr s. Merkantilsystem IV, 1171.
Basis system s. Lohnskala IV, 1061 u. 1064.
Bastiat, Frédéric II, 176.
—, als optimistischer Gegner von Malthus s. Bevölkerungswesen II, 309.
—, seine Werttheorie s. Wert VI, 688.
Baudrillart, Henri Joseph Léon II, 177.
Bauer (allgemeine geschichtliche Skizze) II, 178, s. a. Bauernbefreiung, Gutsherrschaft x.
Bauerland, Ablösung des (in Rußland) s. Bauernbefreiung II, 235.
Bauernbefreiung II, 182.
— Anfänge der (17. u. 18. Jahrh.), s. Grundbesitz IV, 163.
— in Baden, Bayern, Hessen, den östlichen Provinzen Preußens, den süddeutschen Staaten, in Württemberg s. Bauernbefreiung II, 182/198.
— in Oesterreich-Ungarn, Frankreich, Belgien u. Holland, Dänemark, Schweden, Norwegen, Großbritannien, Rußland, Rumänien, Japan s. Bauernbefreiung II, 198—259.

Bauernbund, Windischer, s. Sozialdemokratie V, 710.
Bauernemanzipation in den Donaufürstentümern s. Bauernbefreiung II, 247.
Bauerngut und Bauernstand II, 259
— unter der Gutsherrschaft, 15.—18. Jahrh., s. Bauerngut und Bauernstand II, 265.
—, Wirtschaftlich-Statistisches, s. Bauerngut x. II, 265—283.
Bauernlehen (Schupflehen u. Erblehen) s. Bauernbefreiung II, 197.
Bauerntabak (Brüchentabak) s. Tabak VI, 186.
Bauernvereine s. Landwirtschaftliches Vereinswesen IV, 962.
Baugelände, Beschaffung von, s. Stadterweiterungen V, 848.
Baugenossenschaften II, 284.
— in Deutschland, Oesterreich, Dänemark, Holland, Frankreich u. Italien s. Baugenossenschaften II, 291.
Baugesellschaft, gemeinnützige, in Berlin, gegr. 1848, s. Wohnungsfrage VI, 743.
Baugesellschaften s. Wohnungsfrage.
— auf spekulativer Grundlage s. Wohnungsfrage VI, 742.
Baugewerbe II, 301.
—, Geschichte des, s. Baugewerbe II, 301.
—, Stand, heutiger, des, in Deutschland s. Baugewerbe II, 303.
Baugewerkschulen s. Gewerblicher Unterricht III, 1098.
Baugrund- und Bauplatzwert s. Grundrente IV, 185.
Baugrundfläche, Regelung der (Gesetzentwurf, aufgestellt vom Badischen Städtetag, Herbst 1893) s. Zusammenlegung städtischer Grundstücke VI, 919.
Baukrankenkassen in Deutschland s. Krankenversicherung IV, 560.
— in Oesterreich s. Krankenversicherung II, 668.
Baulast, kirchliche, s. Kirchliche Abgaben II, 676.
Baumfeldbetrieb, Baumfeldwirtschaft s. Haubergswirtschaft IV, 397.
Baumstark, Eduard II, 306.
Baumwollindustrie II, 306.
—, Geschichte und Statistik der, s. Baumwollindustrie II, 306 ff.
— in Großbritannien und Irland, 1700—1885, s. Baumwollindustrie II, 308—311.
—, Statistik der, Indiens, der Ver. Staaten v. Amerika, Deutschlands, Oesterreich-Ungarns, Frankreichs, Belgiens u. Hollands, Italiens, der Schweiz s. Baumwollindustrie II, 311/19.

Baumwollindustrie, Statistik der, Rußlands, Spaniens, Portugals, Griechenlands, der skandinavischen Staaten, der Balkanstaaten, Amerikas (insbesondere Brasiliens) s. Baumwollindustrie II, 319.
—, Zollgeschichte der, in England, Frankreich, Preußen u. dem Zollverein, in Oesterreich, anderen europäischen und den Ver. Staaten v. Amerika s. Baumwollindustrie II, 323.
Bauplatzsteuer s. Zusammenlegung städtischer Grundstücke VI, 919.
Baupolizei II, 330, s. a. Ansiedelungsgesetzgebung. Wege.
— in Oesterreich, Frankreich, Großbritannien u. Italien s. Baupolizei II, 337.
— und Wohnungsnot s. Baupolizei II, 333.
Baupolizeiliche Bestimmungen für das Stadterweiterungsgebiet s. Stadterweiterungen V, 847.
Baupolizeirecht, das deutsche, s. Baupolizei II, 331.
Baustellensteuer s. Stadterweiterungen V, 849.
Bauunfallversicherungsgesetz v. 11. VII. 1887 s. Unfallversicherung VI, 316.
Bau- und Unterhaltungslast der Wege s. Wege VI, 646.
Bau- und Wohnungspolizei s. Wohnungsfrage VI, 747.
Baxter, Robert Dudley II, 341.
Bayard, Saint-Amand II, 341.
Beamtenkonsumvereine s. Konsumvereine IV, 841.
Beamten-Masallfürsorgegesetz v. 15. III. 1886 s. Unfallversicherung VI, 315.
Beamtenverein, l. allgemeiner der österr.-ungarischen Monarchie s. Beamtenvereine II, 344.
—, preußischer, zu Hannover s. Beamtenvereine II, 343.
Beamtenvereine II, 342
— in Deutschland, Oesterreich-Ungarn, Holland, der Schweiz x. s. Beamtenvereine II, 342.
Beaujou, A. II, 345.
Beccaria, Marchese Cesare Bonesano de, II, 346.
Becher, Johann Joachim II, 346.
—, seine Ausführungen über den Segen der starken Volkszunahme s. Bevölkerungswesen II, 476.
—, seine Kritik der Reformvorschläge des Stapelrechts s. Stapelrecht V, 880.
— als deutscher Repräsentant des Merkantilismus s. Mercantilsystem IV, 1172.
Becher, Siegfried II, 347.
Becker, Karl II, 348.
Bechert-Lexis'sche Sterblichkeitstafel-Konstruktionsmethode s. Be-

völkerungswesen II, 460, Sterblichkeit x. VI, 75.
Beckmann (Bechmann), Johann Christoph II, 348
Bedarfsteigerung, Ursachen der, s. Finanzen III, 461.
Bede II, 349, s. a. Gewerbesteuer, Vermögenssteuer.
—, Entstehung der landesherrlichen s. Bede II, 349.
Bedemund s. Unfreiheit VI, 322.
Beden, tailles, aides, das Schoß (Abgaben in Geld) s. Bauernbefreiung II, 214.
—, Ablösung der, in Württemberg s. Bauernbefreiung II, 194.
Bedientenssteuer s. Luxussteuer.
Bedürfnis s. Gut.
Bedürfnisbefriedigung, Mittel der, s. Gut IV, 225.
Bedürfnisgattungen u. Bedürfnisregungen s. Wert, 693.
Beerdigungswesen II, 351.
—, hygienische Anforderungen an das, s. Beerdigungswesen II, 354.
—, sanitäre Gesichtspunkte bei dem, s. Beerdigungswesen II, 353.
Befähigungsnachweis II, 357, s. Gewerbegesetzgebung III, 980.
— in der Zunftperiode, im Polizeistaat, im 19. Jahrh. s. Befähigungsnachweis II, 358.
Beförsterungssystem s. Forsten III, 621.
Begleitscheine, Begleitscheinsertigungsregister, Begleitscheinregulativ, Begleitzettelverfahren s. Zölle x. VI, 845.
Begräbnissteuer s. Beerdigungswesen.
Behausungsziffer s. Wohnungsfrage VI, 731.
Behr, Wilhelm Joseph II, 361.
Beilbriefe s. Schiffahrt V, 664.
Beitreibungsart, eidgenöss., s. Zwangsvollstreckung VI, 935.
Beleihungen s. Zunftwesen VI, 878.
Bell-Colemansche Kaltluftmaschine s. Schlachthäuser V, 568.
Benefit building societies s. Baugenossenschaften II, 285.
Bentham, Jeremy II, 362.
—, als Verteidiger des Wuchers im Namen der persönlichen Freiheit s. Wucher VI, 783.
Benzenberg, Johann Friedrich II, 363.
Berch, Anders II, 365.
Berg, Günther Heinrich von, II, 363.
Bergarbeiter s. Bergbau II, 372, s. a. Arbeitsschutzgesetzgebung, Knappschaftskassen, Trucksystem.
—, Löhne der, s. Bergbau II, 385.

Bergbau — Bevölkerung des Mittelalters

Bergbau II, 364, f. a. Eisen u. Eiseninduſtrie, Steinkohlen.
—, Entwickelung des, f. Bergbau II, 365.
—, Rechtliche u. polizeiliche Verhältniſſe des, f. Bergbau II, 364—372.
— -Recht, Erwerb und Verluſt des, f. Bergbau II, 368.
— -Statiſtik f. Bergbau II, 370.
Berggeſetz, allgemeines öſterreich. v. 23. 5. 1854 f. Knappſchaftskaſſen in Oeſterreich IV, 134.
Berglas, Johann Heinrich Ludwig II, 388.
—, als Bekämpfer der Zünfte f. Zunftweſen VI, 893.
Berglas, Karl Julius II, 388.
Bergpolizei und Arbeiterſchutz f. Bergbau II, 370.
Bergrecht in Colorado f. Arbeiterſchutzgeſetzgebung I, 498.
— in Deutſchland f. Bergbau II, 367.
—, Entwickelung des, im Allgemeinen f. Bergbau II, 365.
—, Entwickelung des, in den einzelnen Staaten f. Bergbau II, 365.
Bergregal f. Bergwerksabgaben II, 388, Grundbeſitz IV, 126.
Bergwerke, Belegſchaft der, f. Bergbau II, 379, 385.
—, Verſtaatlichung der, bezw. der Kohlengruben f. Bergbau II, 371.
Bergwerksabgaben II, 388.
— in Ländern mit franzöſiſchem Recht f. Bergwerksabgaben II, 389.
— in Preußen, anderen deutſchen Staaten und Oeſterreich f. Bergwerksabgaben II, 389—391.
Bergwerksbetrieb, finanzielle Ergebniſſe des, f. Bergbau II, 386.
Bergwerksboden f. Grundbeſitz IV, 126.
Bergwerkserzeugniſſe, Gewinnung ſonſtiger, außer Kohlen, Erzen und Metallen f. Bergbau II, 363.
Bergwerksrente f. Grundrente IV, 185.
Berichtigungspflicht der Redaktion einer periodiſchen Druckſchrift f. Preßgewerbe x. V, 272.
Berieſelung, Rieſelanlage der Stadt Berlin f. Städtereinigung V, 652.
Berkeley, George II, 391.
Berliner landwirtſchaftliche Hauptgenoſſenſchaft (gegr. 1890) f. Landwirtſchaftl. Genoſſenſchaftsweſen IV, 545.
Bernhardi, Theodor von II, 392.
Bernoulli, Jakob II, 392.
Bernſtein (Gewinnung, Handel u. Verarbeitung) II, 393.
Bertillon, Jacques II, 394.

Bertillon, Louis Adolphe II, 394.
—, ſein Identifizierungsverfahren f. Anthropologie u. Anthropometrie I, 334.
Beruf und Berufsſtatiſtik II, 395.
—, Begriffsbeſtimmung vom, f. Beruf x. II, 395.
Berufsgenoſſenſchaften II, 403, f. a. Reichsverſicherungsamt, Unfallverſicherung.
—, Entſchädigungsverpflichtung der, f. Berufsgenoſſenſchaften II, 404.
—, Rechnungsergebniſſe der, nebſt Tabelle für 1893 f. Unfallſtatiſtik VI, 305.
—, Umlegung und Erhebung der Beiträge der, f. Berufsgenoſſenſchaften II, 404.
Berufsgenoſſenſchaftsſyſtem f. Arbeiterverſicherung I, 513.
Berufsgenoſſenſchafts-Unfallverſicherungsſtatiſtik für 1892 f. Unfallſtatiſtik VI, 306.
Berufsſtatiſtik f. Beruf x. II, 395 u. Statiſtik VI, 6.
—, Ausführung der, in 6 Ländern (Deutſches Reich, Oeſterreich, Italien, Frankreich, England u. Wales, Ver. Staaten v. Amerika) mit vergleichenden Zahlenangaben f. Beruf x. II, 399.
Berwanger, Abbé, als Gründer des „hl. Nikolaus“, eines Aſyls für verlaſſene, zu chriſtlichen Handwerken auszubildende Kinder f. Volksbildungsvereine VI, 514.
Beſitz II, 406.
—, Entſtehung und Untergang des, f. Beſitz II, 418.
—, Erforderniß des Willens zur Erzielung des, f. Beſitz II, 407.
—, als Grund des Rechts (jus poſſidendi) f. Beſitz II, 409.
—, als Inhalt eines Rechts f. Beſitz II, 406.
— ein Recht (jus poſſeſſionis) f. Beſitz II, 414.
— Sachbeſitz und Rechtsbeſitz f. Beſitz II, 424.
—, Umgeſtaltung des, in der modernen Rechtsentwicklung f. Beſitz II, 424.
— als Vorausſetzung der Entſtehung eines Rechts f. Beſitz II, 408.
Beſitznahme, Schutz eines, vor der Zwangsvollſtreckung f. Heimſtättenrecht IV, 457.
Beſitzſchutz, legislatives Motiv des, f. Beſitz II, 412.
Beſitzveränderungsgebühr f. Steuer V, 126.
Beſitzverhältniß, das ſchutzloſe, f. Beſitz II, 411.
Beſold, Chriſtoph II, 426.
—, als Finanztheoretiker f. Finanzwiſſenſchaft III, 491.
Beſſemerverfahren f. Eiſen x. III, 179.

Beſſerungsanſtalten f. Zwangserziehung.
Beſtallungskollegien f. Collegia II, 849.
Beſterſte (beſte pand, beſte hooft, beſte cateel) oder Kurmede f. Bauernbefreiung (Holland) II, 213.
Beſteuerung, Allgemeinheit der, als Grundſatz der Gerechtigkeit f. Steuer VI, 108.
—, Gleichmäßigkeit der, nach älteren Theorien f. Steuer VI, 104.
— nach der Leiſtungsfähigkeit f. Steuer VI, 105.
Beſthaupt f. Bauernbefreiung II, 192, f. a. Naturalleiſtungen V, 13.
Beſtrafung Arbeitsſcheuer in Oeſterreich f. Armenweſen I, 920.
Betrieb f. Großbetrieb, Kleinbetrieb.
Betriebs- oder Fabrikkrankenkaſſen f. Krankenverſicherung IV, 360.
— oder Geſchäftsſchulden f. Schulden IV, 593.
— -Krankenkaſſen f. Krankenverſicherung IV, 363.
— -Syſtem f. Landwirtſchaft IV, 537.
Betrug, Schutz gegen, in England (Handel mit altem Metall, Hauſirer u. Trödler, Pfandleiher) f. Gewerbegeſetzgebung III, 1014.
Bettler und Landſtreicher, Maßregeln gegen (Deutſchland), f. Armenweſen I, 920.
— -Depots und Reiſeunterſtützungen in Frankreich f. Armenweſen I, 907.
— -Statiſtik in Deutſchland f. Armenweſen I, 921.
Bevölkerung des Alterthums f. Bevölkerungsweſen II, 443.
— nach Berufsarten, Anforderungen an die Eintheilung derſelben zu berufsſtatiſtiſchen Aufnahmen f. Beruf u. Berufsſtatiſtik II, 398.
—, Orientaliſation der, als Mittel zur Beſeitigung vorhandener Wohnungsnot f. Wohnungsfrage VI, 750.
— der Erde und Stand der Bevölkerung der wichtigſten Kulturſtaaten f. Bevölkerungsweſen II, 430.
—, Gliederung der, nach Anſiedelungsformen u. Familienſtande f. Bevölkerungsweſen II, 430.
— des Mittelalters und der neueren Zeit bis Ende des 18. Jahrh. in Europa (ſpeziell in dem alten Deutſchen Reich, den deutſchen Städten, Oeſterreich, der Schweiz, England, Dänemark, Frankreich, Belgien, Italien, Spanien) f. Bevölkerungsweſen II, 434.

Bevölkerung, Stand der, s. Volkszählung, Haushaltungsstatistik, Geschlechtsverhältnis, Altersgliederung.
—, Stand und Bewegung der. Definition des Unterschiedes zwischen. s. Bevölkerungswesen II, 427.
Bevölkerungsansätze, Orient, Griechenland, Italien s. Bevölkerungswesen II, 447.
Bevölkerungsaufnahmeergebnisse, Bearbeitung der, s. Volkszählungen VI, 571.
Bevölkerungsbewegung s. Bevölkerungswechsel, Personenstand, Geburtenstatistik, Sterblichkeit, Heiratsstatistik.
—, Organisation u. Technik der Statistik der, nebst Inhalt der Individualangaben s. Bevölkerungswesen II, 463.
— der jüngsten Zeit (Deutschland 1872—69, Frankreich 1872—88, Zunahme der europäischen Bevölkerung in den Ver. Staaten v. Amerika) s. Bevölkerungslehre II, 522.
Bevölkerungslehre und Bevölkerungspolitik s. Bevölkerungswesen II, 4v5 - 528.
— — im Altertum s. Bevölkerungswesen II, 466.
— — vom 16. bis Ende des 18. Jahrh. s. Bevölkerungswesen II, 470.
Bevölkerungspolitik zur Zeit der Herrschaft des Merkantilsystems s. Bevölkerungswesen II, 471.
Bevölkerungsstatistik s. Statistik VI, 6.
— und Geschichte der Bevölkerung Europas s. Bevölkerungswesen II, 427.
— der neuesten Zeit s. Bevölkerungswesen II, 427.
Bevölkerungs-, Verwaltungs- und Gerichtsstatistik der statistischen Generaldirektion Italiens s. Statistik VI, 29.
Bevölkerungswechsel s. Bevölkerungswesen.
—, Theorie, allgemeine, des (Uebersicht der Aufgabe: Planimetrische Konstruktion; Hauptgesamtheiten von Lebenden und Verstorbenen; Elementargesamtheiten) s. Bevölkerungswesen II, 456—463.
Bevölkerungswesen II, 427.
—, Ansichten der Schriftsteller des 17. u. 18. Jahrh. über, s. Bevölkerungswesen II, 476—484.
Bewässerung und Bewässerungsrecht II, 529.
Bewässerungsgesetzgebung, neuere deutsche, s. Bewässerung &c. II, 531.

Bewässerungsrecht, geschichtliche Entwickelung des, s. Bewässerung &c. II, 530.
—, Gesetzgebungen betreffend, in Frankreich und Oesterreich Ungarn s. Bewässerung &c. II, 537.
Bezirkskrankenkassen s. Krankenversicherung IV, 867.
Bezirkskulturingenieurs. Zusammenlegung der Grundstücke VI, 915.
Bianchini, Ludovico II, 541.
Bibliotheken II, 542.
—, Stand der öffentlichen, in Deutschland, Oesterreich, Frankreich, Italien, England, Ver. Staaten v. Amerika s. Bibliotheken II, 542.
Biel, Gabriel II, 549.
Bielfeld, Jakob Friedrich Frhr. von, II, 549.
—, seine Ansichten über populationistische Aufgaben der Staatskunst s. Bevölkerungswesen II, 482.
—, seine drei Grundsätze für das Steuerwesen s. Steuer II, 101.
Bier, Geschichte des, s. Bier &c. II, 550.
— -Accisegesetz, belgisches, v. 20. VIII. 1885 s. Bier &c. II, 611.
— und Bierbesteuerung II, 550.
— und Bierbesteuerung in Großbritannien u. Irland s. Bier &c. II, 594.
— -Besteuerungsformen, Beurteilung der verschiedenen, s. Bier &c. II, 622.
— -Besteuerungsverhältnisse in Deutschland (Norddeutsche Braunsteuergemeinschaft, Bayern, Württemberg, Baden, Elsaß Lothringen), in Oesterreich - Ungarn, Italien, Großbritannien, Frankreich, Rußland, Holland u. Belgien, Skandinavien, Griechenland, Serbien, Ver. Staaten v. Amerika s. Bier &c. II, 554—618.
— -Erzeugungsmenge u. Biersteuererträgnis &c. Allgemeine vergleichende statistische Uebersicht s. Bier &c. II, 618.
— und Essig-Accisegesetz, holländisches, v. 25. VII. 1871 bezw. 27. VI 1876 s. Bier &c. II, 609.
— -Steuergesetz, amerikanisches, v. 13. VII 1866 s. Bier &c. II, 617.
—, badisches, v. 28. II. 1845 s. Bier &c. II, 582.
—, griechisches, v. 6. IV. 1883 s. Bier &c. II, 615.
—, italienisches, v. 3. VII. 1864, bezw. 31. VII. 1879 s. Bier &c. II, 593.
—, österreichisches, v. 18. XII. 1852, bezw. 25. IV. 1869 u. 18. V. 1875 s. Bier &c. II, 569.
—, russisches, v. 15. I. 1885 s. Bier &c. II, 606.
—, serbisches, v. 19. VI. 1882 s. Bier &c. II, 615.

Bier-Steuergesetze, französische, 1816 bis 15. II. 1876 s. Bier &c. II, 603.
— -Steuern einst und jetzt s. Bier &c. II, 553.
Bilanz, Bilanzkonto s. Buchführung II, 741, 743.
—, günstige oder ungünstige, zwischen Geld- u. Warenverkehr s. Handelsbilanz IV, 271.
Bildungswesen s. Unterrichtswesen.
Billardsteuer s. Luxussteuer IV, 1088.
Billbrokers or discount houses s. Banken II, 62.
Billets à ordre als Gegenstand der Besteuerung s. Wechselstempelabgabe VI, 835.
Bills de necessario s. Ebed II, 818.
Bimetallismus s. Doppelwährung.
Binnenfischerei s. Fischerei III, 511—533.
—, Pflege der, s. Fischerei III, 530.
—, Recht zur, s. Fischerei III, 517.
—, Recht in Deutschland, Belgien, Dänemark, Frankreich, Italien, Holland, Oesterreich-U., Schweiz, Großbritannien, Rußland s. Fischerei III, 525.
—, Recht der (Polizeiliche Vorschriften) s. Fischerei III, 518.
Binnenlinie, Binnenland, Binnenzollkontrolle s. Zölle &c. VI, 841.
Binnenseen, Flüsse, Kanäle, Ausdehnung und Schiffbarkeit s. Binnenschiffahrt II, 630.
Binnenschiffahrt II, 628.
—, Leistung der, s. Binnenschiffahrt II, 648.
Binnenschiffahrtskongreß, II. internationaler zu Wien 1886. Resolutionen s. Binnenschiffahrt II, 636.
Binnenzölle II, 639, s. a. Zölle VI, 828.
Biographien s. Achenwall; Adams, jr.; Anderson; Aristoteles; Arnd; Attinson; b'Aulnis de Bourouill; Baberuf; Bacon; Bagehot; Balunin; Bamberger; Bandini; Bastiat; Baudrillart; Baumstark; Baxter; Bajard; Beaujon; Becaria; Becker, Joh. Joachim; Becher, Siegfr.; Becker; Beckmann, Joh.; Beermann (Bedmann), Joh. Christoph; Behr; Belloni; Bentham; Benenberg; Berch; Berg, von; Bergius, Joh. H. Ludwig; Bergius, Karl Julius; Berleden; Bernhardi, von; Bertillon, Jacques; Bertillon, Louis Adolphe; Besold; Bianchini; Blanc; Blanqui, Adolphe J.; Blanqui, Louis A.; Blend; Block; Boccardo; Bocchi; Bodin (Bobinus); Böckh; Boerlen; Böhm v. Bawerk; Böhmert; Boisguillebert; Bornitz; Bosch-Kemper;

be; Botero; Boxhorn; Bracheli; Braun; Brentano; Bright; Broggia; Bruhn Rops; Bücher; Bülau; Buquoy, Graf von; Büsch; Büsching; Cabet; Cairnes; Calvin; Campanella; Campomanes; Canard; Cancrin; Cantillon; Carey; Carli; Carlyle; Cernuschi; Chalmers; Cherbuliez; Chevalier; Child; Cibrario, Graf; Clement, Ambroise; Clément, Jean B.; Cobden; Cognetti de Martiis; Cohn; Comte, Isidore M. A. F. I; Comte, François L. Ch.; Condillac; Condorcet; Conring; Coquelin; Cossa; Courcelle-Seneuil; Cournot; Court, de la (Delacourt); Culpeper; Custodi; Cusumano; Czörnig v. Czernhausen; Daire; Darjes; Davanzati; Davenant; Département; Dieterici; Dietzel, Heinrich; Dietzel, Karl A.; Dithmar; Tohm, von; Droz; Duep-tiaux; Dühring; Dufau; Dunoyer; Dupont (de Nemours); Dutot; Eheberg; Eiselen; Eisenhart; Ely; Emminghaus; Engel; Engels; Fallati; Farr; Faucher, Julius; Faucher, Léon L. Fr.; Fawcett; Ferrara; Ferraris; Fichte; Filangieri; Finlaison; Fischer, Friedrich Ch. J.; Fischer, Gustav C.; Fix; Fletcher; Hölbke; Forbonnais; Fourier; Foville, de; Franklin; Fulda, von; Galiani; Ganilh; Garnier, Germain; Garnier, J. C.; Gasser; Garve; Geisstofler; Genovesi; Gentz, von; George; Gérando; Gide; Gilbart; Gioja; Godin; Godwin; Göschen; Gothein; Guerry; Guicciardini; Haller, von; Haluch; Hamilton, Alexander; Hamilton, Robert; Hansen; Harrington; Hartl; Harrison; Haushofer; Harthausen, von; Heitz; Held; Helferich, von; Hermann; Herrmann; Herrenschwand; Hertzka; Heuschling; Hildebrand, Bruno; Hildebrand, Richard; Hofacker; Hoffmann; Holzschuher; Horn; v. Hornid; Horton; Huber; Huseland; Hüllmann; Hume; James; Jevons; Inama-Sternegg, von; Ingram; John; Jonas; Jones; Jovellanos, de; Iselin; Juraschek, von; Justi, von; Kaufmann, von; Raub; Kerssenboom; King; Kleinwächter; Klod; Knapp; Knies; Kolb; Rosegarten; Kraus; Krieß; Kröncke; Krug; Rubler; Lange; Lachères; Lassalle; Lattes; Lauderdale; Laveleye, de; Lavergne, de; Lavergne-Peguilhen, von; Law; Lawson; Lehr; Le Play; Leroy-Beaulieu; Leslie; Letronne; Levasseur; Lips; List; Locke; Longe; Loria; Loß; Lueder; Luther; Luzzati; Mac Culloch; Macchiavelli; Macleod; Malchus, von; Mangoldt, von; Mario (f. Winkelblech); Marshall; Martineau; Marx; Mataja; Mauvillon; Mayr, von; Mees; Meißen; Melon; Menger, Anton; Menger, Karl; Mengotti; Mercier de la Rivière; Merivale; Messedaglia; Meusel; Meyer; Miaskowski, von; Michaelis; Mill, James; Mill, John St.; Minghetti; Mirabeau; Mischler, Ernst; Mischler, Peter; Milhoff; Möser, von; Molinari, de; Montchrétien, de; Montanari; Montesquieu, de; Morpurgo; Morstadt; Morus; Moser, Friedrich K. von; Moler, Johann J.; Müller; Mun; Raffe; Raßani; Nebenius; Necker; Neri; Neumann, Friedrich Jul.; Neumann, Kaspar; Neumann-Spallart, von; Neurath; Newmarch; Nicolai; Norzh; Obrecht; Oettingen, von; Onden; Oppenheim; Oresmius; Ortes; Offa, von; Owen; Paasche; Paoletti; Parieu, de; Pascoll; Pasig; Patten; Pecchio; Pereira, de; Pétin; Petume Smith; Petty; Philippi; Philippovich von Philippsberg; Pierstorff; Plato; Platter; Polig; Possoschlow; Price; Pettume-Smith; Proudhon; Pusendorf, von; Quesnay; Quetelet; Raiffeisen; Raleigh; Raßinger; Rau; Reden, von; Reimarus; Reinhard; Reybaud; Ricardo; Riccaselerno; Ricci; Riedel; Robbertus; Roeßler; Rößig; Rogers; Rohr, von; Romagnoli; Roscher; Rossi; Rousseau; Rübiger; Rümelin, von; Sabler; Saint-Simon; Salmasius; Samter; Sansovino; Sartorius von Waltershausen; Sartorius, Georg Fr.; Say, Say, Horace C.; Say, Jean B.; Say, Jean B Léon; Scaruffi; Schäffle; Schanz; Scharling; Schel, von; Schlettwein; Schlözer, von; Schmalz; Schmeißel; Schmittbenner; Schmoller; Schön; Schönberg; Schröder, von; Schubert; Schulze; Schulze-Delitzsch; Schütz, von; Scialoja; Sedendorf, von; Seligman; Senior; Seering; Serra; Sismondi, de; Smith, A.; Soden, von; Sörgel; Soetbeer; Sonnenfels, von; Spangenberg; Spencer; Spittler, von; Stafford; Stein, von; Stewart; Stiebs; Storch; Süßmilch; Syme; Tamassia; Tellampi; Temple; Thomas von Aquin; Thomas de Vio; Thomasius; Thompson; Thornton, Robert E.; Thompson, William; Thornton; Thünen, von; Toniolo; Tooke; Torrens; Townsend; Toynbee; Tracy, de; Tucker; Turboto; Turgot, de; Ulloa, de; Umpfenbach; Uztari, de; Valeriani; Vauban, de; Verri; Villeneuve-Bargemont, de; Villermé; Vode; Wagner; Walker; Wallace; Walras; Wappaeus; Wargentin; Weber; Wendling; Westergaard; Whately; Wichern; Mill; Winkelblech; Wirth; Wolf, Christian; Wolf, Julius; Wolfoff, von Lingenthal; Zambelli; Zincke; Zwingli.

Bismarckarchipel s. Kolonien x. IV, 772.

Blanc, Jean Joseph Louis II, 643. —, gewürdigt als sozialistischer Anhänger von Malthus s. Bevölkerungswesen II, 507. —, seine Idee von der "équivalence des fonctions" s. Individualismus IV, 578.

Bland bill v. Febr. 1878 s. Silber x. V, 666.

Blankoverkäufe s. Spekulation V, 810.

Blanqui, Adolphe Jérôme II, 644. —, Louis Auguste II, 645.

Blasensteuer, Blasenzins s. Branntweinsteuer II, 720.

Blauer Montag s. Zunftwesen VI, 888.

Blauers Band (Blue Ribbon Army) s. Mäßigkeitsbestrebungen IV, 1182.

— Kreuz s. Mäßigkeitsbestrebungen IV, 1182.

Bleich, R. J Emil II, 645.

Blei s. Bergbau bezw. Bergbaustatistik.

— und zinkhaltige Gegenstände, RG. v. 25. VI. 1887 betreffend den Verkehr mit, s. Nahrungsmittelpolizei V, 8.

Blinde und Blindenanstalten II, 646. —, Statistik der, s. Blinde x. II, 646.

—, Verhältnisse, rechtliche, der, s. Blinde x. II, 646.

—, Versorgungs-, Erziehungs- u. Unterrichtsanstalten für, s. Blinde x. II, 647.

Bloch, Maurice II, 652. —, gewürdigt als Anhänger von Malthus s. Bevölkerungslehre II, 519.

Blockade, Blockadeerklärung s. Schiffahrt V, 557.

Blockadezustandserklärung, englische, der Küstenstrecke von Brest bis zur Elbe Mai 1806 s. Kontinentalsperre IV, 844

Blutfreund, Neubruchzehent (Naturalfronden) s. Bauernbefreiung II, 192.

Board of Conciliation and Abitration s. Einigungsämter III, 39.

— of Guardians s. Armenwesen I, 837 u. 877.

— of Prisons and Judicial Statistics (für Schottland) s. Statistik VI, 27.

— of Trade s. Schiffahrt V, 540.

Boarding-out-System s. Armenwesen I, 883.

Boards f. Börsengeschäfte II, 682.
Boccardo, Gerolamo II, 652.
Böcchl, Romeo II, 665.
Bodelschwingh'sche Arbeiterkolonien und Verpflegungsstationen s. Soziale Reformbestrebungen V, 780.
Boden, landwirtschaftlich u. kulturforstlich benutzter, s. Grundbesitz IV, 120.
Bodenbesitzreform, Bewegung für, s. Grundbesitz IV, 124.
Bodenbesitzformen, ihre Erfüllung zur Pacht als der herrschenden Betriebsform der Zukunft s. Pacht V, 93.
Bodenerschöpfung durch Ernten bei nicht genügendem Pflanzennährstoffersatz s. Raubbau V, 345.
Bodenklassifikation s. Zusammenlegung der Grundstücke VI, 913.
Bodenkreditgeschäft s. Hypothekenbanken.
Bodenkreditinstitute II, 658, s. a. Hypothekenaktienbanken, Landesstrebitkassen, Landschaften.
Bodenkulturstatistik s. Forststatistik.
Bodenpresse, miasmatische, s. Aktimatisation I, 78.
Bodenrechtsordnung, Prinzipienfrage, volkswirtschaftliche, der, s. Grundbesitz IV, 112.
Bodenregal, Rechtsgrundsatz, des, im fränkisch-merowingischen Staat s. Grundbesitz IV, 150.
Bodenrentenwirtschaft s. Gartenbau II, 401.
Bodenrente s. Grundrente.
—, Einfluß der Jagd auf die, s. Jagd IV, 544.
—, als Objekt der Grundsteuer s. Grundsteuer IV, 197.
Bodenrentenbezugsberechtigte, der, als Subjekt der Grundsteuer s. Grundsteuer IV, 197.
Bodensee (staats-, völkerrechtliche und Eigentumsverhältnisse x.) s. Bodensee II, 654.
Bodenzerfplitterung II, 655, s. a. Güterschlächterei.
Bodenzerfplitterungsgesetzgebung s. Bodenzerfplitterung II, 658.
Bodenzerfplitterungsstatistik (Belgien, Frankreich, England, Ber. Staaten v. Amerika, Deutschland) s. Bodenzerfplitterung II, 659.
Bodin, Jean (Bodinus, Johannes) II, 667.
— als Finanztheoretiker s. Finanzwissenschaft III, 490.
Bodio, Luigi II, 668.
Bodmerei s. Schiffahrt V, 155 u. Transportversicherung VI, 208.
Boeckh, Richard II, 689.

Boeckh'sche Sterblichkeitstafel für den preußischen Staat, Boeckh'sche Methode, s. Sterblichkeit x. VI, 78.
Boerner, Johann Heinrich II, 669.
Böhm von Bawerk, Eugen II, 670.
Böhmerl, Karl Viktor II, 670.
Böhmische Adamiten, Lehre der, s. Sozialismus x. V, 779.
Bönhasen, Stümper, Störrer, Frötter, Pfuscher s. Zunftwesen VI, 891.
Börse II, 671.
—, Wesen, Geschichte und Arten der, s. Börse II, 671.
Börsen, Bedeutung der, für die Weltwirtschaft s. Börsengeschäfte II, 691.
Börsenenquetekommission s. Zeitgeschäfte VI, 802.
Börsengeschäfte II, 681.
Börsenorganisation (in Deutschland, Oesterreich, Frankreich, Holland, England, Ver. Staaten v. Amerika) s. Börse II, 674.
Börsenregistereinführungsvorschlag s. Zeitgeschäfte VI, 803.
Börsenspiel II, 695.
—, Bestimmungen, gesetzliche, gegen das, s. Börsenspiel II, 703.
— des Publikums s. Zeitgeschäfte VI, 803.
Börsensteuer II, 705.
Börsensteuergesetzgebung s. Deutschland, Oesterreich, England, Frankreich, Italien s. Börsensteuer II, 707.
Börsenüberspekulationen u. Spekulationskrisen im Effektenverkehr s. Börsenspiel II, 698.
Bolaguilhebert, Sieur de, le Pesant Pierre II, 709.
— als Finanztheoretiker s. Finanzwissenschaft III, 496.
—, seine Grundrententheorie s. Grundrente IV, 192.
Bolag (Ausschankaktiengesellschaft in Schweden, zur Beschränkung des Branntweinkonsums wirkend) s. Gathenburger Ausschanksystem s. Wirtshauswesen x. VI, 717.
Bolletten (Begleitscheine in Oesterreich) s. Zölle VI, 844.
Bondelod (Bauernanteil: Norwegischer Zehent, 13. Jahrh.) s. Armenwesen I, 914.
Bonifikation s. Ausfuhrprämien und Ausfuhrvergütung.
Boniteure, Sanitätsklassen, Bonitierungsregister s. Zusammenlegung der Grundstücke VI, 903.
Bonitierung der Grundstücke s. Zusammenlegung der Grundstücke VI, 903.
— zur Ermittelung des Ertragstotalertrages s. Grundsteuer IV, 205.

Bons d'achat-System s. Konsumvereine IV, 839.
— de caisse s. Check II, 819.
— points centimes (Gutschriften bei franz. Schulsparkassen) s. Sparkassen V, 794.
— du trésor s. Schatzanweisungen.
Bonussystem der Victoria Dwelling Company s. Wohnungsfrage VI, 743.
Bordelle s. Prostitution V, 299.
Bordereaux, die, im Instriptionswesen s. Hypotheken- x. Wesen IV, 687.
Borgwirtschaft s. Kredit IV, 877 u. 879.
Born, Stephan, als Gründer des Bundes der deutschen Arbeitervereine „Arbeiterverbrüderung" (aufgelöst 1850) s. Sozialdemokratie V, 718.
Bornitz, Jakob II, 709.
— als Finanztheoretiker s. Finanzwissenschaft III, 491.
Borromäusverein zur Verbreitung guter (katholischer) Bücher s. Volksbildungsvereine VI, 615.
Bosch-Kempen, Jeronimo de, II, 710.
Balschast, kaiserl., v 17 XI, 1881 f. Arbeiterversicherung I, 829.
Bolero, Giovanni II, 710.
— als Finanztheoretiker s. Finanzwissenschaft III, 491.
Bounties (Ausfuhrprämien) s. Schutzsystem V, 610.
Boykott, boykottieren s. Gesellenverbände III, 828, Zunftwesen VI, 889.
Brachell, Hugo Franz II, 710.
Brandkassen s. Feuerversicherung III, 401.
Brandkultur s. Moorkultur x. IV, 1217.
Brandwirtschaft s. Ackerbausysteme I, 40, Haubergswirtschaft IV, 597.
Branntwein, Branntweinausschank II, 718.
—, Geschichte des, s. Branntwein x. II, 712.
Branntweinausschank s. Schankgewerbe.
Branntweinbesteuerung der einzelnen Länder: Deutsches Reich (Preußen u. Norddeutscher Steuerverein, Bayern, Württemberg, Baden), Oesterreich-Ungarn, Schweiz, Großbritannien u. Irland, Frankreich, Rußland, Belgien u. Holland, Skandinavische Staaten, Spanien u. Portugal, Ver. Staaten v. Amerika s. Branntweinsteuer II, 723—735.
Branntwein-Bolage und -Samlage, deren Organisation s. Gathenburger Ausschanksystem IV, 98.

Branntweinhandel — Büsching 13

Branntweinhandel, der russische, s. Gewerbegesetzgebung III, 1028.
Branntweinkonsum s. Branntwein ꝛc. II, 714.
Branntweinmonopol s. Branntweinsteuer II, 723
—, russisches, s. Branntweinsteuer II, 732.
Branntweinproduktion siehe Branntwein ꝛc. II, 713.
Branntweinschankgerechtsame in Schweden, Norwegen und Finland s. Gothenburger Ausschanksystem IV, 96.
Branntweinsteuer II, 714.
—, Steuersatz der, s. Branntweinsteuer II, 716.
Branntweinsteuergesetz, russisches, v. 1. 1. 1863 s. Branntweinsteuer II, 732.
— der Ver. Staaten von Amerika v. 20. VII. 1868 s. Branntweinsteuer II, 735.
Branntweinsteuermonopol, schweizerisches, v. 23. XII. 1886 s. Branntweinsteuer II 729.
Branntweinverbrauchsabgabe, RG. v. 24. VI. 1887 s. Branntweinsteuer II, 726.
Branntweinverbrauchsabgabengesetz für Oesterreich-Ungarn v. 20. VI. 1888 s. Branntweinsteuer II, 728.
Brasilien als koloniales Tochtergebilde Portugals s. Kolonien ꝛc. IV, 728.
Braun, Karl II, 735.
Brausteuer s. Bier u. Bierbesteuerung.
—, Gesetz wegen Erhebung der, v. 31. V. 1872 s. Bier ꝛc. II, 560.
Brausteuergemeinschaft, norddeutsche, Entstehung der, s. Bier ꝛc. II, 558.
Brennerei, Charakter der, in den einzelnen Ländern s. Branntwein ꝛc. II, 711.
Brennereigenossenschaften s. Landwirtschaftliches Genossenschaftswesen IV, 963.
Brentano, Lujo II, 735.
Briefgeheimnis, postalische Wahrung desselben, s. Post ꝛc. V, 199.
Brief-, Geld-, Packet- ꝛc. Verkehr im Weltpostverein s. Weltpostverein IV, 674.
Briefporto s. Porto V, 172.
Briefpost s. Post, Postwesen.
Briefpostverkehr s. Post ꝛc. V, 185.
Bright, John II, 736; s. a. Anti-corn-law-league I, 339.
Brinksitzereien oder Brinksitzkothen s. Hof IV, 479.
Brisbane's Propaganda für Kolonien nach dem Fourierschen System s. Sozialdemokratie V, 719.
Brocanteurs s. Trödelhandel VI, 268.

Broggia, Carlo Antonio II, 737
— als Finanztheoretiker s. Finanzwissenschaft III, 496.
Broken Hill Mine in Neusüdwales als neues Silberproduktionsgebiet s. Silber ꝛc. V, 670.
Brokers s. Börsengeschäfte II, 681.
Brotpreise II, 737.
Brotpreisstatistik s. Brotpreise II, 739.
Brotschätzer, Brotschaumeister s. Preistaxen V, 260.
Brotschauordnungen s. Nahrungsmittelpolizei V, 2.
Brottagen s. Bäckereigewerbe.
Broufse, Paul s. Anarchismus I, 259.
— und Malon als Gründer der „Fédération française des travailleurs socialistes révolutionnaires" (1882) s. Sozialdemokratie V, 728.
Bruchkolonien s. Ansiedelung I, 809.
Bruderladen s. Knappschaftskassen in Oesterreich IV, 1273.
Bruderladengesetz v. 28. VII. 1889 nebst Novelle v. 17. IX 1892 s. Knappschaftskassen in Oesterreich IV, 1274.
Bruderladenkassen s. Krankenversicherung IV, 867.
Bruderladenstatistik von 1891 s. Knappschaftskassen in Oesterreich IV, 1276.
Bruderschaften s. Gesellen, Gesellenverband.
Brückenzoll s. Wege VI, 650.
Brüderschaft u. Gesellschaft s. Gesellenverbände III, 322.
Brüderschaften, Hamburger, Zunftwesen VI, 891.
Brutto- u. Nettobudget s. Budget.
Bruyn Kops, Jacob Leonard de II, 740.
Buch (Grundbuch), System des öffentlichen Glaubens des, s. Hypotheken- ꝛc. Wesen IV, 524.
Buchbeamte, Haftpflicht des, u. des Staates s. Hypotheken- ꝛc. Wesen IV, 525.
Buchbehörden und deren Verfahren s. Hypotheken- ꝛc. Wesen IV, 522.
Buchdruckereigewerbe s. Pressgewerbe.
Buchdruckerstreiks in Deutschland bis 1865 s. Arbeitseinstellungen I, 619.
— in den Jahren bis 1889 s. Arbeitseinstellungen I, 627.
Buchführung II, 740.
—, doppelte s. Buchführung II, 742.
— für Fabrik- und landwirtschaftliche Betriebe s. Buchführung II, 743.

Buchhalter s. Handelsgehilfe IV, 276.
Buchhandel II, 744.
—, Geschichte des, im Altertum s. Buchhandel II, 744
—, Geschichte des, im Mittelalter s. Buchhandel II, 745
—, Geschichte des, seit Erfindung der Buchdruckerkunst s. Buchhandel II, 746.
—, Organisation u. gegenwärtige Lage des, in Deutschland s. Buchhandel II, 755.
Budget II, 758.
—, Geschichtliches über die Entstehung des, s. Budget II, 759
—, Gliederung des, s. Budget II, 765.
—, Oesterreich-Ungarisches s. Budgetrecht II, 781
—, ordentliches und außerordentliches, s. Budget II, 766.
—, Vollständigkeit und Zeitdauer des, s. Budget II, 760
—, Vollzug des, s. Budget II, 773.
Budgetbewilligung und -Verweigerung s. Budgetrecht II, 785.
Budgetposten, Schätzung der, s. Budget II, 763.
Budgetrecht II, 774.
—, Belgisches s. Budgetrecht II, 780.
—, des Deutschen Reichs s. Budgetrecht II, 783.
—, Englisches s. Budgetrecht II, 775.
—, Französisches s. Budgetrecht II, 777.
— der deutschen Gliedstaaten s. Budgetrecht II, 782.
—, Oesterreich-Ungarisches s. Budgetrecht II, 781.
—, Rezeption des französisch-belgischen, in die übrigen konstitutionellen Staaten des europäischen Kontinents s. Budgetrecht II, 780
—, Streitfragen des, s. Budgetrecht II, 784.
Budgetschuld s. Budget II, 764.
Bücher, Karl II, 788.
Büchner, Georg, als Herausgeber des sozialrevolutionären Flugblattes „Hessischer Landbote" (1834) s. Sozialdemokratie V, 719.
Bülau, Friedrich II, 796.
Bülow, Johann Georg II, 799.
Büschling, Anton Friedrich II, 800.
Bürgerrecht der Kaiserzeit, Provinzialcensus, Gesamtbevölkerung des römischen Reichs, Bevölkerung der Stadt Rom s. Bevölkerungswesen II, 452.
Bürgerschaft s. Kredit IV, 874.
Bürgertum, Entstehung des, s. Bürger ꝛc. II, 789

Building ſocietieſ (engliſche Hypothekenbanken) ſ. Bau genoſſenſchaften II, 284 und Wohnungsfrage VI, 741.
— in Amerika ſ. Baugenoſſenſchaften II, 288.
„Bund der Geächteten", Bundesorgan „Der Geächtete", redigiert von Venedey ſ. Sozialdemokratie V, 717.
„Bund der Gerechten", redigiert von Hermann Ewerbeck (1836), Gründung dieſes kommuniſtiſchen Blattes ſ. Sozialdemokratie V, 717.
Bund der Gerechten (geheime Geſellſchaft deutſcher Sozialiſten im Auslande), als erſte Internationale ſ. Internationale IV, 591.
—, Umwandlung des, in den revolutionären Propagandaverein „Bund der Kommuniſten" durch Marx und Engels (1847) ſ. Sozialdemokratie V, 717.
Bundesflagge, Certifikat zur Berechtigung der Führung der, ſ. Schiffahrt V, 554.
Bundſchuh ſ. Sozialdemokratie V, 710.
Buonarrotti, kommuniſtiſche Propaganda ſ. Sozialdemokratie V, 713.
Buoni di caſſa (Kaſſazettel) ſ. Banken II, 132.
Buoni del teaoro ſ. Schatzanweiſungen V, 515.
Buquoy, Georg Franz Auguſt de Longueval, Frh. von Vaur, Graf von. II, 789.
Bureau für Agrarſtatiſtik im franzöſ. Ackerbauminiſterium ſ. Statiſtik VI, 25.
— de la balance de commerce ſ. Zölle x. VI. 835.
— für franzöſiſche Juſtizſtatiſtik ſ. Statiſtik VI, 25.
— international de l'Union pour la protection de la propriété industrielle, Bern, ſ. Patentrecht V, 140.
— de statistique générale (im franzöſiſchen Handelsminiſterium) ſ. Statiſtik VI, 24.
— de statistique et de législation comparée (im franzöſ. Finanzminiſterium) ſ. Statiſtik VI, 25.
— of statistics of the Department of Agriculture ſ. Statiſtik VI, 39.
— of statistics (im Unionsſchatzamt zu Waſhington) ſ. Statiſtik VI, 39.
— internationales für Veröffentlichung der Tarife aller Länder (ſeit 1892 in Brüſſel) ſ. Zölle x. VI. 834.
—, vgl. preußiſches ſtatiſtiſches, ſ. u. Statiſtik.
Bureaux de bienfaisance ſ. Armenweſen I, 691.

Bureaux de l'inscription maritime ſ. Schiffahrt V, 546.
Burgenſes ſ. Anzugsgeld I, 355.
Burlage (Pfändung bei Perſonen, welche Landwirtſchaft treiben) ſ. Zwangsvollſtreckung VI, 933.
Burſa ſ. Börſe.
Butterabſatz, genoſſenſchaftlicher, ſ. Landwirtſchaftliches Genoſſenſchaftsweſen IV, 950.
Bu-gaku (Fronden in Japan) ſ. Bauernbefreiung II, 256.

Cabet, Étienne II, 801.
—, ſein „Ikarien" ſ. Sozialismus x. V, 773.
Cabmen's shelters ſ. Wirtshausweſen u. Getränkehandel VI. 720.
Cabotage, bornage ſ. Schiffahrt V, 545.
Cacſar und Tacitus über Anſiedelung. Dorfgemarkungen, Feldgrundſtücke ſ. Feldgemeinſchaft III, 377.
Cairnes, John Elliot II, 803.
— ſeine Werttheorie ſ. Wert VI, 687.
Caisse générale d'épargne et de retralle (Belgien) ſ. Arbeiterverſicherung I, 566.
— d'escompte ſ. Banken II, 116.
— des invalides de la marine ſ. Schiffahrt V, 545.
Caisses de chômage ſ. Arbeitszeit I, 772.
— communes (Hilfskaſſen beim Bergbau in Belgien) ſ. Arbeiterverſicherung I, 566.
— d'épargne, caisses nationales d'épargne, caisses d'épargne privées ſ. Sparkaſſen V, 787.
Cambiatores, cambitores, campsores ſ. Banken II, 47.
Campanella, Tommaſo II, 803.
Campomanes, Don Pedro Rodriguez, Graf von, II, 806.
Canard, Nicolas François II, 807.
— als Steuerübrwälzungstheoretiker ſ. Steuer VI, 118.
Caurrin, Georg, Graf von, II, 807.
Cavillion, Richard II, 808.
Coorſins, Kawerzaner ſ. Leihhäuſer IV, 1035.
Carafa († 1487) als Finanztheoretiker ſ. Finanzwiſſenſchaft III, 488.
Carey, Henry Charles II, 808.
—, ſeine Grundrententheorie ſ. Grundrente IV, 193.
—, gewürdigt als optimiſtiſcher Gegner von Malthus ſ. Bevölkerungsweſen II, 510.
— ſeine Werttheorie ſ. Wert VI, 687.
Carli, Giovanni Rinaldo, Graf von, II, 811.
Carlyle, Thomas II, 812.

Carlyle, ſeine ſozialreformatoriſchen Ideen und Schriften ſ. Soziale Reformbeſtrebungen V, 746.
Casco-, Cargo - Verſicherung ſ. Transportverſicherung VI, 261.
Cash notes ſ. Check II, 818.
Casse di risparmio ſ. Sparkaſſen.
Cathedraticum oder Synodaticum ſ. Kirchliche Abgaben IV, 674.
Cens, chef-cens; menu-cens; groscens (Grundzins) ſ. Bauernbefreiung II, 208.
Cenſurfreie Länder; Anzeigefreie Länder; Staaten mit polizeilicher Anzeigepflicht; Länder der Polizeierlaubnis ſ. Preßgewerbe x. V, 275.
Census Office im Unionsamte des Innern ſ. Statiſtik VI, 39.
—, Republikaniſcher ſ. Bevölkerungsweſen II, 452.
—, tributum ſ. Finanzen III, 440.
Cercles chrétiens d'études sociales ſ. Volksbildungsvereine VI, 612.
— d'ouvriers ſ. Arbeitervereine.
Cernuschi, Enrico II, 813.
Chalmers, Thomas II, 813.
—, gewürdigt als Anhänger von Malthus in der Theorie ſ. Bevölkerungsweſen II, 498.
Chambre de compensation des banquiers zu Paris ſ. Clearing-House II, 840.
— syndicale ſ. Börſe II, 677 u. Mäklerweſen IV, 1101.
— du tabac (in Bern) ſ. Tabak x. VI, 157.
Chambres consultatives des arts et manufactures ſ. Gewerbekammern (in Frankreich) III, 1037.
Champagnermeſſen ſ. Handelsrecht IV, 814.
Chappe, Claude, als Erfinder des optiſchen Telegraphen (télégraphie aérienne) ſ. Telegraphie VI, 192.
Charteparlie ſ. Frachtgeſchäft III, 835.
Chartismus, der, ſ. Soziale Reformbeſtrebungen V, 741.
Chartiſtenbewegung v. 1836—39 ſ. Soziale Reformbeſtrebungen V, 741
— v. 1840—48 ſ. Soziale Reformbeſtrebungen V, 743.
Chauſſeegelder ſ. Wege VI, 680.
Chauſſterung. Chauſſierungstechnik ſ. Wege VI, 639.
Check II, 814.
—, Arten des, ſ. Check II, 815.
Verbindliches des, zum gezogenen Wechſel, zur Banknote, zur Giroanweiſung ſ. Check II, 816.
—, Vorläufer älterer, und geſchichtliche Entwickelung des, ſ. Check II, 817.

Checkrecht - Conseils de prud'hommes 15

Checkrecht Großbritanniens, der V.
Staaten, Frankreichs, Oesterreichs
und Deutschlands s. Check II,
821/828.
Checkverkehr der österreichischen
Postsparkassen s. Postsparkassen
V, 224.
Checkvertrag s. Check II, 815.
Chèque-réképissé s. Check II, 819.
Cherbuliez, Antoine Elysée II, 831.
Chevalier, Michel II, 831.
Child, Sir Josiah II, 832.
—, als Vorgänger von Malthus betrachtet s. Bevölkerungswesen II, 489.
Christian Social Union, gegr. 1889
unter Vorsitz des Bischofs v. Durham s. Soziale Reformbestrebungen V, 749.
Christlich-soziale Bewegung (1877 bis
1890) s. Soziale Reformbestrebungen V, 762.
Cibrario, Giovanni Antonio Luigi,
Graf, II, 833.
—, seine Preistabelle für Italien auf
die Jahre 1264—1397 s. Preis
V, 254.
Cichorienfteuer II, 833.
Cijnsen, tijnsen s. Bauernbefreiung (in Holland) II, 213.
Cirkulationsfteuer s. Verbrauchsfteuern VI, 414.
Cité ouvrière, Mühlhausen i. Els.
s. Wohnungsfrage VI, 742.
Cives, civitatenses s. Anzugsgeld I, 355.
Civil damage law s. Wirtshauswesen x. II, 719.
— imprisonment Act v. 15. III
1882 s. Schuldhaft V, 596.
Civilexekution s. Zwangsvollstreckung VI, 934.
Civiliste II, 835, s. a. Budget.
—, Regelierung und staatsrechtliche Verhältnisse der, s. Civiliste II, 835.
—, Höhe und faktische Zustände der,
in einzelnen Staaten und Republiken s. Civiliste II, 836.
Civilstandsregister, System des
französischen Rechts des, in Deutschland, Frankreich, Italien, Belgien,
Holland, der Schweiz, Rumänien,
Spanien, Griechenland, Großbritannien u. Irland, den V. Staaten
v. Amerika. Standesregister
V, 845 ff.
Clanverfassung s. Ansiedelung
I, 303.
Classe des propriétaires s. Quesnay, 323.
— productive s. Quesnay V, 323.
— stérile (classe salariée) s. Quesnay V, 324.
Clearing House II, 836.
Clearing Houses, die, in Großbritannien, den V. Staaten u. in
Australien s. Clearing House
II, 838.
Clément, Ambroise II, 843.
Clément, Jean Pierre II, 843.

Cliffe Leslie s. Leslie.
Cobden, Richard II, 843; s. a.
Anti-corn-law-league I,
838.
Cocons - Produktion, - Ausfuhr,
-Preise, -Verbrauch s. Seide- x.
Industrie V, 624.
Cognetti de Martiis, Salvatore II,
844.
Cohen, Stuart, seine Anschauung
über die Opfertheorie s. Steuer
VI, 108.
Cohn, Gustav II, 844.
—, als Anhänger von Malthus s.
Bevölkerungswesen II, 516.
—, seine Anschauungen über die
Wehrsteuer als Folge des Prinzips
der staatlichen Gemeinschaft s.
Wehrsteuer VI, 656.
—, als Verfechter der Wiederaufnahme des fiskalischen Prinzips bei
der Post s. Porto V, 170.
Colbert, Colbertismus s. Merkantilsystem IV, 1172.
— 's protektionistische Handelspolitik
s. Schutzsystem V, 607.
— 'sche Schiffbauprämien s. Schiffahrt V, 544.
— 'scher Schutzzolltarif s. Schutzsystem V, 608.
Collegia (im römischen Altertum)
II, 845
— der ersten Kaiserzeit s. Collegia
II, 847.
— der späteren Kaiserzeit s. Collegia II, 853.
— statistica s. Statistik VI, 3.
— tenuiorum s. Witwen- und
Waisenversicherung VI, 721.
Collegia II, 849.
— u. Sodalitäten in der republikanischen Zeit s. Collegia II, 845.
College of agriculture, Downton
bei Salisburgy (gegr. 1860) s.
Landwirtschaftliches Unterrichtswesen VI, 392.
Colonial Office s. Kolonien x.
IV, 749.
Colonies pénitentiaires, colonies
correctionnelles s. Zwangserziehung VI, 951.
Colonization, National Association
for promoting State-directed (gegr.
1883) s. Auswanderung I, 1028.
Colorado-Käfer II, 857.
Colportage II, 857, s. a. Hausierhandel.
Colportagegesetzgebung in Deutschland, Oesterreich, Frankreich s.
Colportage II, 859.
Commenda (accomenda) s. Faktor III, 348.
Commission, R. to inquire into
the housing of the working classes
(v. 1884) s. Wohnungsfrage
VI, 729.
Commissioners of emigration s.
Auswanderung I, 1016.
Commissions de surveillance s. Post
V, 209.

Communautés s. Produktivgenossenschaft V, 290.
Commune (Paris) II, 860.
—, Idee der, s. Commune II, 860.
—, Konstituierung der, Charakteristik
der Pariser Commune s. Commune II, 866.
—, Verwaltung der, ihre sozialpolitischen Maßregeln s. Commune II, 869.
Commutation Bill v. 1796 s. Ostindische Handelsgesellschaft
V, 75.
Compagnie des Indes s. Law IV, 980.
— universelle du Canal maritime de
Suez s. Suezkanal VI, 152.
Compounding-system s. Armenlast x. I, 796.
Comptes courants (Girokonten) s.
Banken II, 122.
Comptoirs d'escompte, succursales
s. Banken II, 118.
Comptroller, General Comptroller
s. Rechnungskontrolle V, 359.
Comptroller of the currency (der
Umlaufsmittel) s. Banken II, 172.
Comte, François Louis Charles II, 875.
Comte, Isidore Marie Auguste
François Xavier II, 874.
— 's Soziologisches Gesellschaftssystem s. Gesellschaft x. III, 842.
Concurrence déloyale s. Gewerbegesetzgebung III, 989, Wettbewerb VI, 703.
Condillac, Etienne Bonnot de II, 875.
Condorcet, Marie Jean Antoine
Nicolas Caritat, Marquis de, II, 875.
Congé s. Schiffahrt V, 546, s.
Salz x. V, 493.
Congregazione di carità s. Armenwesen I, 908.
Conrad, J., Gutachten über die
Vorbildungserfordernisse für die
studierenden Landwirte s. Landwirtschaftliches Unterrichtswesen VI, 377.
—, als Steuersyftematiker s. Steuer
VI, 98 f.
Conring, Hermann II, 878.
—, seine Ansichten über die Bevölkerungsfrage s. Bevölkerungswesen II, 472, 476.
— als Finanztheoretiker s. Finanzwissenschaft III, 494.
Conseil général de la Banque s.
Banken II, 122.
— d'escompte s. Banken II, 122.
— supérieur de l'Assistance publique
s. Armenwesen I, 899.
— supérieur de statistique s. Statistik VI, 25.
Conseils de prud'hommes (in Frankreich) s. Gewerbegericht III, 956.

Conservateurs de hypothèques f.
Hypotheken- x. Wesen IV,
535.
Consolidated fund f. Budgetrecht
II, 776.
— stocks f. Konversionen IV,
848.
Constitutum vom von Pisa f. Handelsrecht IV, 333.
Consularamt f. Consularrecht
II, я79.
Consularrecht II, 879.
Consuln, Amtsthätigkeit der, im einzelnen, f. Consularrecht II, 682.
— Rechtsverhältnisse der, f. Consularrecht II, 880.
Contagious diseases prevention Act v. 1866 f. Prostitution V, 301.
Contango (Report) f. Börsengeschäfte II, 689.
Contractus trinus (verschleierter Wuchervertrag) f. Wucher VI, 781.
Contrainte par corps f. Schuldhaft V, 593.
Contribution foncière f. Mobiliarsteuer IV, 1199.
— mobilière f. Mobiliarsteuer IV, 1199.
— des patentes f. Gewerbesteuer III, 1070.
— personnelle mobilière f. Mietsteuer IV, 1180.
Contrôle préalable f. Rechnungskontrolle V, 359.
Convention pour la protection de la propriété industrielle v. 29. III. 1883 f. Patentrecht V, 140.
Conversion au dessous du pair f. Konversionen IV, 848.
— au pair f. Konversionen IV, 848.
— avec soulte f. Konversionen IV, 849.
Copyholds (ehemals unfreie Landgüter), Copyhold tenures (derartige Pachtgüter) f. Bauernbefreiung II, 226.
Coquelin, Charles II, 886.
Corner (Schwänze) f. Börsenspiel II, 702 u. Spekulation V, 811.
Correos f. Post (Spanien) V, 210.
Corso forzoso, corso legale (Zwangsu. Legalturs) f. Banten II, 154.
Corte dei conti f. Rechnungskontrolle V, 358.
Corvées, corvées, corweyden (Handund Spanndienste) f. Bauernbefreiung II, 214.
Cossa, Luigi II, 886.
— als Anhänger der abstrakten Methode in der theoretischen Sozialökonomik f. Selbstinteresse V, 649 u. 651.
— als Steuersystematiker f. Steuer VI, 98.
Cotes foncières f. Bodenzersplitterung II, 641.

Cottages (Einfamilienhäuser) f. Wohnungsfrage VI, 739.
Cottagesystem f. Trucksystem VI, 769.
Coulisse f. Maklerwesen IV, 1102.
Councels f. Anwaltschaft I, 360.
Council bills (vom indischen Amt in London auf die indische Regierung in Kalkutta gezogene Wechsel) f. Silber V, 672, 676.
Country clearing f. Banten II, 60.
Couponsteuer II, 886.
—, Gesetzgebung der, f. Couponsteuer II, 687.
Cour des comptes f. Rechnungskontrolle V, 358.
Courcelle-Seneuil, Jean Gustave II, 889.
Cournot, Anton Augustin II, 889.
Cours légal f. Banten II, 121
— prévôtales des donanes, Einsetzung der, v. 18. X. 1810 f.
Kontinentalsperre IV, 845.
Court, de la (Delacourt) Pieter II, 890.
Court of arbitration f. Einigungsämter III, 41.
Courtiers, Courtiers des marchandises f. Maklerwesen IV, 1102.
Crédit mobilier, crédit foncier f.
Finanzgesellschaften III, 464, Börsenspiel II, 699.
Cromwellsche Navigationsakte v.
Oktober 1651, mit Ergänzungen 1660 u. 1825 f. Schiffahrt V, 535.
Culpa in eligendo, Haftung für, f.
Speditionsgeschäfte V, 806.
Culpeper, Sir Thomas II, 890.
Currency school, Currencytheorie, Geldtheorie f. Banten II, 83.
Cusdoll, Pietro II, 890.
Cusumano, Vito II, 891.
Cyclone, 10-Jahresdurchschnittsdiagramm der, f. Transportversicherung VI, 262.
Czieskowski, Bodenrentenbilletstilgungssystem f. Kredit IV, 875.
Czörnig, Karl, Freiherr v. Czernhausen II, 891.

Daire, Louis François Eugène II, 892.
Damnum emergens et lucrum cessans f. Wucher VI, 782.
Dampferfubvention II, 893.
— in Deutschland, Großbritannien, Frankreich, Holland, Italien, Oesterreich, Ungarn, Spanien, Portugal, Rußland u. in den Ver. Staaten v. Amerika f Dampferfubvention II, 893—903.
Dampfkesselpolizei II, 897.
— in Deutschland, Frankreich, Oesterreich, Belgien, Holland, Großbritannien, den Ver. Staaten von Amerika, der Schweiz, Dänemark, Rußland f. Dampfkesselpolizei II, 898—903.

Dampfmaschinen f. Maschinenwesen IV, 1134.
Daneggüte f. Hufenverfassung IV, 501.
Darjes, Joachim Georg II, 903.
—, seine Ansichten über Bevölkerungspolitik f. Bevölkerungswesen II, 482.
Darlehen, Darlehnskredit, verzinslicher f. Kredit IV, 873.
Darlehnsgewährung auf die Police f. Lebensversicherung IV, 1008.
Darlehnskassen II, 903.
Darlehnskassenscheine, Emission von, 1848, 1866 u. 1870 f. Darlehnskassen II, 903.
Darlehnskassenvereine (Raiffeisen) II, 906.
—, Geschichte und Statistik der, u. deren Verbreitung außerhalb Deutschlands f. Darlehnskassenvereine II, 912.
—, selbständige, in Baden, Hessen, Bayern, Württemberg, Preußen f. Darlehnskassenvereine II, 908.
—, Verbindung der, untereinander f. Darlehnskassenvereine I, 907.
Davanzati, Bernardo II, 916.
Davenant, Charles II, 917.
— als Finanztheoretiker f. Finanzen III, 497.
—, seine merkantilistische Lobpreisung einer starken Bevölkerung f. Bevölkerungswesen II. 477.
Dazi interni di consumo f. Octroi V, 52.
Dealers f. Börsengeschäfte II, 681.
Deduktion u. Induktion f. Selbstinteresse V, 648; f. Volkswirtschaft x. VI, 554.
Defraudation f. Zölle x. VI, 851.
Degressivsteuer f. Stempel x.
VI, 66.
Deichverbände und Deichpflicht in den älteren Provinzen Preußens f. Deichwesen II, 919.
Deichwesen II, 917.
Deichwesengesetzgebung in Preußen, Bayern, Baden, Hessen u. Elsaß-Lothr., in Oesterreich U. f. Deichwesen II, 918—928.
Deklaration, generelle und specielle, Deklarationschein, Deklarationsschein, Deklarationszwang f.
Zölle x. VI, 842.
Deklarationen, Gassionen f. Steuer VI, 115.
Delacourt f. Court, de la.
Deleredere, Delcredere-Stehen f.
Kommissionsgeschäfte IV, 796.
— Stehen für den Frachtführer f.
Speditionsgeschäfte V, 808.
Demographischer Kongreß f. Statistik IV, 42.
Demographie, Demologie f. Statistik VI, 6.

Départcieuz — Doppelwährung 17

Départcieuz, Antoine II, 976.
Deponit Friendly society f. Arbeiterversicherung I, 640.
Depositalzinsen f. Staatsschulden V, 844.
Depositen f. Banken, f. Kredit IV, 673.
Depositenschulden der Banken f. Schulden V, 592.
Depots, offene und verschlossene f. Aufbewahrungsgeschäft I, 952.
Dépôts de mendicité f. Freizügigkeit III, 677, Armeuwesen I, 835.
Deputatgesinde, Deputanten, Deputatinen f. Landwirtschaftliche Arbeiter IV, 942.
Desarmement (administratives Entlassen der Mannschaft) f. Schiffahrt V, 546.
Descendenten f. Erbschaftssteuer III, 297.
Detailhandel f. Handel IV, 268.
Detailpreise f. Preise V, 234.
Dette consolidée f. Konversionen IV, 648.
— vingère f. Leibrente IV, 1032.
Dettes flottantes, floating debts (unfundierte laufende Kassenschulden) f. Staatsschulden V, 825.
Deutsch-Englisches Abkommen v. 1. VII 1890: (gegen Aufgabe der Schutzherrschaft über Witu erhält Deutschland Helgoland) f. Kolonien x. IV, 758.
— Ostafrikanisches Schutzgebiet f. Kolonien IV, 767.
— Festlegung der Grenzen Deutsch-Ostafrikas (deutsch-englisches Abkommen v. 1. VII. 1890) f. Kolonien x. IV, 768.
— Kreierung und Organisation einer kais. Schutztruppe für (RGO. v. 22. III. 1891, 9. IV. 1891 u. 10. I. 1892) f. Kolonien x. IV, 760.
— Südwestafrikanisches Schutzgebiet f. Kolonien IV, 762.
Deutscher Fischereiverein für Küsten und Hochseefischerei, Sektion des, f. Fischerei III, 535.
— Handelstag f. Unternehmerverbände VI, 362.
— Verein für Knabenhandarbeit (gegr. 1886) f. Handfertigkeitsunterricht IV, 366.
Devalvation f. Papiergeld V, 108.
Devisen f. Wechsel VI, 627.
Dienstbotensteuer f. Luxussteuer IV, 1087.
Dienste, gemessene und ungemessene f. Fronden III, 694.
—, Hand- und Spann-, f. Bauernbefreiung, f. Fronden III, 694.
Dienstleistungen, persönliche, II, 926; f. a. Gesindewesen.
Dienstmiete und Dienstvertrag f. Arbeitsvertrag I, 743.

Dieterici, Karl Friedrich Wilhelm II, 928.
Dietzel, Heinrich II. 928.
Dietzel, Karl August II, 928.
—, über seine Ableitung einer abstrakten Sozialwirtschaftslehre aus dem wirtschaftlichen Zweckstreben des Menschen nach stofflichen Gütern f. Volkswirtschaft x. VI, 853.
Diffamati f. Freizügigkeit III, 677.
Differential- und Unterscheidungszölle f. Zölle VI, 831.
Differentialtarife im Eisenbahnwesen f. Eisenbahnen III, 202.
Differentialzölle II, 929
Differenzgeschäft f. Börsengeschäfte und Börsenspiel.
— in Gestalt des Kassiergeschäfts f. Zeitgeschäfte VI, 797.
—, Verhältnis des, zum Zeitgeschäft f. Zeitgeschäfte VI, 796.
Differenzspekulation f. Spekulation.
Dikterladen, Ditterion f. Prostitution V, 296.
Dimensionsstempel f. Stempel VI, 66.
Diplomante (periodische Trunksucht) f Trunksucht VI, 275.
Direction générale des postes et télégraphes (errichtet 1886) f. Post V, 209.
Diskonto u. Diskontopolitik II, 932.
Diskontopapiere u Diskontomarkt f. Diskonto x. II, 933.
Diskontopolitik f. Diskonto x. II, 937.
Diskontosatz, Bestimmungsgründe des, f. Diskonto x. II, 935.
—, Einfluß des Geldmarkts auf den, f. Diskonto x. II, 937.
Diskontozuschlag f. Zins VI, 825.
Dismembration f Bodenzersplitterung.
Dispache, Aufnahme der, Dispacheure f. Schiffahrt V, 555.
Dispensationen f. Lizenzen IV, 1057.
Districts assemblies (Distriktverbände) f. Knights of labor IV, 686.
Dithmar, Gustav Christoph II, 943.
Dividend bonds f. Staatsschulden V, 836.
Dividende, Dividendenschein f. Aktiengesellschaften II, 95; Lebensversicherung IV, 1009.
Dividendenwirtschaft f. Kontinen VI, 231.
Dividing societies f. Arbeiterversicherung I 539.
Doctrine of common employment Lehre von der Arbeitsgemeinschaft) f. Haftpflicht IV, 247.
Dohm, Christian Conrad Wilhelm von, II, 943.
—, als Malthus' Vorgänger gewürdigt f. Bevölkerungswesen II, 491.

Dolfus, als Gründer der Cité ouvrière zu Mülhausen i/E. f. Wohnungsfrage VI, 742.
Domänen II, 944.
—, Bewirtschaftungsweise, Verwaltungseinrichtungen, Zerschlagung u. Vererbpachtung der, f. Domänen II, 951.
—, Geschichte der, Altertum (Aegypten, Juden, Griechen, Römischer Domänenbesitz) f. Domänen II, 945.
—, Geschichte der, China u. Japan II, 946.
—, Geschichte der, Deutsche Stämme f. Domänen II, 947.
—, Rechtsverhältnisse der, (Rechtsgeschichte: Fränkisches Reich; Deutsches Reich; Landesherrliche Territorien. Heutiges Recht: Deutsche Bundesstaaten) f. Domänen II, 955—965.
—, Veräußerungen, Verschenkungen, Usurpationen, Reunionen von, f. Domänen II, 948.
—, Veräußerungsfrage der, f Domänen II, 965.
Domänenbauern in Rußland f. Bauernbefreiung II, 336.
—, Befreiung der, und der Privatbauern in Preußen bis 1808 f. Bauernbefreiung II, 184.
Domänenbauungssystem f. Domänen II, 960.
Domänenländereien in den V. Staaten von Amerika f. Domänen II, 951.
Domänenpachtwesen (General-, Spezial-, Erbpacht, Rentengut) f. Domänen II, 972.
Domänenvermehrungen durch Säkularisation f. Domänen II, 950.
Domanialbesitz, Statistik des, f. Domänen II, 975.
Domela-Nieuwenhuis, als seit 1876 wirkender marxistischer sozialistischer Agitator in Holland f Sozialdemokratie V, 726.
Domesday-book Wilhelm des Eroberers von 1086 f Bevölkerungswesen II, 438; Statistik VI, 5.
Domestic system f Hausindustrie (England) IV, 484.
Domicile de secours (Unterstützungswohnsitz) f. Armeuwesen I, 900.
Donauschiffahrt. Internationale Rechtsverhältnisse: von 1812 bis 1855; 1856 (Pariser Kongreß); 1878 (Berliner Kongreß); 1878 —1883 II, 981.
Donauschiffahrtskonvention, internationale, f. Schiffahrt V, 565.
Doppelbesteuerung II, 985.
Dpel v. 13. V. 1870 wegen Beseitigung der, f. Doppelbesteuerung II, 986.
Doppelwährung II, 987.
—, Ansichten, theoretische, über die, f. Doppelwährung II, 993.

2

Doppelwährung, Kritik des Doppelwährungssystems s. Doppelwährung II, 997.
— in den V. Staaten von Amerika s. Doppelwährung II, 948
— in Frankreich und anderen Ländern s. Doppelwährung II, 990.
Douane (douana) s. Zölle VI, 828.
Doubleday, Thomas, als Gegner von Malthus aus naturwissenschaftlichen Beweggründen s. Bevölkerungswesen II, 613.
Drainage s. Landeskulturrentenbanken IV, 922 u. ö.
Drawbacks s. Ausfuhrprämien x. I, 967, Schutzsystem V, 610, Zölle VI, 830.
Drechslers Ausführungen über die Aufgabe der (modernen) Statik s. Raubbau V, 350.
Drei-(See-)Meilengrenze s. Gewässer III, 919.
Dreifelderwirtschaft s. Ackerbausysteme I, 85.
Dritteldeckung, Einführung der, s. Banken (Oesterreich) II, 100
Droit de balance s. Statistische Gebühr.
— de circulation, droit d'entrée, droit de détail s. Wein x. VI, 665.
— de fret s. Schiffahrt V, 541.
— de licence s. Lizenzen IV, 1058.
Droits accessoires perçus par les douanes s. Zölle VI, 826.
— sur les actes s. Registrierungsabgaben V, 377.
— d'aides s. Wein x. VI, 665.
— féodaux s. Bauernbefreiung II, 209.
— fixes et gradués s. Registrierungsabgaben V, 380.
— de l'homme", Gründung dieses radikalen Blattes (1876) s. Sozialdemokratie V, 728.
— de mutation (Besitzwechselabgaben) s. Bauernbefreiung II, 208.
— de retrait (Rückkaufsrechte) s. Bauernbefreiung II, 208.
Droz, Francis Xavier Joseph II, 1001
Druckschrift, Begriff der, nach geltendem Recht s. Preßgewerbe V, 270.
Ducpétiaux, Edouard II, 1001.
—' belgische Arbeiterhaushaltsbudgets s. Konsumtion IV, 822.
Dühring, Eugen Karl II, 1001.
—, gewürdigt als sozialistischer Gegner von Malthus s. Bevölkerungswesen II, 505.
— als Vertreter des wissenschaftlichen Sozialismus s. Sozialismus x. V, 781.
Dufau, Pierre Armand II, 1002.
Dunoyer, Barthélemy Pierre Joseph Charles II, 1002.
Duometallismus s. Parallelwährung.
Dupont de Nemours, Pierre Samuel II, 1003.

Durchforstungen s. Forsten III, 697.
Durchfuhr-(Durchgangs-, Transsit-)Zölle s. Zölle VI, 828.
Durchschnittsmarktpreis s. Preis V, 227.
Duroi II, 1107.
Dynamomaschinen s. Maschinenwesen.

Edelmetalle III, 1, s. a. Doppelwährung II, 987.
—, Wertverhältnis der, im Altertum, Mittelalter u. in der neueren u. neuesten Zeit s. Edelmetalle III, 1—6.
Edelmetallgeldeinstrahung s. Geld III, 735.
Eden-Vertrag von 1786 s. Handelsverträge IV, 360.
Effekten, Effektengeschäfte s. Börse II, 673 und Börsengeschäfte II, 682
Eferth, Otto, als Vertreter des wissenschaftlichen Sozialismus, s. Sozialismus V, 782
Egartenwirtschaft s. Ackerbausysteme I, 37.
Eggers, A., sein "duometallistisches" Projekt der freien Prägung einer gleichmäßigen Weltsilbermünze (Silberdollar) ohne festen Wert s. Parallelwährung.
Egoismus s. Selbstinteresse.
— und Altruismus in der theoretischen und praktischen Volkswirtschaft bezüglich des Geltungsgebietes des, s. Selbstinteresse V, 640.
—, Nationalökonomie des, als Angriffsobjekt der historischen Schule s. Selbstinteresse V, 648.
—, als Prämisse der Lehrsätze der theoretischen Sozialökonomik, Kontroverse bezüglich des, s. Selbstinteresse V, 642.
—, Wirtschaftliches Motiv und wirtschaftliches Prinzip s. Selbstinteresse V, 647.
Ehe s. Familie, Heiratsstatistik, Moralstatistik.
Eheberg, Karl Theodor III, 6.
Ehehaften (Realgewerbeberechte der Schweiz) s. Gewerbegesetzgebung III, 1017.
Ehekonsens, der politische, in Oesterreich s. Eheschließung x. III, 9.
Eheschließung III, 7.
Eheschließungsbeschränkungen, polizeiliche III, 7.
—, polizeiliche, Entwickelung, geschichtliche der, s. Eheschließung x. III, 10.
—, polizeiliche, nach bayerischem u. dem Recht der anderen deutschen Bundesstaaten s. Eheschließung x. III, 7.
Eheschließungen, Zahl der, s. Heiratsstatistik IV, 459.

Eichordnung v. 27. XII. 1884 s. Maß- x. Wesen IV, 1143.
Eichpfahl (Pegel, Stanziel, Staumaß) zur Markierung der erlaubten Höhe der Wasserstauung s. Mühlenrecht IV, 1241.
Eichungs-Behörde, -Ämter, -Stellen, -Gebühren s. Maß- x. Wesen IV, 1144.
Eichungsinspektoren, Eichmeister s. Maß- x. Wesen IV, 1143.
Eichwesen s. Maß- u. Gewichtswesen.
Eidgenössisches Fabrikgesetz v. 23. III. 1877, Inhalt des, s. Arbeiterschutzgesetzgebung I, 454.
Eigen- oder Propertyhandel s. Handel IV, 264.
Eigenberechtigkeit s. Gutsherrschaft IV, 232.
Eigengewässer s. Gewässer III, 917.
"Eigen Hulp" im Haag s. Beamtenvereine II, 345, s. Erwerbs- x. Genossenschaften III, 321.
Eigenhäusler, Häusler, Büdner s. Landwirtschaftliche Arbeiter IV, 942.
Eigentum III, 14.
—, Angriffe auf das, s. Eigentum III, 19.
—, Begriff des, s. Eigentum III, 14.
—, Geschichte des, s. Eigentum III, 20.
Eigentumsordnung, die gegenwärtige, s. Eigentum III, 15.
Eigentumsübertragungsvertrag, Konsensprinzip, materielles, im, s. Hypotheken- x. Wesen IV, 530.
Ein-, Ausfuhr- und Zwischenhandel s. Handel IV, 264.
— u. Ausfuhr zur Zubereitung s. Veredelungsverkehr VI, 418.
Einfuhr s. Handelsbilanz, Handelsstatistik.
— (Eingangs-, Import-) Zölle s. Zölle VI, 828.
— zur Ausfuhr, Wertverhältnis der, in Frankreich, 1831—88 s. Ausfuhrzölle I, 978.
Einfuhrprämien III, 22.
Einfuhrscheine s. Zölle VI, 839
Einfuhrverbote, die polizeilichen, s. Einfuhrverbote III, 27.
— in der älteren Zeit und im Schutzsystem s. Einfuhrverbote III, 23—27.
Einfuhrzölle III, 31.
—, Geschichtliches s. Einfuhrzölle III, 32.
—, Wirkungen der, s. Einfuhrzölle III, 35.
Eingetragene Rechte in öffentlichen Büchern, Rangordnung der, s. Hypotheken- x. Wesen IV, 531.

Eingetragene Rechtsverhältnisse, Materialrechtliche Voraussetzungen der, s. Hypotheken- rc. Wesen IV, 529.

Einfuhrzollerträge im Verhältnis zum Einfuhrwert in Frankreich, 1831—88 s. Ausfuhrzölle rc. I, 978.

Einheitsporto s. Weltpostverein VI, 673.

Einigungsämter III, 87.
—, Amerikanische, s. Einigungsämter III, 43.
—, Englische, s. Einigungsämter III, 39.

Einigungsamtliche Beilegung von Streitigkeiten zwischen Gewerbsunternehmern und Arbeitern (in Oesterreich) s. Gewerbegesetzgebung III, 997.

Einkommen III, 45.
—, Arten des (Geld- oder Naturalrohes, reines- bezw. freies-, fundiertes und nicht fundiertes, ursprüngliches- u. abgeleitetes-, öffentliches-, privatwirtschaftliches-, Widmungs-, kollektivistisches Einkommen) s. Einkommen III, 49 ff.
—, Begriff und Einteilung des, s. Einkommen III, 45.
—, Bildung, die, des, s. Einkommen III, 47.
— der Haushaltung s. Einkommen III, 53.
— als Konsumtionsfonds s. Einkommen III, 46.
—, Statistik der, u. der Einkommensverteilung s. Einkommen III, 61.

Einkommenspolitik s. Einkommen III, 66.

Einkommensverteilung s. Einkommen III, 60

Einkommensteuer III, 67.
—, Einzige allgemeine s. Bauban, s. Einkommensteuer III, 125.
— in Großbritannien s. Einkommensteuer III, 100 ff
— in Italien s. deren geschichtliche Entwickelung s. Einkommensteuer III, 111 ff
—, Oesterreichische s. Einkommensteuer III, 105 ff.
— in der Schweiz s. Einkommensteuer III, 122 ff.
—, Rechtszustand u. Geschichte der allgemeinen, in Sachsen u. Baden s. Einkommensteuer III, 82—88.
—, Rechtszustand u. Geschichte der partiellen, in Bayern u. Württemberg s. Einkommensteuer III, 91—95.
— s. Ertragsteuern, Erwerbsteuer, Existenzminimum, Steuerfreiheit des Kapitalsteuer, Mobiliarsteuer, Personalsteuer, Steuer, Vermögensteuer, Gemeindefinanzen.

Einkommensteuern (Klassensteuern) in Deutschland s. Einkommensteuer III, 68.

Einkommensteuergesetz, preußisches, v. 24. VI 1891, nebst Veranlagungsverfahren zur allgemeinen Einkommensteuer s. Einkommensteuer III, 69.

Einlagekapital s. Aktiengesellschaften I, 87.

Einlager (Einfahren, Einreiten) s. Schuldhaft V, 594.

Einlagerungs- und Auslagerungsgewicht s. Zölle VI, 848.

Einlösungskassen, Einlösungslassen s. Banken II, 35.

Einnahmen, privatwirtschaftliche s. Finanzverwaltung III, 471.
—, staatsrechtliche s. Finanzverwaltung III, 475.
— und Ausgabenbudgets, Bearbeitung der, in personenbeschreibender und zahlenstatistischer Form s. Konsumtion IV, 830.

Einnahmewesen, Charakter des, s. Finanzen III, 462.

Einschätzung, Einschätzungsverfahren s. Einkommen III, 51.
—, s. a. Grund-, Gebäude-, Gewerbe-, Kapitalrenten-, Einkommen-, Vermögensteuer u. Steuer.

Einschreibungen in die öffentlichen Bücher, Arten u. Inhalt der, s. Hypotheken- rc. Wesen IV, 521 u. 525.
—, Umfang der, in den öffentlichen Büchern, s. Hypotheken- rc. Wesen IV, 522 ff.

„**Einspänner**"u.Vordelle s. Prostitution V, 303.

Eintragung auf Privatdispositionen beruhender Reallasten in die öffentlichen Bücher s. Hypotheken- rc. Wesen IV, 524.
— dinglicher Rechte (Cession u. Verpfändungen von Hypotheken) s. Hypotheken- rc. Wesen IV, 522.
—, Wirkungen der, in die öffentlichen Bücher s. Hypotheken- rc. Wesen IV, 526.

Eintragungen, notwendige u. fakultative, definitive u. vorläufige, in die öffentlichen Bücher s. Hypotheken- rc. Wesen IV, 525.
—, Rangordnung der eingetragenen Rechte s. Hypotheken- rc. Wesen IV, 531.
—, Rangverhältnis bei, s. Hypotheken- rc. Wesen IV, 533.
—, System der formalen Rechtskraft s. Hypotheken- rc. Wesen IV, 526.

Eintragungsbeschränkungen, subjektive u. objektive, in den s. Hypotheken- rc. Wesen IV, 522

Einzeleinkommen, das, s. Einkommen III, 51.

Einzellage u. neuere Dorfanlage s. Agrargeschichte I, 53.

Eiselen, Joh. Fr. Gottfr. III, 126.

Eisen u. Eisenindustrie III, 126.
—, Geschichtlicher Ueberblick (Aelteste Zeit; Altertum in Europa; Mittelalter; Neuzeit seit 1600) s. Eisen rc. III, 126.
—, Zollgeschichtliches s. Eisen rc. III, 143.

Eisenacher Kongreß, August 1869 und dessen marxistisches Programm s. Sozialdemokratie V, 731.
—, Versammlung v. 6. u. 7. X. 1872 s. Kathedersozialismus IV, 667.

Eisenbahnen III, 147.
—, Deutschlands s. Eisenbahnen III, 219.
—, die, in Europa s. Eisenbahnen III, 216.
—, Geschichte und Bedeutung der, s. Eisenbahnen III, 147.
—, Geschwindigkeit der Beförderung der, s. Eisenbahnen III, 162.

Eisenbahnbau, s. Eisenbahnen III, 181.

Eisenbahnbetrieb s. Eisenbahnen III, 184.

Eisenbahneigentum s. Eisenbahnen III, 170.

Eisenbahnfinanzpolitik s. Eisenbahnen III, 183.

Eisenbahngrundwerk s. Eisenbahnen III, 168.

Eisenbahnkassen in Preußen s. Arbeiterversicherung I, 523.

Eisenbahnkonzessionierung s. Eisenbahnen III, 160.

Eisenbahnkunde der Erde, Entwickelung des, s. Eisenbahnen III, 214.

Eisenbahnpersonal s. Arbeiterschutzgesetzgebung (Deutschland) I, 416.

Eisenbahnpolitik, Grundsätze der, s. Eisenbahnen III, 174.
— der einzelnen Länder: Deutsches Reich, Oesterreich-Ungarn, Orient, Rußland, Skandinavien, Schweiz, Belgien, Italien, Frankreich, Spanien, Portugal, Großbritannien, Amerika s. Eisenbahnen III, 200.

Eisenbahnpostgesetze s. Post V, 198.

Eisenbahnrecht s. Eisenbahnen III, 159.

Eisenbahnstatistik, europäische, s. Eisenbahnen III, 212.

Eisenbahnsteuer III, 223.
—, Geschichte, Geltgebung, Charakter u. Ausgestaltung der, s. Eisenbahnsteuer III, 224.

Eisenbahntarifwesen s. Eisenbahnen III, 200.

Eisenhart, Hugo III, 226.

Eisenproduktions-, Eisenverbrauchs-, Eisenindustrie- Statistik s. Eisen rc. III, 129.

Elberfelder Armenpflegesystem III, 217.
Elbschiffahrt III, 235.
Elektrischer Strom, Bewegende Kraft des, f. Telegraphie ɾc. VI, 194.
Elevatoren (Getreidespeicher in den Ver. Staaten v. Amerika) f. Getreidehandel III, 870.
Elevatorengründungen in Rußland f. Getreidehandel III, 874.
Ely, Richard Theodore III, 285.
Emanzipationsbewegung der Frauen f. Frauenarbeit ɾc. III, 667.
Emanzipationsgesetz für die bäuerliche Bevölkerung Rußlands v 19. II. 1861 f. Bauernbefreiung II, 230—246.
Embargo, Generalembargo f. Schiffahrt V, 557.
Emigrants Information Office in London f. Auswanderung I, 1028.
Emissionen und Konversionen, Statistik der, f. Emissionsgeschäft III, 238.
Emissionsgeschäft III, 236, f. a. Gründung, Konversion.
Emissionshaus, Haftung des, f. Aktiengesellschaften I, 91.
Emissionskredit f. Emissionsgeschäft.
Emissionssperre f. Staatsschulden V, 830.
Emminghaus, Karl Bernhard Arwed III, 239.
Emphyteusis f. Erbpacht III, 284
Employers and Workmen Act v. 1875 f. Arbeiterschutzgesetzgebung I, 446. Gewerbegesetzgebung III, 1000.
Endogamie (Bevorzugung der Sippgenossen zur Ehe) f. Familie III, 352.
Enfantin, Barthélemy Prosper III, 740.
— als Apostel der „Emanzipation des Fleisches" f. Sozialdemokratie V, 718, Sozialismus ɾc. V, 775.
Enfants assistés f. Armenwesen (Frankreich) I, 895.
— trouvés, enfants abandonnés f. Findelhäuser III, 607.
Engel, Ernst III, 741.
—, sein Gesetz des Wachstums in geometrischer Progression der Höhe der Ausgaben für Nahrung bei Abnahme des Wohlstandes f. Konsumtion IV, 822.
— als Gründer der Sächsischen Hypothekenversicherungsgesellschaft f. Hypothekenversicherung IV, 617.
—, als optimistischer Gegner von Malthus f. Bevölkerungswesen II, 512.
—, Würdigung seiner Verdienste um die Statistik der Dampfmaschinen f. Maschinenwesen IV, 1137

Engels, Friedrich III, 242.
Engels, seine Charakteristik der eingetretenen Krise f. Krisen IV, 891.
—, seine sozialistische Krisentheorie (im kommunistischen Manifest) f. Krisen IV, 905.
—, seine sozialistische Bekämpfung der Malthusschen Lehre f. Bevölkerungswesen II, 504.
Englisch-französischer Handelsvertrag von 1860 f. Handelsverträge IV, 361.
Enquete III, 243.
Enqueten, englische, französische, deutsche f. Enquete III, 248.
Enregistrement, das französische, f. Registrierungsabgaben V, 377.
—, Statistik des französischen, f. Registrierungsabgaben V, 382.
Enskilda Banker (private Zettelbanken in Schweden) f. Banken II, 153.
Enteignung III, 249 f. a Eisenbahnen III, 163, Mühlenrecht IV, 1243.
—, Rechtliche Natur und Perfektion der, f Enteignung III, 266.
—, Rechtsgeschichtliche Entwickelung der, f. Enteignung III, 252.
Enteignungserklärung, im Zonenenteignungsverfahren, f. Zusammenlegung städt. Grundstücke VI, 970.
Enteignungsrecht, Entschädigung u Entschädigungsverfahren im, f. Enteignung III, 260 u. 270.
—, formelles, f Enteignung III, 268.
—, materielles, f. Enteignung III, 267.
Enthaltsamkeit, Prinzip der speziellen, im Gebührenwesen f. Gebühren III, 703.
Enthaltsamkeit, Vereine die sie nur teilweise fordern f. Mäßigkeitsbestrebungen IV, 1153.
Entnikotisierung des Rohtabaks f. Tabak VI, 162.
Entwässerung und Entwässerungsrecht III, 272.
Entwässerungsrecht in Preußen (Gebiet des allgem. Landrechts, des französischen, des gemeinen Rechts) f. Entwässerung III, 274—279.
— in Elsaß-L., Baden, Sachsen, Bayern, Sachsen-Meiningen, Waldeck, Hessen f. Entwässerung III, 279—282.
— in Oesterreich Ungarn f. Entwässerung III, 282.
Equitable Society (gegr. 1761) f. Lebensversicherung IV, 993.
Erbgüter, Erbgüterrecht f. Heimstättenrecht IV, 453.
Erbfolge f. Erbrecht.
Erbpacht III, 284, f. a. Pacht V, 86, f. Rentengüter.

Erbpacht, Anwendung der, bis zu Anfang des 19. Jahrh. f. Erbpacht III, 285.
—, die reformierte, in Mecklenburg f. Erbpacht III, 287.
— und Erbzinsleihe f. Erbpacht III, 784.
Erbrecht III, 290.
— im ländlichen Grundbesitz f. Anerbenrecht I, 270.
—, Wirtschaftlich-soziale Begründung des, f. Erbrecht III, 290.
Erbschaftssteuer III, 295.
— in den deutschen u. außerdeutschen Staaten f. Erbschaftssteuer III, 301.
—, Tarif u. Erträge der, f. Erbschaftssteuer III, 299.
Erbuntertänigkeit f. Bauernbefreiung II, 185, Unfreiheit VI, 324, Gutsherrschaft IV, 230 u. 233.
—, bäuerliche u. Leibeigenschaft f. Grundbesitz IV, 160 ff.
Erbzinsbauer f. Grundbesitz IV, 162.
Erbzinsleihe f. Erbpacht III, 284.
Erdbuch Waldemar II. von Dänemark f. Bevölkerungswesen II, 439, Statistik VI, 5.
Erfindung, neue, auf dem Gebiete der Technik f. Patentrecht V, 127.
—, Verwendbarkeit, gewerbliche, einer neuen technischen, f. Patentrecht V, 127.
Ergänzungssteuer, die preußische (G. v. 14. VII 1893) f. Vermögenssteuer VI, 445.
Erlebensversicherung f. Lebensversicherung VI, 991.
Ernteertrag, durchschnittlicher, der betreffenden Flächen in Berlin, 1889/90, f. Städtereinigung V, 852.
Ernten und Lebensmittel, Witterungseinfluß, ungünstiger, auf, f. Krisen IV, 899.
Ernteftatistik f. Agrarstatistik I, 74.
Eroberungskolonien f. Kolonien ɾc. IV, 703.
Ersatzmittel für Butter, RG. v 12 VII, 1887 betr. den Verkehr mit, f. Nahrungsmittelpolizei V, 4.
Ertragssteuern III, 304, f. a. Grund-, Gebäude-, Gewerbe-, Kapitalrenten-, Erwerbs-, Einkommensteuer, Existenzminimum, Progression.
Ertragssteuersystem f. Ertragssteuern III, 304.
Erwerbs- oder Privatkapital f. Kapital IV, 651.
— u. Gebrauchsgüter f. Gut IV, 276.
Erwerbsteuer III, 306.

Erwerbsthätigkeit, produktive und unproduktive f. Produktion V, 282.
Erwerbs- und Wirtschaftsgenossenschaften III, 308.
— in England, Frankreich, Deutschland, Oesterreich-Ungarn, Italien, Belgien, Holland, Dänemark, der Schweiz, Rußland, China, den Ver. Staaten v. Amerika f. **Erwerbsx. Genossenschaften III,** 309—374.
Erythräische Kolonie f. Kolonien x. IV, 751.
Erz- u. Metallgewinnung der Erde f Bergbau II, 379 ff.
Erziehungszölle f. **Einfuhrzölle III,** 31, **Schutzsystem V,** 614.
Esame di licenza f. **Reiseprüfung V,** 415.
Estafetas carterias f. **Post (Spanien) V,** 210.
Evangelisch-soziale Bewegungen in Deutschland, neuere, f. **Soziale Reformbestrebungen V,** 762.
Evangelisch-sozialer Kongreß (seit 1890) f. **Soziale Reformbestrebungen V,** 766, **Volksbildungsvereine VI,** 516.
Evangelische Arbeitervereine f **Volksbildungsvereine VI,** 515.
Evangelischer Arbeiterverein zu Gelsenkirchen, gegr. 1882, f. Volksbildungsvereine VI, 515.
Ewiggeld (census perpetuus) f. **Rentenkauf V,** 424.
Exchequer (gl. Schatzkammer in London) f. **Check II,** 818.
— bills, bonds f. **Schatzanweisungen V,** 515.
Excise f. **Accise.**
— on beer (Bier-Accise v. 1643—1830) f. **Bier x. II,** 595.
Exemption law f. **Zwangsvollstreckung VI,** 937.
Exerelee f. **Budget II,** 758.
Existenzminimum und seine Steuerfreiheit **III,** 325.
—, **Befreiung des,** f. **Steuer VI,** 104.
Exogamie (Raubehe) f. **Familie III,** 352.
Explosivstoffe, Zündstoffe, Schießpulver f. **Sprengstoffe V,** 816.
Exporthandel, Demokratisierung des, f. **Getreidehandel III,** 873.
Exportmusterlager f. **Ausfuhrmusterlager I,** 958.
Exportprämien f. **Branntweinsteuer II,** 716.
Expropriationsrecht f. **Wohnungsfrage VI,** 749.
External *Steuersystem* f. **Wohnungsfrage VI,** 740.

Fabian Society f. **Soziale Reformbestrebungen V,** 748.

Fabrik III, 330.
— als **Unternehmungsform f Fabrik III,** 333.
Fabrik- und Handelsmarke, Gegenseitigkeitsschutz der, in den Beziehungen zum Auslande f. **Markenschutz IV,** 1114.
Fabrikangelegenheiten, Gouvernementsbehörde für, in Rußland f. **Arbeiterschutzgesetzgebung I,** 485.
Fabrikarbeiter, Fürsorge der Kirche für die (Tagesbildung der Versammlung des deutschen Episkopates in Fulda, 1869), f. Soziale Reformbestrebungen V, 753.
Fabrikarbeitergesetz, russisches, v. 3. VI. 1886 f. Arbeiterschutzgesetzgebung I, 484.
Fabrikationssteuer und Fabrikatsteuer f. **Verbrauchsteuer, Branntweinsteuer.**
Fabrikationszweige, Beschränkungen einzelner, in Großbritannien f. **Gewerbegesetzgebung III,** 1015.
Fabriken, Geschichte der, f. **Fabrik III,** 330.
—, Statistik der deutschen, f **Fabrik III,** 334.
—, Statistik der belgischen, f. **Fabrik III,** 335.
Fabrikengericht, Fabrikengerichtsdeputationen f. **Gewerbegericht III,** 953.
Fabrikgesetz, dänisches, von 1873 f. Arbeiterschutzgesetzgebung I, 476.
—, eidgenössisches, vom 23. III. 1877 f. **Arbeiterschutzgesetzgebung I,** 454.
Fabrikgesetze, kantonale, 1848—73 f. Arbeiterschutzgesetzgebung I, 452.
Fabrikgesetzgebung, deren internationale Regelung f. Arbeiterschutzgesetzgebung III, 341.
— Großbritanniens f. **Arbeiterschutzgesetzgebung I,** 434 ff.
— der V. Staaten von Amerika (im engeren Sinne) f. **Arbeiterschutzgesetzgebung I,** 495 ff.
Fabrikinspektion III, 345; f. a. **Arbeiterschutzgesetzgebung.**
Fabrikinspektoren f. **Arbeiterschutzgesetzgebung (Deutschland) I,** 414.
— in Großbritannien f. **Arbeiterschutzgesetzgebung I,** 441.
Fabrikkinderschutzgesetzgebung, kantonale (1815—1848) f. **Arbeiterschutzgesetzgebung I,** 451.
Fabrikkrankenkassen f. **Krankenversicherung IV,** 860.
Fabrikordnungen in Oesterreich-U. f. **Arbeiterschutzgesetzgebung I,** 478.
Fabriksparkassen f. **Sparkassen V,** 787.

Fabrikverfassung in technischer und sozialer Beziehung f. **Fabrik III,** 333.
Fabrik- und Werkstättengesetz, englisches, vom 27. V. 1878 f. Arbeiterschutzgesetzgebung I, 442.
Fabrique collective (Atelierfystem) Hausindustrie IV, 424.
Fachschulen, gewerbliche, f. **Gewerblicher Unterricht III,** 1088.
Fachgewerkvereine, österreichische, und deren Presse 1840 f. **Gewerkvereine IV,** 29.
Fähren III, 343.
Fährgerechtigkeit und deren verwaltungsrechtliche Kontrolle f. **Fähren III,** 345.
Fährunternehmer, Haftpflicht des, f. **Fähren III,** 346.
Fälschungen von Arzneiwaren, Baumaterial (Salpeter- und Ziegelsteine), Farbwaren, Küchengeräthen, Trink-, Eß- und Maßgeschirren, natürlichen Mineralwässern, wohlriechenden Oelen und Essenzen, Papier und Tapeten, Petroleum und Leuchtgas, Tabak und Zigarren f. Warenfälschung VI, 601.
Fästebönder (Pachtbauern) f. **Bauernbefreiung (Dänemark) II,** 216.
Fästetvang (Pachtzwang) f. **Bauernbefreiung (Dänemark) II,** 219.
Fair f. **Märkte x. IV,** 1119.
Faktor III, 347.
Faktorei III, 348; f. a. **Handel IV,** 265.
Faktoreien f. **Fremdenrecht (im Mittelalter) III,** 691.
Faktorensystem in der Hausindustrie f. **Hausindustrie IV,** 423.
Fallati, Johannes III, 349.
Fallitverfahren f. **Konkurs IV,** 798.
Familie III, 349.
— als **Konsumtions- und Produktionsgemeinschaft** f. **Familie III,** 356 u. 367.
Familien-„Erbgüter", Begründung von, f. **Heimstättenrecht IV,** 453.
Familienfideikommisse, Zukunft der, f. **Fideikommisse III,** 421.
Farr, William III, 358.
Faßsteuer f. **Bier x. II,** 587.
Fattigärde (Norwegische Armenhöfe) f. **Armenwesen I,** 917.
Faucher, Julius III, 360.
Faucher, Léon Léonard François III, 361.
Faust (von Aschaffenburg) als Finanztheoretiker f. **Finanzwissenschaft III,** 492.
Fawcett, Henry III, 362.
Fédération jurassienne f. **Anarchismus I,** 259 u. 263.

Fédération nationale des sociétés coopératives de consommation f. **Erwerbs- u. Genossenschaften** III, 313.
Fedi di credito f. **Banken** (Italien) II, 133.
Feingehalt der Edelmetalle III, 363.
Feingehaltsgesetz, das deutsche, vom 16. VII. 1884 f. **Feingehalt** der Edelmetalle III, 364.
Feingehaltsgesetzgebung des Auslandes f. **Feingehalt** der Edelmetalle III, 364
Feldbereinigungsstatistik in Bayern, Württemberg, Baden, Hessen, f. **Zusammenlegung** der Grundstücke VI. 915.
Feldbereinigungszwang f. **Zusammenlegung** x. VI, 915.
Feld- oder Flurbereinigung in Süddeutschland f. **Zusammenlegung** x. VI, 915.
Felderwirtschaft III, 366.
Felderwirtschaften, Ein-, zwei-, drei-, vier-, fünf-, sechs- und mehrfeldrige. f. **Felderwirtschaft** III, 367.
Feldgemeinschaft III, 368.
— in Großpolen, bei den Kelten, in Java und Indien, bei anderen Völkern f. **Feldgemeinschaft** III, 372.
Feldgraswirtschaft f. **Ackerbausysteme** I, 36; **Felderwirtschaft** III, 366.
Feldhüter f. **Feldpolizei** III, 383.
Feldpolizei III, 382.
Feldpost f. **Post** V, 195.
Feldregulierungs-Konsolidation im altpreuß. Separationsverfahren f. **Zusammenlegung** x. VI, 899 ff.
— — in den Gebieten außerhalb des gemeinen Landrechts f. **Zusammenlegung** x. VI, 909 ff.
Ferienkolonien III, 384.
Fermentation f. **Tabak** VI, 162.
Fernsprechanlagen f. **Telegraphie** VI, 197.
Fernsprechverkehr f. **Telegraphie** x. VI, 201.
Ferrara, Francesco III, 385.
Ferraris, Carlo Francesco III, 385.
Feuerpolizei III, 386.
—, Geschichtliche Entwicklung der, f. **Feuerpolizei** III, 387.
Feuerbestattungswesen u. Verordnungen f. **Feuerpolizei** III, 389.
Feuerversicherung III, 395.
—, Risiko bei der, f. **Feuerversicherung** III, 396.
—, Prämie bei der, f. **Feuerversicherung** III, 397.
—, Schadenvergütung bei der, f. **Feuerversicherung** III, 398.
—, Versicherungsvertrag bei der, f. **Feuerversicherung** III, 399.
Feuerversicherungsunternehmungen, Privat- und öffentliche, Geschichtliches f. **Feuerversicherung** III, 401.

Feuerwehren f. **Feuerpolizei** III, 393.
Fichte, Johann Gottlieb III, 411.
— und Fourier als Urheber des Rechtes auf Arbeit f. **Recht auf Arbeit** V, 364.
Fideikommiß-Besitzer, -Anwärter, -Folge, -Sonderung, -Veräußerung, -Beendigung f. **Fideikommisse** III, 418—421.
— -Schulden f. **Fideikommisse** III, 419.
Fideikommisse III, 413, f. a. **Adel** I, 46, **Erbrecht** III, 295.
—, Einfluß der, auf die Latifundienbildung f. **Fideikommisse** III, 429.
—, Errichtung der, f. **Fideikommisse** III, 416.
—, Geschichte und Recht der, f. **Fideikommisse** III, 413.
—, Haupt- oder Stammgut eines Geschlechts, Familiengut f. **Fideikommisse**.
—, Statistik der, für Preußen und Oesterreich f. **Fideikommisse** III, 426.
Field, Cyrus, als Urheber des unterseeischen Kabellegung zwischen Amerika und Europa f. **Telegraphie** VI, 196.
Filangieri, Gaetano III, 432.
—, seine Verdammung aller Hemmnisse der Vollberechtigung f. **Bevölkerungswesen** II, 480.
Finanzen III, 433.
— und Finanzwirtschaft f. **Finanzen** III, 433.
—, Geschichte der: Griechenland und Rom; Fränkisches und Deutsches Reich; Preußen bis 1820; Oesterreich; Frankreich; England f. **Finanzen** III, 436—458.
— und Gesellschaftsordnung f. **Finanzen** III, 436.
— und Kulturgeschichte f. **Finanzen** III, 437.
— und Staatsverfassung f. **Finanzen** III, 437.
— der deutschen Städte im Mittelalter f. **Finanzen** III, 443.
— und Volkswirtschaft f. **Finanzen** III, 436.
Finanzgebarung, Kontrolle der, f. **Budgetrecht** II, 783.
Finanzgesellschaften III, 464.
Finanzperiode f. **Budget** II, 758.
Finanzschulden f. **Staatsschulden** V, 874.
Finanzstatistik f. **Statistik** VI, 8.
—, vergleichende, der Gegenwart f. **Finanzen** III, 457.
Finanz- und Steuerlehre im ökonomischen System Quesnays f. **Quesnay** V, 380.
Finanzverwaltung III, 466.
—, Ergebnisse, thatsächliches, des Deutschen Reiches f. **Reichsfinanzen** V, 396.

Finanzverwaltungsthätigkeit, primäre, f. **Reichsfinanzen** V, 386.
—, sekundäre, f. **Reichsfinanzen** V, 386.
Finanzwesen im 19. Jahrhundert f. **Finanzen** III, 454.
Finanzwirtschaft, Begriff u. Natur der, f. **Finanzen** III, 433.
Finanzwissenschaft, Geschichte der, f. **Finanzen** III, 437.
Finanzzoll (Steuerzoll), Finanzzölle f. **Zölle** VI, 829, **Einfuhrzölle** und **Zollwesen**.
Findelhäuser oder Findelanstalten III, 505.
—, Historisches über die (Italien, Frankreich, Oesterreich, Portugal) f. **Findelhäuser** III, 506.
—, Wirkungen, wirtschaftliche und sociale, der, f. **Findelhäuser** III, 510.
Findelwesen in Italien f. **Findelhäuser** III, 508.
Finlaison, John III, 512.
Firma III, 512.
—, Beurkundung des Konsenses zum Gebrauch der gemeinschaftlichen, f. **Handelsgesellschaften** IV, 288.
Firmenhaftung einer Handelsgesellschaft im Sinne des Handelsgesetzbuches f. **Handelsgesellschaften** IV, 288.
—, solidarische, für jeden Gesellschafter f. **Handelsgesellschaften** IV, 287 ff.
Firmenrecht, Firmenzwang f. **Firma**.
Fischer, Friedrich Christoph Jonathan III, 515.
Fischer, Gustav E. III, 516.
Fischerei III, 516.
—, Recht zur, f. **Fischerei** III, 517.
Fischereigenossenschaften f. **Fischerei** III, 518.
Fischergründe, natürliche, f. **Grundheit** IV, 128.
Fischereikolonien f. **Kolonien** x. IV, 703.
Fischereistatistik (Seefischerei) f. **Fischerei** III, 536.
Fischereivereine f. **Fischerei** III, 530.
Fischereiverträge im Gebiet der Binnenfischerei f. **Fischerei** III, 529.
Fischzucht, künstliche, f. **Fischerei** III, 531.
Fiskus III, 538.
— nach heutigem Recht f. **Fiskus** III, 539, f. a. **Reichsfiskus**.
—, Haftung des, f. **Fiskus** III, 540.
Fix, Théodore III, 541.
Fix-, Losungs-, Ergänzungs- und Uebertragungsaccise f. **Accise** I, 17.

Fixen — Freilesehalle

Fixen (schrankenloses Verkaufsangebot ohne Besitz der Ware), Fixgeschäfte s. Zeitgeschäfte VI, 795.
Fixstempel s. Stempel x.
Flagge, Deckung feindlicher Ware durch die neutrale, s. Schiffahrt V, 557.
Flaggenzuschlag s. Differentialzölle II, 930.
Fleischbeschau III, 542.
Fleischdesinfektor, Fleischsterilisator s. Schlachthäuser V, 568.
Fleischergewerbe III, 544.
— — im Altertum und Mittelalter s. Fleischergewerbe III, 544—548.
—, Amerikanisches, s. Fleischergewerbe III, 553.
—, Neuere Zeit s. Fleischergewerbe III, 549.
Fleischkonsum u. Fleischpreise III, 557.
—, Generalstatistik des, s. Fleischkonsum x. III, 557.
Fleischnahrung, Anteil der einzelnen Fleischsorten an der, s. Fleischkonsum x. III, 563.
Fleischpreise (Preisnotierungen und Durchschnittspreise; Tabellen über Fleischpreise; Fleischpreisen Warenpreise s. Fleischkonsum x. III, 564.
Fleischschauämter s. Fleischbeschau III, 544.
Fleisch- u. Schlachtsteuergesetzgebung, die badische, s. Schlacht- x. Steuer V, 574.
Fleischsteuergesetzgebung, badische, s. Schlacht- x. Steuer V, 574.
Fleischverbrauch, Berechnung des absoluten u. relativen, s. Fleischkonsum x. III, 558.
—, Tabellen über relativen, s. Fleischkonsum x. III, 560.
Fletcher, Joseph III, 572.
Flößerei III, 572.
Flößfahrt, Verwaltungsrechtliche Ordnung der, s. Flößerei III, 573.
Flürscheim, M., als Bodenbesitzreformer s. Pacht V, 93, Grundbesitz IV, 116.
—, seine sozialistische Krisentheorie s. Krisen IV, 906.
Flurbücher s. Grundsteuer IV, 208.
Flur-, Lager-, Fundbücher, Meßregister s. Hypotheken- x. Wesen IV, 520.
Flurkarteherstellung s. Grundsteuer IV, 202.
Flurzwang III, 575, s. a. Ansiedelung I, 300, Feldgemeinschaft III, 389.
Flußregulierungen s. Gewässer III, 916.
Flußschiffahrt III, 578.
—, Rechtsbeziehungen der Entwickelungsgang der, s. Flußschiffahrt III, 578.

Flußschiffahrtsrecht, internationales, s. Flußschiffahrt III, 582.
— (Preußen u. Deutsches Reich) s. Flußschiffahrt III, 580.
Flußzölle s. Binneuzölle II, 639.
Foderé, François Emmanuel, Verfechter des freiwilligen Cölibats, gewürdigt als outrierter Anhänger der Malthusschen Lehre s. Bevölkerungswesen II, 497.
Fodrum s. Bede II, 351.
Föderativsystem s. Winkelblech.
Foe (Defoe), Daniel III, 585.
Foenus nauticum s. Wucher VI, 780.
— nauticarium s. Wucher VI, 780.
Foire s. Märkte x. IV, 1119, 1124.
Foires, gardes des (custodes nundinarum), s. Handelsrecht IV, 334.
Fondaco dei Todeschi (Kauf- und Lagerhaus der Deutschen in Venedig) s. Handelsrecht IV, 335.
Fonds commun (in Belgien) s. Armenwesen I, 905.
— industriel s. Produktion V, 284.
Fortbonnais (Véron-Duverger), François, Sieur de, III, 586.
—, sein der Colbertschen Bevölkerungspolitik gezolltes Lob s. Bevölkerungswesen II, 480.
Foreign and colonial banks s. Banken II, 68.
Forstboden s. Grundbesitz IV, 137.
Forstbudgets s. Forsten III, 617.
Forsten III, 587.
— Geschichte der, u. der Forstwissenschaft s. Forsten III, 590.
Forstmeistersystem s. Forsten III, 623.
Forstpolitik s. Forsten III, 606.
Forststatistik s. Forsten III, 630.
Forstwirtschaft s. Forsten III, 596.
Fortbildungsschulen s. Gewerbliches Unterrichtswesen III, 1068.
Fortbildungsschulzwang s. Gewerblicher Unterricht III, 1090.
Fourier, François Marie Charles III, 632.
—, seine sozialistische Krisentheorie s. Krisen IV, 906.
—, sein streng individualistisch kommunistisches System s. Sozialismus x. V, 775.
—, gewürdigt als sozialistischer Bekämpfer der Malthusschen Theorie s. Bevölkerungswesen II, 503.
Fouillée, Alfred de, III, 634.
Frachtbrief, Frachtführer s. Speditionsgeschäfte V, 807.
Frachtdisparitäten der Eisenbahnen s. Eisenbahnen III, 202.
Frachtgeschäft III, 634.
—, Rechtsbeziehungen unter den Kontrahenten beim, (Abschlußpersonen); Pflichten des Frachtunternehmers u. Befrachters; Auf-

hebung des Frachtvertrags, s. Frachtgeschäft III, 635.
Frühnehemann (Abel- u. Kirchengüter) s. Bauernbefreiung II, 220.
Franchise (Beschränkung des Seeversicherungsrisikos bei Partikularhavarei) s. Transportversicherung VI, 263.
Frank, Johann Peter, über sein „System einer vollkommenen medizinischen Polizei" s. Bevölkerungswesen II, 454.
Frankensteinsche Klausel s. Matrikularbeiträge IV, 1157.
—, s. Reichsfinanzen V, 385 u. 391.
Frankfurter Tage der Bücherpreise zu Frankfurt a/M. (1603—71) s. Preistaxen V, 260.
Franklin, Benjamin III, 640.
—, sein gewürdigtes als Vorgänger von Malthus s. Bevölkerungswesen II, 490.
Frauenarbeit u. Frauenfrage) III, 641.
—, Geschichtliche Entwickelung der Frauenarbeit s. Frauenarbeit x. III, 642.
—, Statistik der, s. Frauenarbeit x. III, 645—653.
—, Statistik der, in den freien Berufsleben s. Frauenarbeit x. III, 655.
—, Nachteilige Wirkung der industriellen, s. Frauenarbeit x. III, 644.
Frauenbewegung, Äußere Entwickelung der, s. Frauenarbeit x. III, 654.
Frauen-Colleges, Frauenstudium s. Frauenarbeit x. III, 657.
Frauenlöhne s. Frauenarbeit x. III, 655.
Frauenstimm- und Wahlrecht s. Frauenarbeit x. III, 658.
Freie Gewässer der hohen See s. Gewässer III, 920.
— Meer, offene Meer (mare liberum) s. Schiffahrt V, 555.
Freihäfen, Freihafengebiet (Zollausschlüsse) s. Zölle VI, 831.
—, Geschichte der deutschen, s. Freihafen III, 663.
—, Geschichte der Freihäfen im allgemeinen s. Freihafen III, 662.
Freihafen III, 662.
Freihandel s. Anti-corn-law-league I, 336.
Freihandelspartei, deutsche, s. Freihandelsschule III, 669.
Freihandelsschule III, 665.
Freihandelssystem, Englands Annahme des vollen, an Stelle des Schutzsystems (Tarif v. 1860) s. Schutzsystem V, 611.
Freilager (entrepôts réels) s. Warrants VI, 504.
Freilesehalle (Free-library) s. Volksbildungsvereine VI, 507.

Frei- u. Neustifte s. Gutsherrschaft IV, 234, Bauernbefreiung II, 191.
Freimeister, Konzessionierung von Freimeistern s. Zunftwesen VI, 691.
Freiwirte s. Bier ꝛc. II, 551.
Freizeichen s. Markenschutz IV, 1114.
Freizügigkeit III, 672.
—, Geschichtliche Entwickelung der, in Deutschland u Oesterreich s. Freizügigkeit III, 673.
Freizügigkeitsbeschränkungen, sichetheitspolizeiliche, in Italien s. Freizügigkeit III, 677.
Freizügigkeitsgesetz, deutsches, v. 1. XI. 1867 s. Freizügigkeit III, 674.
Freizügigkeitsrecht in Oesterreich u. anderen Staaten s. Freizügigkeit III, 676.
Freizügigkeitsverträge s. Freizügigkeit III, 678.
Fremden, Aufsicht, behördliche, über die im Staatsgebiet befindlichen, s. Fremdenpolizei III, 684.
—, Rechtliche Stellung des Aufenthaltsstaates zumGebietsausttrtt der, s. Fremdenpolizei III, 689.
Fremdenpolizei III, 679.
Fremdenpolizeimaßregeln in Rußland s. Fremdenpolizei III, 688.
Fremdenpolizeiverordnungen für Elsaß-Lothringen v. 5. II. u. 30. IX. 1891 s. Fremdenpolizei III, 686.
Fremdenrecht im Mittelalter III, 690.
Fremdenversicherung s. Lebensversicherung IV, 991.
Fremdenmädchen s. Prostitution.
Fridericianisches Schutzsystem s. Schutzsystem V, 612.
Friendly societies (Hülfskassen in England) s. Arbeiterversicherung I, 535.
Fronden III, 693.
—, Entziehung u. Aufhebung der, s. Fronden III, 695.
—, ordentliche, außerordentliche, s. Fronden III, 695.
—, Rechtliche Natur der, s. Fronden III, 695.
—, Wirtschaftliche Bedeutung u Zweck der, s. Fronden III, 694.
Frondienst der Gerichtseingesessenen (gerichtsunterthäniger Bauern) s. Gutsherrschaft IV, 235.
Fronland s. Agrargeschichte I, 52.
Fronpflicht, Erfüllung der, s. Fronden III, 695.
Fruchtabtreibung s. Abtreibung der Leibesfrucht I, 15.
Fruchtbarkeit, eheliche u. uneheliche, s. Geburtenstatistik III, 720.
Fruchtbarkeits- u Lagedifferentialrenten s. Grundbesitz IV, 152.

Fruchtfolge s. Ackerbausysteme I, 34.
Fruchtwechselwirtschaft s. Ackerbausysteme I, 38, Feldwirtschaft III, 366, Landwirtschaft IV, 938.
Fürsorge, öffentlichrechtliche, für Unfallgefahren ausgesetzte Arbeiter s. Unfallversicherung VI, 304.
Fürsprecherwesen s. Anwaltschaft I, 383.
Fulda, Friedrich Karl von III, 696.
Fußmaße als Einheit des Längenmaßes s. Maß- ꝛc. Wesen IV, 1141.

Gallani, Fernando III, 697.
Gantilh, Charles III, 698.
Gantverfahren s. Konkurs.
Garnbörse s. Markte ꝛc. IV, 1125.
Garnier, Germain III, 698.
Garnier, Joseph Clement III, 699.
—, gewürdigt als Anhänger von Malthus s. Bevölkerungslehre II, 519.
Garve, Christian III, 702.
Gasser, Simon Peter III, 702.
—, als Inhaber des ersten ökonomischen Lehrstuhls in Preußen s. Unterrichtswesen, landwirtschaftliches VI, 368.
Gebäude, Katastrierung der, s. Häusersteuer IV, 404.
— u. Felddienstbarkeiten s. Grundgerechtigkeiten V, 179.
Gebäudesteuer, s. Häusersteuer IV, 394.
— in Oesterreich s. Häusersteuer IV, 405.
Gebäudesteuergesetzgebung in Deutschland s.Häusersteuer IV, 400 ff.
Gebrannte Wasser, Bundesgesetz, schweizerisches, v. 23. XII. 1886 (Alkoholgesetz) s. Nahrungsmittelpolizei V, 6.
Gebrauchsgüter s. Gut IV, 226.
Gebrauchsmuster s. Muster- ꝛc. Schutz
—, Anmeldungserfordernis des, bezw. Modells bei dem k. Patentamt s. Muster- ꝛc. Schutz IV, 1266.
—, Eintragung des, in die Musterrolle s. Muster- ꝛc. Schutz IV, 1266.
—, Schutz des, gegen unberechtigte Nachbildung (RG. v. 1. VI 1891) s. Muster- ꝛc. Schutz IV, 1263.
Gebrauchs- u. Tauschwert, s.Wert VI, 682.
Gebrauchswert, abstrakter (Gattungswert) s. Wert VI, 683.
—, konkreter s. Wert VI, 683.
Gebühren III, 703, s. a. Finanzverwaltung III, 476.
—, Abgrenzung der, gegen andere Einnahmearten s. Gebühren III, 705.

Gebühren, allgemeine u. besondere, Einzel- u. Gesamtgebühr, feste u. veränderliche, unmittelbare und mittelbare, s. Gebühren III, 706.
—, Bemessung der, s. Gebühren III, 704.
—, Erhebung der, (in Stempelform, durch direkte Einziehung) s. Gebühren III, 707.
— der Rechtspflege s. Gebühren III, 710.
— und Steuern (Abgrenzung gegen die Steuern, Uebergang in die Steuern) s. Gebühren III, 706.
— der Verwaltung s. Gebühren III, 713.
Gebührenäquivalent s. Stiftungen VI, 136.
Gebührengesetzgebung in den einzelnen Ländern (Deutsches Reich, Frankreich, Oesterreich, Großbritannien ꝛc.) s. Gebühren III, 708.
Geburten, uneheliche, s. Geburtenstatistik III, 721.
Geburtenstatistik III, 717.
—, Aufnahme der, s. Geburtenstatistik III, 721.
Geburtszeit s. Geburtenstatistik III, 721.
Geburtsziffer u. Schwankungen der, s Geburtenstatistik III, 718.
Gefälle (Freitauf, Weinkauf, Sterbfall) s. Gutsherrschaft IV, 232.
Gefällsteuer, Gefällensteuer s. Grundsteuer IV, 197.
Gefängnisarbeit III, 722.
— und Militärwerkstätten s. Handwerk IV, 379.
—, Privat- und Staatsbetrieb der, s. Gefängnisarbeit III, 723.
—, Verhältnis der, zur freien Arbeit s. Gefängnisarbeit III, 724.
Gegengerichtsprinzip (Rec procität) s. Handelsverträge IV, 367.
Gegenseitigkeits- und Meistbegünstigungsvertrag zwischen Frankreich u. den Hansestädten v. 4. III 1865 s. Schiffahrt V, 547.
Gegenseitigkeitsversicherung, Vertretung des Uebeschußes unter der Versicherten bei der, s. Lebensversicherung IV, 1009.
Geheimbünde und Thaten der „Lutschmacher", „Propagandisten", „Volkstümlichen", „Schwarzen Umteilung", „Terroristen" s. Sozialdemokratie (Rußland) V, 731.
Geheimmittelwesen III, 725, s. a. Arzneimittelverkehr ꝛc. I, 937.
—, Kampf gegen das, s. Geheimmittelwesen III, 726.
—, Maßnahmen, gesetzliche, gegen das, s. Geheimmittelwesen III, 728.
—, Ursachen des, s. Geheimmittelwesen III, 725.
Gehilfen, Dienstverhältnis der, s. Handelsgehilfe IV, 278.

Gehöferschaften — Genossenschaftsverband

Gehöferschaften III, 728, f. Agrargeschichte I, 53, Ansiedelung I, 300.
— im Regierungsbezirk Trier f. Feldgemeinschaft III, 375.
Geisteskranke f. Irrengesetzgebung c. IV, 616.
Gelbhöfster v. Gailenbach u. Hannheim. Zacharias III, 730.
Geld III, 730.
—, Bedarf der Volkswirtschaft an, f. Geld III, 754.
—, Begriff des, aus seinen Funktionen gefolgert f. Geld III, 751.
—, Kaufkraft des, f. Preis V, 229.
— als Maßstab des Tauschwertes der Güter f. Geld III, 739.
— als Mittel für einseitige u. subsidiäre Vermögensleistungen f. Geld III, 737.
— als Mittel für Thesaurierung, Kapitalisierung u. interlokale Vermögensübertragung f. Geld III, 738.
— als Preismesser f. Geld III, 750.
—, Tauschwert, äußerer u. innerer, des, f. Geld III, 743 ff.
—, Ursprung des, u. seine Funktion als allgemein gebräuchliches Tauschmittel f. Geld III, 730.
—, Beränderungen der Kaufkraft des, u. des Niveaus der Preise f. Preis V, 243 ff.
— als Vermittler des Kapitalverkehrs (als Leihmittel) f. Geld III, 737.
—, Wertaufbewahrungs- und Werttransportmittelfunktion des, f. Geld III, 738.
— u. Edelmetallausfuhr, Verbot der, f. Handelspolitik IV, 322.
— oder Naturaleinkommen f. Einkommen IV, 49.
Geldanzahlungen durch die Post f. Post V, 190.
Geldeinziehung durch die Post f. Post V, 191.
Geldlotterie f. Lotterie x. IV, 1067.
Geldpostverkehr f. Post V, 188 ff.
Geldschulden f. Schulden V, 591.
Gelehrte Gesellschaften III, 757.
Gemarkungen f. Feldgemeinschaft III, 369.
Gemeindebesitz. Feldgemeinschaft III, 368.
Gemeinde, Familienverband u. der Einzelne in gegenseitiger Opposition infolge der russischen Bauernemanzipation f. Mir IV, 1190.
— u. Gemeindegenosse f. Mir IV, 1193.
—, Schuldenwesen der, f. Gemeindefinanzen III, 780 ff.
Gemeindeausgaben f. Gemeindefinanzen III, 764 ff.
Gemeindebesitz, russischer, f. Mir.
—, Sozialökonomische Bedeutung f. Mir IV, 1194 f.

Gemeindebesitz, Streitfragen über die Entstehung des russischen, f. Mir IV, 1185.
Gemeindebesitzentstehung aus der Familiengenossenschaft f. Mir IV, 1187.
Gemeindebesteuerung, Politik der, f. Gemeindefinanzen III, 777.
Gemeindeeinnahmen f. Gemeindefinanzen III, 770—780.
Gemeindefinanzen III, 760.
Gemeindegebühren f. Gemeindefinanzen III, 772.
Gemeindekrankenversicherung f. Krankenversicherung IV, 860.
Gemeinden, Arten der, in betreff des Beisammenlebens f. Mir IV, 1193.
—, Dotationen und Subventionen der, f. Gemeindefinanzen III, 779.
—, Erwerbseinkünfte der, f. Gemeindefinanzen III, 771.
—, zusammengesetzte, geteilte u. gemischte, f. Mir IV, 1193.
Gemeindesteuern f. Gemeindefinanzen III, 773.
Gemeindesteuerwesen in England, Frankreich u. Deutschland, Vergleichung des, f. Gemeindefinanzen III, 774.
Gemeindewaldwirtschaft f. Forsten III, 620.
Gemeindewesen, heutiges, in England, Frankreich, Deutschland, Oesterreich f. Gemeindefinanzen III, 762.
Gemeingehörigkeit größerer Wassermengen f. Gewässer III, 911.
Gemeinheiten f. Gemeinheitsteilung.
Gemeinheitsteilung III, 785.
—, Entwickelung, historische, der, f. Gemeinheitsteilung III, 786.
Gemeinheitsteilungsgesetzgebung, Charakteristik der, f. Gemeinheitsteilung III, 787 ff.
—, spezielle (Deutschland, England und Schottland, Skandinavische Staaten, Oesterreich-Ungarn, Schweiz, Frankreich) f. Gemeinheitsteilung III, 791 ff.
Gemeinheitsteilungsordnung v. 7. VI. 1821 u. G. v. 2. IV. 1872 betr. Ausdehnung der Gemeinheitsteilungsordnung v. 7. VI. 1821 f. Zusammenlegung der Grundstücke VI, 899.
Gemeinland III, 801.
Gemeinmark III, 803.
Gemeinwirtschaftliches System f. Gemeinwirtschaft III, 804 ff.
Gemengelage f. Agrargeschichte I, 52, Zusammenlegung der Grundstücke VI, 895.

Generaldirektion, statistische, Italiens f. Statistik VI, 29.
Generalentreprise f. Submissionswesen VI, 142.
General Expenditure Assurance Company f. Kredit IV, 879.
Generalgouverneur von Indien, Einsetzung eines (1609), f. Ostindische Handelsgesellschaften V, 69.
Generalhandel f. Handelsstatistik IV, 340.
Generalhufeneschoß f. Hufenschoß IV, 499.
Generalindult oder Moratorium f. Indult IV, 582.
Generalkommissionen (Auseinandersetzungsbehörden) f. Zusammenlegung der Grundstücke VI, 901, Landeskulturrentenbanken IV, 922.
General Land Office (Ver. Staaten von Amerika) f. Domänen II, 975.
Generalpaß (Paßkarte) für je 1 Kalenderjahr giltig (Dresdener Konvention v. 21. X. 1850) f. Paßwesen V, 122.
General Post Office zu London f. Post V, 209.
General Register Office zu London f. Statistik VI, 27.
Generaltarif (Tarif officiel) f. Zölle VI, 833.
—, neuer, u. autonomer Minimaltarif Frankreichs (G v. 11. 1. 1892) f. Schutzsystem V, 609.
Generalzollkonferenzen f. Zölle VI, 831 f.
Genossenschaft (Gesamtheit der Genossenschaften) III, 807.
— u. Kapitalgenossenschaft f. Kreditgenossenschaften IV, 882.
Genossenschaftlicher Absatz von Saat- u. Konsumgetreide f. Landwirtschaftliches Genossenschaftswesen IV, 950.
— Verwertung von Obst u. Gemüse f. Landwirtschaftliches Genossenschaftswesen IV, 951.
Genossenschaftsbewegung in Deutschland f. Erwerbs- x. Genossenschaften III, 314 ff.
Genossenschaftsform mit beschränkter und unbeschränkter Haftpflicht f. Landwirtschaftliches Genossenschaftswesen IV, 948.
Genossenschaftskrankenkassen f. Krankenversicherung IV, 867.
Genossenschaftsschlächtereien f. Landwirtschaftliches Genossenschaftswesen IV, 949.
Genossenschaftsverband, Beschluß auf dem 1891er Vereinstage des Allgemeinen, zu Gera f. Konsumvereine IV, 841.

Genossenschaftswesen, landwirtschaftliches s. Landwirtschaftliches Genossenschaftswesen.
Genovesi, Antonio III, 811.
— als Vorgänger von Malthus betrachtet s. Bevölkerungswesen II, 487.
Gentz, Friedrich von III, 812.
Genußgüter s. Kapital IV, 653, Gut IV, 226.
Genußmaximum s. Konsumtion IV, 816.
George, Henry III, 814, s. a. Sozialismus x. V, 777.
— als Bodenbesitzreformer s. Pacht V, 93, Grundbesitz IV, 116.
— als sozialistischer Gegner von Malthus s. Bevölkerungswesen II, 506.
—, seine Grundrententheorie s. Grundrente IV, 194.
—, seine sozialistische Krisentheorie s. Krisen IV, 906.
Gepäcktarife s. Eisenbahnen III, 201.
Gérando, Jos. Marie III, 815.
Gerichtsvollzieheramt s. Zwangsvollstreckung VI, 935.
„**Gesamtverband** der evangelischen Arbeitervereine" (begr. 1890) s. Volksbildungsvereine VI, 516.
Geschäfts-, Geschäftsabschlußsteuer s. Börsensteuer II, 706.
Geschichte und historische Methode s. Volkswirtschaft x. VI, 544.
Geschlechtsverhältnis der Geborenen, Disperson, normale, im Wahrscheinlichkeitsnachweise der Einzelwerte des, s. Geschlechtsverhältnis x. III, 819.
— der Geborenen u. Gestorbenen III, 816.
Geschlossenheit des Meeres (Mare clausum) s. Schiffahrt V, 556.
Geschmacksmuster, Schutz der, gegen unberechtigte Nachbildung (RG. v. 11. I 1876) s. Muster- x. Schutz IV, 1262.
Gesellen s. Zunftwesen VI, 883 ff.
Gesellenausschüsse s. Innungen IV, 587.
Gesellenkongreß in Frankfurt a/M, 20. VII. bis 20. IX. 1848 s. Handwerk IV, 373.
Gesellenwesen s. Zunftwesen VI, 890.
Gesellenverband, äußere Organisation des, s. Gesellenverbände (Deutschland) III, 823.
—, sozialpolitische Bedeutung des, s. Gesellenverbände (Deutschland) III, 825 ff.
Gesellenverbände III, 820.
— in Deutschland s. Gesellenverbände III, 820.

Gesellenverbände, Emanzipationsversuche u. Kampfmittel der deutschen, s. Gesellenverbände III, 828 ff.
— in Frankreich s. Gesellenverbände III, 833 ff.
Gesellenvereine, katholische, III, 837.
Geselligkeitssteuer s. Luxussteuer IV, 1088.
Geselligkeits- und Unterstützungsvereine in der l. Kaiserzeit s. Collegia II, 851.
Gesellschaft u. Gesellschaftswissenschaft III, 838.
—, Begriff der Gesellschaft im Sprachgebrauch s. Gesellschaft x. III, 838.
Gesellschafter, Anteil aus Einlagen und Nachschüssen eines, am Gesellschaftsvermögen s. Handelsgesellschaften IV, 292.
—, Bilanzsaldo des Kapitalkontos eines, s. Handelsgesellschaften IV, 293.
—, Dispositionsbefugnis des einzelnen, einer Handelsgesellschaft bei der Wirkung der solidarischen Verpflichtung für die Gesamtheit der Gesellschafter s. Handelsgesellschaften IV, 296.
—, Gewinn- u. Verlustanteil des, am Gesellschaftsvermögen s. Handelsgesellschaften IV, 291.
—, Haftung des einzelnen, für alle Schulden der offenen Handelsgesellschaft s. Handelsgesellschaften IV, 297.
—, Kapitalanlage eines, in das Gesellschafts- oder Firmenvermögen s. Handelsgesellschaften IV, 290.
—, Konkurrenzverbot für die, s. Handelsgesellschaften IV, 295.
—, Recht u. Pflicht der, von Handelsgesellschaften zur Geschäftsführung s. Handelsgesellschaften IV, 293.
—, Schlußrechnung unter den liquidierter Handelsgesellschaften s. Handelsgesellschaften IV, 302.
—, Verjährung der Klagen gegen verschiedene oder ausgeschiedene, von fortbestehenden oder aufgelösten Handelsgesellschaften s. Handelsgesellschaften IV, 303.
—, Vertretung einer Handelsgesellschaft durch einen, mit der Wirkung der Mitverantwortlichkeit für alle Gesellschafter s. Handelsgesellschaften IV, 296.
Gesellschaftsbegriff, Geschichte des, s. Gesellschaft x. III, 839.
Gesellschaftsfirma s. Handelsgesellschaften IV, 286, Firma.
Gesellschaftsvermögen s. Handelsgesellschaften IV, 289.

Gesellschaftsvertrag bei Errichtung einer Handelsgesellschaft s. Handelsgesellschaften IV, 286.
—, Inhalt des, s. Aktiengesellschaften I, 88.
Gesetz im gesellschaftlichen u. statistischen Sinne III, 844.
Gesindepersonen s. Landwirtschaftliche Arbeiter IV, 941.
Gesindeverhältnis III, 850.
Gesindevertrag, Aufhebung des Vertrags s. Gesindeverhältnis III, 850.
Gesütwesen III, 852.
Gesundheitsamt, kaiserl., zu Berlin s. Reichsgesundheitsamt V, 403.
—, Arbeiten aus dem kaiserl. Gesundheitsamte u. dessen Veröffentlichungen s. Reichsgesundheitsamt V, 404.
Gesundheitspflege III, 855.
Gesundheitspolizeiliche Bestimmungen s. Gewerbegesetzgebung (Großbritannien) III, 1002.
Gesundheitsschädliche Farben bei Herstellung von Nahrungs- und Genußmitteln, RG. v. 5. VII. 1887 betr. deren Verwendung s. Nahrungsmittelpolizei V, 3.
Gesundheitswesen, öffentliches, Gesetz über das, v. 22. XII. 1888 s. Gewerbegesetzgebung (Italien) III, 1020.
Getränkehandel s. Wirtshauswesen x. VI, 714.
—, Verbot, staatliches, des, s. Wirtshauswesen x. VI, 715.
Getränkesteuern III, 858, s. a. Bier u. Bierbesteuerung II, 553, Branntweinbesteuerung II, 714, Wein u. Weinsteuer VI, 661 ff.
—, Bedeutung, finanzielle, der, s. Getränkesteuern III, 859.
Getreideffektivhandel s. Getreidehandel (Technik) III, 867.
Getreidehandel III, 861.
— in den Ver. Staaten v. Amerika s. Getreidehandel (Technik) III, 869 ff.
— in Rußland s. Getreidehandel (Technik) III, 872 ff.
—, Seefrachten u. Seeversicherungsprämie im russischen, s. Getreidehandel (Technik) III, 877.
—, Statistik des, s. Getreidehandel III, 865 ff.
Getreidehandelspolitik, die ältere, (Altertum, Mittelalter, Preußen, Deutschland, Frankreich, England, andere Länder) s. Getreidehandel III, 861 ff.
Getreidepreise III, 888.
—, Regulierung u. Erhebung der, s. Getreidepreise III, 888 ff.
—, Zahlenmaterial, statistisches, der, s. Getreidepreise III, 891.

Getreideproduktion — Gewerbliche Anlagen

Getreideproduktion III, 893.
— in den einzelnen Ländern: Deutsches Reich, Großbritannien u. Irland, Frankreich, Italien, Oesterreich-Ungarn, Rußland, Verein. Staaten v. Amerika, Britisch-Indien s. Getreideproduktion III, 894 ff.
Getreidetarife der russischen Eisenbahnen s. Getreidehandel (Technik) III, 878.
Getreideterminhandel s. Getreidehandel (Technik) III, 867.
Getreidezölle III, 899, s. a. Anti-corn-law-league.
—, Einwirkung der, auf die Landwirtschaft s. Getreidezölle III, 906.
—, Wirkung der, auf die Handelsbewegung des Getreides (Identitätsnachweis) s. Getreidezölle III, 908.
—, Wirkung der, auf die Preise s. Getreidezölle III, 904.
Getreidezollgesetzgebung, Geschichte und gegenwärtiger Stand der, (Deutschland, Frankreich, England, Rußland, Oesterreich-Ungarn, Italien, Spanien, Portugal, Schweiz, Holland u. Belgien, Schweden u. Norwegen) s. Getreidezölle III, 899.
Gewähr-, Güter-, Mutationsbücher s. Hypotheken- 2c. Wesen IV, 520.
Gewässer III, 910.
Gewanne, Gewanndörfer s. Ansiedelung I, 299 und 308, Agrargeschichte I, 52.
—, unregelmäßige, s. Feldgemeinschaft III, 379.
Gewerbe III, 922.
—, Befugnis zur Ausübung eines, (Edikt v. 2. XI. 1810) s. Zunftwesen VI, 894.
— u. Zünfte, Theresianische Zeit s. Gewerbegesetzgebung III, 934.
Gewerbeaufnahme des Deutschen Reiches von 1882, Ergebnisse der, s. Gewerbestatistik III, 1047 ff.
—, Wesen u. Erfordernisse einer, s. Gewerbestatistik III, 1039 ff.
Gewerbebesteuerung in Bayern, Württemberg, Baden, Hessen, Sachsen, Elsaß-Lothringen s. Gewerbesteuer III, 1062 ff.
— im Deutschen Reich s. Gewerbesteuer III, 1058 ff.
—, Englische, s. Gewerbesteuer III, 1069.
— in Frankreich u. Italien s. Gewerbesteuer III, 1070.
— u. Gesetzgebung, Oesterreich-Ungarische, s. Gewerbesteuer III, 1066.
—, Russische, s. Gewerbesteuer III, 1071.
Gewerbebetrieb, Bedingungen für Zulassung zum, Genehmigung von Betriebsanlagen, Gewerbebefugnisse s. Gewerbegesetzgebung (Oesterreich) III, 987.
Gewerbebetrieb, Beschränkungen der Befugnis u. der Ausübung des, in Rußland s. Gewerbegesetzgebung III, 1028.
—, Beschränkungen des, am Sonntage s. Gewerbegesetzgebung (Großbritannien) III, 1006.
—, Stehender, s. seine Ausübung s. Gewerbegesetzgebung (Deutschland) III, 970 ff.
— im Umherziehen s. Gewerbegesetzgebung III, 962 und 973 ff., Wandergewerbe VI, 588.
Gewerbefreiheit, Agitation des volkswirtschaftlichen Kongresses (1858 ff.) für, s. Zunftwesen VI, 896.
—, Einführung der, s. Zunftwesen VI, 893 ff.
— (auschließlich) Juden an Aktiengesellschaften) in Rußland s. Gewerbegesetzbuung III, 1026.
Gewerbegericht III, 950.
—, dessen Unterscheidung vom Einigungsamt s. Einigungsämter III, 38.
Gewerbegerichte in Belgien, der Schweiz und Oesterreich s. Gewerbegericht III, 954.
— in Deutschland seit 1869 u. ihre Neuorganisation v. 29. VII. 1890 s. Gewerbegericht III, 954.
Gewerbegesetz, Oesterreichisches, v. 1859 u. Novelle v. 1883 s. Gewerbegesetzgebung III, 984.
Gewerbegesetzgebung III, 959.
— in Deutschland (Geltendes Recht) s. Gewerbegesetzgebung III, 968 ff.
— in Oesterreich, Großbritannien, Frankreich, der Schweiz, Italien s. Gewerbegesetzgebung III, 985—1022.
— in Rußland s. Gewerbegesetzgebung III, 1026 ff.
— in Skandinavien, 19. Jahrhundert s. Gewerbegesetzgebung III, 1022 ff.
Gewerbehurerei, Gewerbeunzucht s. Prostitution V, 295.
Gewerbeinspektion III, 1030.
— in Deutschland bis 1891 s. Gewerbeinspektion III, 1031.
— in England u. in der Schweiz s. Gewerbeinspektion III, 1031.
—, Neuordnung der, insbesondere in Preußen nach Erlaß der Gewerbeordnungsnovelle v. 1. VI. 1891 s. Gewerbeinspektion III, 1032.
— in Oesterreich s. Arbeiterschutzgesetzgebung I, 429.
Gewerbekammern III, 1035, s. Handelskammern IV, 306.
— in Frankreich s. Gewerbekammern III, 1037.
Gewerbekammern, die hanseatischen, s. Gewerbekammern III, 1036.
— in Oesterreich, Verlangen nach Errichtung von, s. Gewerbekammern III, 1036.
—, die neuen, in Preußen s. Gewerbekammern III, 1036.
— in Sachsen, Bayern u. Sachsen-Weimar s. Gewerbekammern III, 1037.
Gewerbeordnung, Abänderung der deutschen, v. 18. VII. 1881 s. Handwerk IV, 378.
—, Bestrebungen auf Abänderung der, s. Gewerbegesetzgebung III, 960.
— für den Norddeutschen Bund v. 21. VI. 1869 s. Zunftwesen VI, 896, Gewerbegesetzgebung III, 963 ff.
— Deutsche, v. 1869 u. die Hilfskassengesetze v. 1876 s. Arbeiterversicherung I, 525.
Gewerbeordnung, revidierte Hannoversche v. 15. VI. 1848 s. Handwerk IV, 375.
Gewerbepolitik Eberard III, s. Bauernbefreiung II, 224.
Gewerberecht nach der schweizerischen Bundesverfassung von 1874 s. Gewerbegesetzgebung III, 1018.
Gewerbescheins, Wandergewerbeschein s. Gewerbegesetzgebung IV, 973.
Gewerbestatistik (Gewerbeaufnahmen) III, 1039.
Gewerbestatistische Leistungen der verschiedenen Staaten (Deutschland, Oesterreich, B. Staaten von Amerika, Schweiz, England, Frankreich, Italien) s. Gewerbestatistik III, 1042 ff.
Gewerbesteuer III, 1055.
— Gewerbesteuergesetzgebung Preußens s. Gewerbesteuer III, 1058 ff.
Gewerbesteuergesetzreform, preußische (G. v. 24. VI. 1891) s. Gewerbesteuer III, 1060.
Gewerbesteuer, bayerische (G. v. 1. VII. 1856 u. Revisions-G. v. 19. V. 1881) s. Gewerbesteuer III, 1064.
Gewerbesteuerstatistik, vergleichende, s. Gewerbesteuer III, 1072.
Gewerbevereine III, 1074.
— in Baden, Hessen, Württemberg, Bayern, Sachsen und Sachsen Weimar, Preußen s. Gewerbevereine III, 1075 ff.
—, Verband der deutschen, s. Gewerbevereine III, 1080.
Gewerbeverfassung Deutschlands am Ende des vorigen Jahrhunderts s. Zunftwesen VI, 890 ff.
Gewerbliche Anlagen III, 1080.

Gewerbliche Anlagen in privatrechtlicher und landesrechtlicher Beziehung s. Gewerbliche Anlagen III, 1081.
— Betriebsstatistik s. Statistik VI, 6.
— Fachschulen, niedere, s. Gewerblicher Unterricht III, 1096.
— Fortbildungsschulen s. Gewerblicher Unterricht III, 1095.
— Genossenschaften in Oesterreich s. Gewerbegesetzgebung III, 992.
— Hilfsarbeiter in Oesterreich s. Gewerbegesetzgebung III, 990.
— Hilfskassen s. Gewerbegesetzgebung III, 997, Arbeiterversicherung.
— Mittelschulen s. Gewerblicher Unterricht III, 1098.
— Rechtspflege, Organisation der, s. Gewerbegericht III, 950 ff.
— Schulen, Aufbringung deren Kosten s. Gewerblicher Unterricht III, 1091.
— Taxen s. Gewerbegesetzgebung III, 976.

Gewerblicher Unterricht III, 1088; s. a. Lehrlingswesen IV, 1020.

Gewerbliches Hilfspersonal (G. v. 17. VII. 1878) s. Gewerbegesetzgebung III, 967.

Gewerbsgilden (Handels-, Kaufmanns- und Handwerksgilden) s. Gilden IV, 51.

Gewerkschaft und Kuxe s Bergbau II, 368.

Gewerkschaften, sozialdemokratische, vor und nach dem Sozialistengesetz s. Gewerkvereine IV, 21 u. 1269 ff.

Gewerkschaftsbund, der allgemeine schweizerische, s Gewerkvereine IV, 61.

Gewerkvereine IV, 1.
— im allgemeinen s. Gewerkvereine IV, 1.
— der ungelernten Arbeiter in England s. Gewerkvereine IV, 13.
— der weiblichen Arbeiter in England s. Gewerkvereine IV, 14.
— und freier Arbeitsvertrag s. Gewerkvereine IV, 7.
— in England, Deutschland, Oesterreich, Frankreich, Belgien, der Schweiz, Italien und Dänemark, den V. Staaten von Amerika, Australien s. Gewerkvereine IV, 7—49.
—, Hirsch-Dunckersche s. Gewerkvereine IV, 20.
—, Organisation der, s. Gewerkvereine IV, 8.
— im Schieds- und Einigungsverfahren s. Gewerkvereine IV, 6.
—, Statistik der englischen s. Gewerkvereine IV, 16 ff.

Gewerkvereine, Verfassung der ersten, in England s. Gewerkvereine IV, 9.

Gewerkvereinsgesetz, französisches, von 1884, und dessen Stärkung der fachgewerblichen Verbände s. Gewerkvereine IV, 32 ff.

Gewerkvereinsorganisationsausbildung in England, 1825—1850, s. Gewerkvereine IV, 11.

Gewichts-, Körper- und Flächenmaße, einheitliche, s. Maß- x. Wesen IV, 1140.

Gewichtsbäckerei s. Preistaxen V, 263.

Gewichtsjustierung (Gewichtsremedium) der 5-, 10- und 20-Markstücke (RG. v. 4. XII. 1871 u. 9. VII. 1873 s. Münzwesen IV, 1250.

Gewinnbeteiligung IV, 49.
— der Arbeiter s. Arbeitslohn I, 673.
— mit und ohne Anteil der Arbeiter am Geschäft s. Gewinnbeteiligung IV, 52 ff.

Gewinnausgleichung, Gesetz der, s Zins VI, 825.

Gide, Charles IV, 59.

Giebelschoß s. Hufenschoß IV, 499.

Gifte, Handel mit, s. Gewerbegesetzgebung III, 971.

Gilbart, James William IV, 59.

Gilbert's Act s. Armenwesen I, 836 u. 876.

Gilden IV, 60.

Gilt (Gülten) (Abgaben in Bodenerzeugnissen) s. Bauernbefreiung II, 191.

Gioja, Melchiorre IV, 62.

Giroverkehr IV, 64.
— der Bank von Frankreich s. Giroverkehr IV, 73.
— der deutschen Reichsbank s. Giroverkehr IV, 65 ff.
— anderer deutschen Banken s. Giroverkehr IV, 70.
— in England s. Giroverkehr IV, 74.
— der italienischen Nationalbank s. Giroverkehr IV, 72.
— der österreichisch-ungarischen Bank s. Giroverkehr IV, 71.
— der preußischen Bank s. Giroverkehr IV, 65.

Glasversicherung IV, 75.

Gleichstellungsklausel s. Handelsverträge IV, 353.

Glücksspiel IV, 77.
— Staat, der, und das, s. Glücksspiel IV, 77.
Glücksspiele, Polizei der, s. Glücksspiel IV, 77.
Glücksspielunternehmungen s. Lotterie x.

Gnadengroschenkassen s. Knappschaftskassen IV, 680.

Godin, Jean Baptiste André IV, 79.

Godwin, William IV, 80.
—, als sozialistischer Gegner von Malthus s. Bevölkerungswesen II, 502.
— als Triebfeder der Veröffentlichung von Malthus' „Essay on population" s. Malthus (Biographie) IV, 1104.

Gold, Verbrauch, industrieller, des, s. Gold x. IV, 91.
— und Goldwährung IV, 81.
—, Silber-, Metall- Disagio (Agioschwankungen) s. Papiergeld V, 102.
— und Silberwaren, Prüfung und Stempelung des Feingehalts s. Feingehalt der Edelmetalle III, 364.

Goldbarrenhandel (Ein- und Ausfuhr) s. Gold x. IV, 93.

Goldbergbau, Goldwäscherei s. Gold x. IV, 82 u. 8.

Goldprägung und Goldwährung s. Gold x. IV, 88, Doppelwährung.

Goldproduktion im Altertum und Mittelalter s. Gold x. IV, 81 ff.
— von 1500 bis 1848 und seit 1848 s. Gold x. IV, 84 ff.

Goldschmiedegewerbe und seine Beschränkung in England s. Gewerbegesetzgebung III, 1005.

Goldvorrat s. Gold x. IV, 92.

Goldwährung, Annahme der, für Deutschland (G. v. 9. VII. 1873) s. Gold x. IV, 88.
—, Uebergang der skandinavischen Staaten zu der, 1873, s. Silber x. V, 668.

Goschen, Georg Joachim IV, 95.

Gossen'sche Gesetz des Genußmaximums s. Konjunktion IV, 816.
—, Nutzwerttheorie s. Wert VI, 690.

Gothaer Kongreß v. 22.—27. V. 1875 und sein marxistisches Programm s. Sozialdemokratie V, 722.

Gotheln, Eberhard IV, 96.

Gothenburger Ausschanksystem IV, 96; s. a. Schankgewerbe V, 513.

Gottberath s. Hufe IV, 497.

Gouge, William M. IV, 103.

Gouvernementalsteuern, statistische, s. Statistik (Rußland) VI, 32.

Gradationsstempel s. Stempel x VI, 66.

Gräsereiberechtigungen s. Forsten III, 525.

Grand Livre de France (Staatsschuldbuch von Frankreich seit 1793) s. Staatsschulden V, 835.

— **Master Workmen** s. Knights of Labor IV, 687.

Grasilla, Jean Joseph Louis IV, 103.

Graswinckel, Dirk Janszoon IV, 104.

Graumann, Johann Philipp IV, 105.
—, Graumannsche- oder 14-Thaler- oder 21-Guldenfuß s. Münzwesen IV, 1260.
Graunt, John IV, 105.
Gray, S. (Verfasser der Schrift: „Happiness of States") gewürdigt als optimistischer Bekämpfer der Malthusschen Lehre s. Bevölkerungswesen II, 508.
Great Ledger (Staatsschuldbuch von England) s. Staatsschulden V, 836.
Greenbacks (Unionspapiergeld) s. Banken II, 175, Papiergeld V, 103.
Grenz- und Außenzölle s. Zölle VI, 828.
Grenzbezirk (rayon frontière) s. Zölle x. VI, 841.
Grenznutzen IV, 107, s. a. Wert, Preis.
—, Definition des, s. Preis V, 279.
— der Güter s. Wert VI, 693.
— der zur Befriedigung zu erwerbenden oder zu veräußernden Güter s. Preis V, 220.
Grenzwert, Nivellierendes Eingehen des produktiven, in die Produktivwerte s. Preis V, 238.
Grenzzollsystem Karl V. von 1522 s. Ausfuhrzölle x. I, 972.
Gresham'sche Gesetz s. Münzwesen IV, 1256.
Großbetrieb und Kleinbetrieb IV, 107.
—, Großmagazine des Detailhandels s. Handel IV, 268.
Großhandel, Handel en gros s. Handel IV, 267.
Großindustrie und die Kartelle s. Unternehmerverbände VI, 348.
Grotius, Hugo, sein rechtstheoretischer Individualismus s. Individualismus VI, 570.
—, seine Lehre vom Enteignungsrecht s. Enteignung III, 253.
Gründer s. Gründerverantwortlichkeit s. Aktiengesellschaften I, 88 u. 90/91.
Grün, K. s. Anarchismus I, 255.
Gründung IV, 221; s. a. Aktiengesellschaften I, 88 ff.
Grütliverein s. Sozialdemokratie V, 726.
Grundbesitz IV, 112.
—, Aufteilung des, nach Hundertschaften s. Grundbesitz IV, 139.
—, Geschichte des, s. Grundbesitz IV, 139—164.
—, Kreditnot des, s. Agrarkrisis I, 54.
—, Monopolcharakter des privaten, s. Grundbesitz IV, 121.
—, Statistik des, s. Grundbesitz IV, 165—176.
—, Statistik des, im Deutschen Reich,

in Oesterreich-Ungarn, Großbritannien u. Irland, Italien, Frankreich, Rußland und den übrigen Ländern s. Grundbesitz IV, 166 ff.
Grundbesitzrecht, Beseitigung des russischen genossenschaftlichen, durch G. v. 30. V. 1888 s. Mir IV, 1194.
—, Zersetzung der Gemeinde und Neubildung des, s. Mir IV, 1189.
Grundbesitzverteilung, früheste, auf kommunistischer Grundlage s. Grundbesitz IV, 139.
Grund und Boden, Verschiebung der Eigentumsrechte an (5.—9. Jahrh.) s. Grundbesitz IV, 140.
— u. Boden, Wert des, Wert des Viehstandes s. Agrarstatistik I, 65 ff.
Grundbuch IV, 176 s. a. Buch, Hypotheken- und Grundbuchwesen IV, 519.
Grundbuchsystem s. Hypotheken- x. Wesen IV, 519.
Grundbücher und Katasterdaten s. Grundsteuer IV, 208.
Grunddienstbarkeiten IV, 177.
Grundeigentum, Privatwirtschaftliche Okkupation u. Organisation des, s. Grundbesitz IV, 116.
Grundgerechtigkeiten IV, 177.
—, Affirmative u. negative, ständige und nicht ständige, s. Grundgerechtigkeiten IV, 179.
—, Aufhebung der, 1) durch Konfusion; 2) durch Verzicht; 3) durch letztwillige Verfügung; 4) durch Verjährung s. Grundgerechtigkeiten IV, 181.
— im römischen u. heutigen deutschen Recht s. Grundgerechtigkeiten IV, 178.
—, Schutz der, s. Grundgerechtigkeiten IV, 182.
Grundgerechtigkeitserwerb durch Ersitzung s. Grundgerechtigkeiten IV, 179.
Grund- u. Häusersteuer s. Finanzverwaltung III, 477.
Grundherren und Grundholden s. Bauernbefreiung II, 191.
Grundherrschaft s. Gutsherrschaft.
Grundherrschaften, Umwandlung der, in reine Rentherrschaften, 12. Jahrh. s. Grundbesitz IV, 148.
Grundherrschaftlicher Großbesitz, 11.—14. Jahrh. s. Grundbesitz IV, 146.
Grundholde Gut, 8.—12. Jahrh. s. Bauernamt und Bauernstand II, 263, Bauer II, 178.
Grundholdentum u. Gutsherrschaft, 11.—14. Jahrh. s. Grundbesitz IV, 146.
Grundkapital, Erlangung des, s. Aktiengesellschaften I, 90 ff.

Grundkredit (crédit foncier) s. Landwirtschaftliches Kreditwesen IV, 954.
Grundrente IV, 182.
—, Entstehung u. Bemessung der, s. Grundrente IV, 183.
— Entwickelung der Lehre von der, s. Grundrente IV, 189.
—, Kapitalisierung und privatwirtschaftliche Ausgleichung der, s. Grundrente IV, 189.
—, landwirtschaftliche, s. Grundrente IV, 184.
—, Monopolistisches Element in der, s. Grundrente IV, 191.
—, Veränderungen der, s. Grundrente IV, 185.
Grundrentenproblem s. Grundrente, Grundbesitz IV, 189.
Grundruhr, Mauth, Geleitgeld (Wegeabgaben) s. Wege VI, 650.
Grundschuld s. Hypotheken- x. Wesen, 531.
— als Summenschuld gegenüber der Darlehnseintragung s. Hypotheken- x. Wesen, 531.
Grundschuldbrief und dessen Ausstellung s. Hypotheken- x. Wesen IV, 537.
Grundsteuer IV, 195.
—, Ertragsschätzung der, s. Grundsteuer IV, 205 ff.
— als Gemeindeabgabe s. Grundsteuer IV 210.
—, Kontingentierung der, s. Grundsteuer IV, 200.
—, Kritik der, s. Grundsteuer IV, 208.
— als Qualitätssteuer, Grundsteuer IV, 200.
—, Veranlagung der (Aufgaben u. ältere Methoden der Veranlagung), s. Grundsteuer IV, 198 ff.
Grundsteuergesetzgebung in Preußen, Bayern, Sachsen, Württemberg, Baden, Hessen, Oesterreich-Ungarn, Frankreich, Italien, Großbritannien, Rußland, den Ver. Staaten v. Amerika s. Grundsteuer IV, 211—220.
Grundstücke, Ertragsfähigkeit der, s. Grundsteuer IV, 197.
—, Katastrierung der, Katastralkarten s. Grundsteuer IV, 201 ff.
—, Zusammenlegung der, s. Zusammenlegung der Grundstücke.
Grundstücksspekulation s. Grundbesitz IV, 122.
Grundstückswucher s. Güterschlächterei IV, 237.
Gruppenakkord s. Arbeitslohn I, 673.
Guerry, André Michel IV, 223.
Guesde, Jules, als Gründer der „kollektivistischen" Arbeiterpartei (1879) s. Sozialdemokratie V, 728.

Guetti, Lodovico, als Finanztheoretiker s. Finanzwissenschaft III, 489.
Gut IV, 225.
Güter, freie, s. Gut IV, 226.
—, immaterielle, s. Gut IV, 227.
Güterbestatter, beeidete, s. Speditionsgeschäfte V, 807.
Güterkonsolidation s. Zusammenlegung der Grundstücke VI, 910.
Güterlegung u. private Verkoppelung s. Agrargeschichte I, 53.
Güterlotterie s. Lotterie k. IV, 1071.
Gütermengen, Theorie der Veränderungen der, s. Preis V, 227.
Güterschätzer s. Zusammenlegung der Grundstücke VI, 911.
Güterschlächterei IV, 236.
Gütertarife s. Eisenbahnen III, 204 ff.
Güterwert, Größe des, s. Wert VI, 692.
—, Ursprung des subjektiven, s. Wert VI, 691.
Güterwertschätzung, Güteraustausch s. Preis V, 228 ff, Wert VI, 692
Guicciardini, Francesco IV, 224.
— als Finanztheoretiker s. Finanzwissenschaft III, 489.
Guinea-Kompagnie des Großen Kurfürsten s. Schiffahrt V, 547.
Gundi- u. Schaufeltabak s. Tabak VI, 156.
Gutsbestands-, Eigentums- und Lastenblatt der Hypothekenbücher s. Hypotheken- k. Wesen IV, 520.
Gutsbetrieb, herrschaftlicher, und bäuerlicher Untreihist s. Bauernbefreiung II, 182 ff.
Gutsherrlichkeit u. Leibeigenschaft s. Bauer
Gutsherrschaft IV, 229.
Gutsherrschaften, Entstehung der, s. Adel im Nordosten Deutschlands I, 45.
Gutstagelöhner, Insleute, Insten, Kaltenleute s. Landwirtschaftliche Arbeiter IV, 942
Guttempler, die, s. Mäßigkeitsbestrebungen IV, 1151.

Haag- u. Morischhufe s. Agrargeschichte I, 53.
Hackwaldbetrieb s. Forsten III, 600.
Hakenhufe, slavische s. Hufe IV, 498.
Häfen IV, 238.
—, Bau und Verwaltung der, s. Häfen IV, 239.
Häuserertrags- u. Wohnungssteuer in England s. Häusersteuer IV, 406.

Häusersteuer IV, 398, [s. Finanzverwaltung III, 477.
Hafenabgaben für Schiffe u. Güter s. Häfen IV, 242.
Hafengesetze s. Häfen IV, 240.
Hafenlotsen s. Lotsen IV, 1066.
Hafenpolizei s. Häfen IV, 241.
Haftpflicht IV, 243.
— bis zur Grenze der „höheren Gewalt" s. Speditionsgeschäfte V, 807.
—, privatrechtliche, s. Unfallversicherung VI, 309.
Haftpflichtgesetz vom 7. VI. 1871 s. Haftpflicht IV, 245.
Haftpflichtgesetzgebung, Deutsches Reich (RG. v. 7. VI. 1871) s. Unfallversicherung VI, 310, Arbeiterversicherung I, 528.
—, Deutsches Reich (nach Erlaß des Unfallversicherungsgesetzes v. 6. VII. 1884) s. Haftpflicht IV, 246.
— in den außerdeutschen Staaten s. Haftpflicht IV, 247.
— in den V. Staaten von Amerika s. Arbeiterschutzgesetzgebung I, 497.
Haftpflichtgesetzentwürfe für Italien, 1879—85, und Verhandlungen darüber s. Arbeiterversicherung I, 573 ff.
Hagelschadenabschätzung s. Hagelschädenversicherung IV, 251.
Hagelschädenversicherung IV, 249.
Hagelversicherung, Risiko, das, bei der, s. Hagelschädenversicherung IV, 249.
—, Staats- und Privatbetrieb der, s. Hagelschädenversicherung IV, 252.
—, Statistik der, s. Hagelschädenversicherung IV, 254.
Hagelversicherungsmonopol s. Hagelschädenversicherung IV, 252.
Hagelversicherungsprämie s. Hagelschädenversicherung IV, 250.
Hagestolzenrecht s. Bevölkerungswesen IV, 472.
Halbpacht (Teilbau) s. Pacht V, 87.
Halbscheidpacht (in Oberitalien) s. Produktivgenossenschaft V, 290.
Hale, Matthew (Verfasser von „The primitive origination of mankind") als Vorgänger von Malthus betrachtet s. Bevölkerungswesen II, 489.
Haller, Karl Ludwig von IV, 255.
Haller, Edmund IV, 257.
—, seine Sterblichkeitstafel und seine Methode, s. Sterblichkeit k. VI, 74.
Halshuhn s. Unfreiheit VI, 322.
Haltekinder IV, 258.
Hamilton, Alexander IV, 260.
Hamilton, Robert IV, 262.

Hand und Halfter, Ueberantwortung zu, s. Schuldhaft V, 594.
— und Spanndienste, Handfronden s. Naturalleistungen V, 13, Fronden.
Handel IV, 263.
—, Europäischer, mit Ostindien gegen Ende des 16. Jahrh. s. Ostindische Handelsgesellschaften V, 64.
— mit Münzen, Wertpapieren (Effekten) s. Handel IV, 265 u. 267.
Handelsbilanz (balance de commerce) IV, 271.
—, Begriff der, s. Handelsbilanz IV, 271.
—, Berechnung der, s. Handelsbilanz IV, 273.
—, günstige, s. Handelspolitik IV, 323.
—, Theorie der, geschichtliche Entwicklung, s. Handelsbilanz IV, 272.
Handelseinheit, süddeutsche Agitation für eine deutsche, s. Zollverein VI, 860.
Handelsfreiheit, Klausel der, s. Handelsverträge IV, 351.
Handelsgehilfe IV, 274.
— der Gegenwart s. Handelsgehilfe IV, 276.
Handelsgehilfen, Soziale Lage der, s. Handelsgehilfe IV, 276/79.
—, Sozialreformatorische Bestrebungen und Gesetze zu Gunsten der, s. Handelsgehilfe IV, 279.
Handelsgeschäfte IV, 281.
—, Ausländische Gesetzgebung betreffend, s. Handelsgeschäfte IV, 284.
—, Ein- und zweiseitige, s. Handelsgeschäfte IV, 283.
—, Objektive oder absolute, s. Handelsgeschäfte IV, 282.
—, Subjektive oder relative (Gewerbehandelsgeschäfte) s. Handelsgeschäfte IV, 282.
Handelsgeschäftsnatur, Präsumtion der, s. Handelsgeschäfte IV, 283.
Handelsgesellschaft, Englisch-Ostindische, s. Ostindische Handelsgesellschaften V, 7ff.
—, Gesellschaftsvermögen (Handlungsfonds) einer, s. Handelsgesellschaften IV, 289.
—, offene, s. Handelsgesellschaften IV, 287 ff.
—, Niederländisch-Ostindische, s. Ostindische Handelsgesellschaften V, 66 ff.
Handelsgesellschaften IV, 285; s. a. Gesellschafter.
—, Formen der, s. Handelsgesellschaften IV, 285—304.
—, Kollektivvertretung von, s. Handelsgesellschaften IV, 296.
—, Liquidation und Liquidatoren der, s. Handelsgesellschaften IV, 301 ff.

Handelsgesellschaften, volkswirtschaftlich betrachtet, s. **Handelsgesellschaften IV**, 304 ff.
—, Wirtschaftliche Bedeutung der, s. **Handelsgesellschaften IV**, 305.
Handelskammern IV, 306.
—, Aufgabe und Befugnisse der, s. **Handelskammern IV**, 310.
— in Frankreich, Spanien, Großbritannien, Belgien, der Türkei, Amerika und Asien s. **Handelskammern IV**, 313—316.
Handels- u. Gewerbekammern IV, 306.
— im Deutschen Reich s. **Handels- u. Kammern IV**, 308 ff.
— in Italien, Holland, Rumänien s. **Handels- u. Kammern IV**, 313 ff.
— in Oesterreich-Ungarn s. **Handels- u. Kammern IV**, 310 ff.
Handelskammerwahlen, Wahlberechtigung zu, und Befähigung zur Annahme von Handelskammermandaten im Deutschen Reich, s. **Handelskammern IV**, 309.
Handelskolonien s. **Kolonien IV**, 703.
Handels- und Kommanditgesellschaften, Gründe und Wirkungen der Auflösung von offenen, s. **Handelsgesellschaften IV**, 306.
Handelskredit s. **Kredit IV**, 874.
Handelsmonopolerteilung der alten Ostindischen Kompagnie durch Königin Elisabeth vom 31. XII. 1600 s. **Ostindische Handelsgesellschaften IV**, 72.
Handelsmonopolerneuerung der alten Ostindischen Kompagnie, 1683 und 1686 s. **Ostindische Handelsgesellschaften V**, 73.
Handelsmusern s. Ausfuhrmusterlager I, 958 u. 961.
Handelsniederlassungen (Faktoreien) s. **Handel IV**, 265; s. a. **Faktorei III**, 348.
Handels- und Plantagengesellschaft, die deutsche, und die Neu-Guinea Kompagnie in der Südsee s. **Südseegesellschaften IV**, 149.
Handelspolitik IV, 317; s. a. **Ein- u. Ausfuhrverbote**.
—, äußere (in offensiver oder freihändlerischer und in defensiver oder schutzzöllnerischer Form), s. **Handelspolitik IV**, 320.
—, autonome und vertragsmäßige s. **Handelsverträge IV**, 360.
—, Blütezeit der merkantilistischen, im 17. Jahrh., s. **Merkantilsystem IV**, 1170 ff.
—, innere, s. **Handelspolitik IV**, 318.
Handelspolitische Beziehungen des Deutschen Reiches zum Auslande, Uebersicht der, s. **Handelsverträge IV**, 362.
Handelsrecht (in seiner geschichtlichen Entwicklung) **IV**, 329.

Handelsrecht in der alten Welt, s. **Handelsrecht IV**, 330.
—, im Mittelalter, s. **Handelsrecht IV**, 331 f.
—, der neueren Zeit, s. **Handelsrecht IV**, 335.
Handelsregister, Zentralhandelsregister s. **Martenschutz IV**, 1112.
—, Eintragung einer Gesellschaftsfirma im, s. **Handelsgesellschaften IV**, 288.
—, Pflicht der Anmeldung zum, s. **Handelsgesellschaften IV**, 288.
Handelsschulen s. **Gewerblicher Unterricht III**, 1100.
Handelsspekulation s. **Spekulation**.
Handelsstand, Soziale Frage beim, s. **Handel IV**, 270.
Handelsstatistik IV, 339.
—, Begriff und Zweck der, s. **Handelsstatistik IV**, 339.
—, Technik der, s **Handelsstatistik IV**, 341.
Handelssteuern s. **Wein u. VI**, 662.
Handelsverkehr, Portugiesischer u. spanischer, mit Indien im 16 Jahrh. s. **Ostindische Handelsgesellschaften V**, 64.
Handelsvertrag der drei Hansestädte mit England vom 29. IX. 1825 s. **Schiffahrt V**, 547.
— zwischen Preußen und Oesterreich vom 19. II. 1853 s. **Zollverein VI**, 863.
Handelsverträge IV, 346.
—, Dauer und Ablauf der, s. **Handelsverträge IV**, 349.
— als sozial - kommerzielle Staatsverträge s. **Handelsverträge IV**, 347.
— im äußeren Staatsrecht s. **Handelsverträge IV**, 347.
— im inneren Staatsrecht s. **Handelsverträge IV**, 346.
—, System der mitteleuropäischen, s. **Handelsverträge IV**, 361.
—, System der westeuropäischen, s. **Handelsverträge IV**, 361.
Handelsvertragsabschluß, provisorischer, zwischen dem preußisch-sächsischen und dem süddeutschen Zollbund vom 27. V. 1829 s. **Zollverein VI**, 862.
Handfertigkeitsunterricht IV, 363.
Handfeste s. **Rentenkauf V**, 426.
Handwerk, 369.
—, Geschichte des, s. **Zunftwesen**
—, Prüfungskommission, Berliner, der Beschwerden des, (17.—30. I. 1849) s. **Handwerk IV**, 375.
—, Statistik des, s. **Gewerbestatistik III**, 1089.
—, Wein des, s. **Gewerbe III**, 936 ff.
Handwerker, Programm der, und seine Berechtigung, s. **Handwerk IV**, 380 ff.
—, Verband selbständiger, und Fa-

brikanten (Versammlungen 1872—1881 in Dresden, Leipzig, Quedlinburg, Kassel, Köln, Darmstadt, Magdeburg, Bremen, Berlin) s. **Handwerk IV**, 377.
Handwerker, Kongreß norddeutscher, in Hamburg 2./6. VI. 1848, s. **Handwerk IV**, 370.
Handwerkerbewegung, deutsche, im Jahre 1848 s. **Handwerk IV**, 369/376.
Handwerkerbruderschaften, Gesellen- und Handwerkerverbände s. **Vereins- und Versammlungsfreiheit VI**, 423.
Handwerkerbund, allgemeiner deutscher, Sitzungen 1863/89 in Hannover, Frankfurt a/M., Köln, Mainz, Dortmund, München, Hamburg, s. **Handwerk IV**, 379.
Handwerkerkammern s. **Handwerk IV**, 382.
Handwerker- und Gewerbekongreß, deutscher, v. 15. VII. bis 18. VIII. 1848 in Frankfurt a/M. s. **Handwerk IV**, 371.
Handwerkerkollegien in der ersten Kaiserzeit s. **Collegia II**, 848.
Handwerkerkongreß, süddeutscher, von 1848 in Heidelberg s. **Handwerk IV**, 373.
Handwerkertage, 1860 in Berlin, 1862 in Weimar, 1863 in Frankfurt a/M., 1864 in Köln, 1868 in Dresden, 1865 in Hannover, 1869 in Halle s. **Handwerk IV**, 376 f.
Handwerkerversammlung zunftischer Richtung in Magdeburg v. 31. V. 1882 s. **Handwerk IV**, 378.
Handwerksmeisterpetition, Bonner, v. 19. IV. 1848 an Minister Camphausen s. **Handwerk IV**, 370.
Handwerkssachen, Ordnungen verschiedener Punkte in, Joachim II. v. 1541 s. **Zunftwesen**, 887.
Handwerkswesen s. **Gewerbe**.
Hanse, Hansestädte **IV**, 380.
Hansen, Georg **IV**, 390.
Harrington, James **IV**, 392.
Harris, Joseph **IV**, 393.
Harrison, Frederick **IV**, 393.
Harzscharfberechtigungen an Fichten s. **Forsten III**, 624.
Hauberge, Hauland s. **Ansiedelung I**, 300.
Haubergswirtschaft IV, 394, s. a. **Forsten III**, 600.
Haufendorf s. **Ansiedelung I**, 298.
Hauptpatent s. **Patentrecht V**, 129.
Hauszins-, Hausrentensteuer s. **Häusersteuer IV**, 398.
Hausfleiß s. **Gewerbe**.
—, 1. u. 2. Stufe desselben s. **Gewerbe IV**, 925 ff.
Hausgemeinschaft s. **Familie**.

Hausgenossen s. Münzwesen IV, 1255.
Hausgewerbe s. Hausindustrie IV, 418.
Haushalt, Lehre vom öffentlichen, s. Finanzwissenschaft.
Haushaltung IV, 410.
— vom wirtschaftlich- und sozialen Standpunkte s. Haushaltung IV, 410 ff.
Haushaltungsbudgets s. Konsumtion IV, 820—837, Haushaltung IV, 413.
—, Anwendung der, auf Theorie u. Statistik der Konsumtion s. Konsumtion IV, 822.
—, Erhebungs- und Bearbeitungsprobleme derselben, s. Konsumtion IV, 834.
—, Erhebung der, und die Klassifikation ihrer Bestandteile s. Konsumtion IV, 824 ff.
—, verschiedener Klassen, Darstellung einiger, s. Konsumtion IV, 834 ff.
—, Konsumeinheiten als Vergleichbarkeitsmesser der, s. Konsumtion IV, 830 ff.
Haushaltungsliste (feuille de ménage), Haushaltungsbegriff s. Volkszählungen VI, 570.
Haushaltungsstatistik, nach Größenklassen u. nach der Zusammensetzung der Haushaltungen s. Haushaltung IV, 414.
— nach den Kategorien der Haushaltungsmitglieder und nach den stehenden Ehen s. Haushaltung IV, 415 ff
Haushofer, Max IV, 417.
Hausierhandel, Hökerhandel s. Handel IV, 264, Handwerk IV, 384, Gewerbe III, 937, Wandergewerbe.
Hausindustrie IV, 418.
—, Ausbreitung, räumliche, in Oesterreich-Ungarn, der Schweiz, Frankreich, Italien, Rußland s. Hausindustrie IV, 426 ff.
— in England, Belgien, Standinavien, Britisch-Ostindien s. Hausindustrie IV, 434.
—, Genossenschaftliche Organisation der, s. Produktivgenossenschaft V, 289.
—, Kritik der, s. Hausindustrie IV, 435.
—, bei Nebenbeschäftigung in der Landwirtschaft s. Hausindustrie IV, 423.
—, Statistik der räumlichen Verbreitung der, in Deutschland s. Hausindustrie IV, 425.
—, West- u. osteuropäische s. Hausindustrie IV, 419.
Hausindustriearbeiter, Kantonale Gesetzgebung zum Schutze der, s. Arbeiterschutzgesetzgebung I, 449.

Hausklassen-, Hauszinssteuer in Oesterreich s. Häusersteuer IV, 405.
Hauskommunionen s. Ansiedelung I, 303, Feldgemeinschaft III, 371.
Hausliste (bordereau de maison) s. Volkszählungen VI, 570.
Hausmannsfaktur s. Hausindustrie.
Hausse- und Baissespekulation s. Börsengeschäfte II, 683.
Hausstandsbudgets s. Haushaltungsbudgets bezw. Konsumtion IV, 820 ff
Haus-, bezw. Wohnungssteuer in Dänemark s. Häusersteuer IV, 408.
Haverei große (avaria grossa, general average) s. Schiffahrt V, 555.
Haxthausen, August Freiherr von, IV, 441.
Head offices; Sub offices s. Post V, 210.
Hebammen IV, 443.
Hebammengewerbe, Hebammenprüfung s. Hebammen.
Heerschilling s. Wehrsteuer VI, 652.
Heerstraßen, Handelszüge, Handelsstraßen, Poststraßen s. Wege.
Heilanstalten in Deutschland, Oesterreich, Frankreich, England IV, 444.
Heilquellen IV, 445, s. a. Bäder.
Heimarbeiter, Lage der (Lohn, Arbeitszeit, Ernährung x.) s. Hausindustrie IV, 422.
— und Unternehmer s. Hausindustrie IV, 420.
Heimatbegriff, Vernichtung des, ausgenommen Bayern, durch die neue deutsche Unterstützungswohnsitzgesetzgebung s. Heimatrecht IV, 447.
Heimatkolonien s. Arbeiterkolonien I, 396.
Heimatrecht IV, 446.
— in Oesterreich und Bayern s. Heimatrecht IV, 448.
—, Oesterreichisches, Erwerb u. Verlust desselben s. Armenwesen I, 864 f.
Heimstätte, Ansiedelung, Heimstättenrecht IV, 449, **Kolonien x.** IV, 714.
Heimstättenbewegung, europäische, s. Heimstättenrecht IV, 452.
Heimstättenrecht s. Heimstättenrecht IV, 464.
Heimstättengesetz in Kanada s. Kolonien x. IV, 714.
Heimstättengesetzgebung der amerikanischen Union s. Heimstättenrecht IV, 449 ff.
— in Australien, Britisch-Ostindien, Serbien, Rumänien s. Heimstättenrecht (Anhang) IV, 461.
Heimstättenrecht IV, 449.

Heimstättegeld s. Erbsteuer IV, 466.
Heimwerk s. Gewerbe III, 929.
Heimzahlung (remboursement) s. Staatsschulden V, 840.
Heiratende, Familienstand der, s. Heiratsstatistik IV, 461.
Heiratsfrequenz s. Heiratsstatistik IV, 460.
Heiratsstatistik IV, 459.
Held, Ernst Ludwig IV, 463.
Held, Adolf IV, 464.
— als Steuerüberwälzungstheoretiker s. Steuern VI, 119.
Helferich, Johann Alfons Renatus von, IV, 465.
Heloten, Helotenbevölkerung s. Unfreiheit VI, 326.
Herberge zur Heimat (gegr. 1854) s. Soziale Reformbestrebungen V, 760.
Herbergswesen, evangelisch-soziales, s. Soziale Reformbestrebungen V, 760.
Herbert, Cl. Jacques (1700—1758) als Vorgänger von Malthus s. Bevölkerungswesen II, 491.
Herbststeuer IV, 466.
Hereder (Landgemeinden in Norwegen) s. Armenwesen I, 914.
Hereditary excise s. Accise.
Herkner, H., seine Anerkennung des Rechtes auf Arbeit mit besten Konsequenzen als Nationalstätten x. in seinen "Studien zur Fortbildung des Arbeitsverhältnisses" s. Recht auf Arbeit V, 367.
Herkunfts- u. Bestimmungsländer, Nachweis der, s. Handelsstatistik IV, 342.
Hermann, Friedrich Benedikt Wilhelm von, IV, 467.
—, seine Sterblichkeitstafeln für Bayern s. Sterblichkeit x. VI, 76.
Herrnschwand IV, 469.
— als Vorgänger von Malthus s. Bevölkerungswesen II, 492.
Herzen, Alexander, als sozialistisch-russischer öffentlicher Publizist in Paris s. Sozialdemokratie V, 710.
Hertzka, Theodor IV, 470.
— als Bodenbesitzreformer s. Pacht V, 93.
—, seine Grundrententheorie s. Grundrente IV, 194.
Heß, Moses s. Anarchismus I, 255 u. 265.
Hetären s. Prostitution V, 296.
Heuer, Heuerleute s. Schiffahrt V, 551.
Heuerlinge s. Sachsengängerei V, 479.
Heuervertrag (agreement) s. Schiffahrt V, 540 u. 550.
Henschling, Philipp Franz Xavier Theodor IV, 470.
Hildebrand, Bruno IV, 472.
Hildebrand, Richard IV, 473.

Hilfsgenossenschaften (Kredit-, Rohstoff- u. Magazinvereine) s. **Produktivgenossenschaft** V, 286.

Hilfskassen IV, 473.
— eingeschriebene, s. **Hilfskassen** IV, 475.
—, freie, Entwickelung und Statistik der, seit 1884 in Deutschland s. **Hilfskassen** IV, 475 ff.
— in Großbritannien s. **Arbeiterversicherung** I, 535 ff.

Hill, Octavia (in London), ihr erzieherisches **Wohnungsvermietungssystem** s. **Wohnungsfrage** VI, 743.

Hill, Rowland, seine Postreform durch Einführung des Einheitsporto (Pennyporto) in England s. **Porto** V, 168.

Hoards s. **Banken**.

Hobbes, sein machttheoretischer Individualismus s. **Individualismus** IV, 578.

Hochmoorkultur s. **Moorkultur** ꝛc. IV, 1217.

Hochmoore (Heidemoostorfmoore) s. **Moorkultur** IV, 1216.

Hochschule für Bodenkultur zu Wien s. **Unterrichtswesen**, landwirtschaftliches VI, 383.

Hochseefischerei s. **Fischerei**.

Höferollen s. **Anerbenrecht** I, 175 u. 378.

Hökerhandel s. **Wandergewerbe**.

Hörigen, die, in Frankreich im Mittelalter bis zur französ. Revolution s. **Bauernbefreiung** II, 207 ff.

Hörigkeit s. **Unfreiheit** VI, 323.

Hof IV, 478.

Hofacker, Johann Daniel IV, 483.

Hofdomänenkammergut s. **Domänen** II, 956 ff.

Hoffmann, Johann Gottfried IV, 483.
— seine Definition direkter und indirekter Steuern s. **Steuer** VI, 98.

Hofmetzgerei s. **Güterschlächterei** IV, 236.

Hofraiten, Hofraitegrund (Großh. Hessen) s. **Häusersteuer** IV, 405.

Hofverfassung (mittelalterliche) s. **Ansiedelung**, **Bauer**, **Bauerngut**, **Grundbesitz**, **Hufe**.
— in Deutschland, Verbreitung der, s. **Hof** IV, 478.
— in Göttingen-Grubenhagen s. **Hof** IV, 482.
— in Niedersachsen s. **Hof** IV, 479 ff.

Holeste-rets-advokatur s. **Anwaltschaft** I, 363.

Holzberechtigungen s. **Forsten** III, 674.

Holzflößerei (Trift) s. **Flößerei** III, 574.

Holzhandel u. Holzzoll s. **Forsten** III, 627 ff.

Holz- oder Normalvorrat einer Betriebsklasse s. **Forsten** III, 615/16.

Holzpreise und forstlicher Zinsfuß s. **Forsten** III, 602.

Holzschuher, Berthold IV, 485.

Holzzölle s. **Forsten** III, 627.

Homestead (Unpfändbarkeit unbeweglicher Dinge) s. **Zwangsvollstreckung** VI, 936.
—, exemption (Exemtion der Heimstätte) s. **Heimstättenrecht** IV, 450, 451.
— u. Preemption-law s. **Kolonien** ꝛc. IV, 714.

Hommes de poëste (Hörige) s. **Bauernbefreiung** (Frankreich) II, 209.

Hooker, R., sein Projekt die englische Staatsschuld durch Umwandlung in 99jährige Tontinen zu tilgen s. **Tontinen** VI, 230.

Hôpitaux, hospices s. **Heilanstalten** (Frankreich) IV, 445, **Armenwesen** I, 892.

Horn, Eduard IV, 486.

Hornich, Friedrich Wilhelm von, IV, 487.
— seine populationistischen Anschauungen s. **Bevölkerungswesen** II, 477.
— als deutscher Repräsentant des Merkantilismus s. **Merkantilismus** IV, 1172.

Hospices-formes (in Belgien) s. **Armenwesen** I, 904.

Housing of the Working Classes Act v. 1855 s. **Baupolizei** II, 339.

Howard, John, Howard Association s. **Zwangserziehung** VI, 928 u. 930.

Huber, Victor Aimé IV, 488.
—, Einfluß seiner „14 Branntweinthesen" auf die deutsche Mäßigkeitsbewegung s. **Mäßigkeitsbestrebungen** IV, 1153.
—, als freiwilliger Mitarbeiter der inneren Mission s. **Soziale Reformbestrebungen** V, 782.

Hüllmann, Karl Dietrich IV, 504.
— seine Anschauungen über die Ursache der Entstehung der Zünfte s. **Zunftwesen** IV, 879.

Hufe IV, 490 s. a. **Grundbesitz** IV, 140.
—, flämische, s. **Hufe** IV, 497, **Ansiedelung** I, 307.
—, gemeine, s. **Agrargeschichte** I, 52.
—, kalenbergische, s. **Hufe** IV, 497.
—, markgenössliche, der Urzeit s. **Bauerngut und Bauernstand** II, 259 ff.

Hufeland, Gottlieb IV, 503.

Hufen, grundherrliche Festsetzung von, s. **Hufenverfassung** IV, 500.
— im 15.—18. Jahrh. s. **Hufenverfassung** IV, 501.

Hufen bei deutscher Kolonisation s. **Hufenverfassung** IV, 501.
— im fränkischen Reiche, in England und Skandinavien, Verbreitung der, s. **Hufenverfassung** IV, 500 ff.

Hufenbesitzverhältnisse s. **Hufe** IV, 501.

Hufengut und Rottland vom 5.—8. Jahrh. s. **Bauerngut und Bauernstand** II, 262.

Hufenmaß s. **Hufe** IV, 494.

Hufenrecht s. **Hufe** IV, 492.

Hufenschoß IV, 499.

Hufenverfassung IV, 499, s. **Ansiedelung** I, 298.
—, Einordnung grundherrlicher Landverleihungen in die, s. **Hufe** IV, 494.

Hume, David IV, 505.
— als Finanztheoretiker s. **Finanzwissenschaft** III, 497.

Hundesteuer IV, 507.

Hundesteuergesetzgebung s. **Hundesteuer**.

Hypothek, selbständige und accessorische, s. **Hypotheken-** ꝛc. **Wesen** IV, 530.

Hypothekarische Eintragungsanträge von Aktiv- und Passivinteressenten, s. **Hypotheken-** ꝛc. **Wesen** IV, 536.
— **Eintragungen**, Antragsberechtigung, Stellung- u. Begründung s. **Hypotheken-** ꝛc. **Wesen** IV, 536.

Hypothekarkredit u. die Wege zu seiner Befreiung s. **Landwirtschaftliches Kreditwesen** IV, 956.

Hypothekenaktienbanken IV, 608.

Hypothekenamt, Bureau u. Unterpfandbehörde s. **Hypotheken-** ꝛc. **Wesen** IV, 533.

Hypotheken- oder Grundschuldbrief (Pfandschein) u. dessen Ausstellung s. **Hypotheken-** ꝛc. **Wesen** IV, 537.

Hypothekenbuchsystem s. **Hypotheken-** ꝛc. **Wesen** IV, 519.

Hypothekeneintragungszwang, direkter und indirekter s. **Hypotheken-** ꝛc. **Wesen** IV, 522 ff.

Hypotheken- und Grundbuchwesen IV, 518.

Hypothekenlöschungen, Löschungsspalte in den Hypothekenbüchern s. **Hypotheken-** ꝛc. **Wesen** IV, 520.

Hypothekenschuldenstatistik: Preußen und das übrige Deutschland, Oesterreich, Frankreich, Italien, Niederlande, Ver. Staaten von Amerika IV, 512.

Hypothekenversicherung IV, 517.

Hypotheken, Faustpfand- oder Lombardschulden s. **Schulden** V, 692.

Hypothekenzinsfuß s. **Zins** VI, 875.

Identitätsnachweis IV, 554, f. a. Getreidezölle III, 908, Veredelungsverkehr VI, 420 ff.
—, Aufhebung des, für Getreide f. Identitätsnachweis IV, 555.
—, Erfordernis des (G. v. 14. IV. 1894) f. Zölle ıc. VI, 839.
Immobilien, Eigentumsübertragung von, f. Hypotheken- ıc. Wesen IV, 518.
Immobilienhandel f. Handel IV, 267 f. a. Güterschlächterei.
Imperial Federation League f. Kolonien ıc. IV, 749.
Impfrecht f. Impfwesen IV, 560 ff.
Impfwesen u. Impfrecht IV, 559.
Imposta sulla ricchezza mobile f. Einkommensteuer III, 113. Gewerbesteuer III, 1071.
Imprisonnement pour dettes f. Schuldhaft V, 593.
Inama-Sternegg, Karl Theodor von IV, 565.
Income tax f. Einkommensteuer III, 100.
Indenture System f. Auswanderung I, 1004.
Index numbers-System f. Preis V, 243.
India Office f. Kolonien ıc. IV, 749.
Indische Konkurrenz, Ueberschätzung des Schadens der deutschen Landwirtschaft durch die, f. Silber ıc. V, 672.
Individualeinkommen f. Einkommen III, 46.
Individualismus IV, 564.
—, Geschichte des, f. Individualismus IV, 567.
—, Individualistisch-kommunistisches System f. Individualismus IV, 576 ff.
—, Individualistisch-liberale Theorie f. Individualismus IV, 572 ff.
—, Individualprinzip f. Individualismus IV, 564.
—, Individual- u. Sozialprinzip f. Individualismus IV, 565.
Individualschenzeitsystem f. Fischerei III, 532.
Indoor and outdoor relief f. Armenwesen I, 678 u. 891/92.
Indossament des Lagerscheins, Indossatar des Pfandscheins f. Warrants VI, 607.
Induktive u. deduktive Methode der Beobachtung in der Kausalitätserforschung wirtschaftlicher Erscheinungen f. Volkswirtschaft VI, 554 ff.
Indult IV, 580.
Industria domestica, industria casalinga f. Hausindustrie (in Italien) IV, 430.
Industrial assurance companies f. Arbeiterversicherung I, 536.

Industrial partnership f. Gewinnbeteiligung IV, 53.
— and Provident Societies Act v. 11. VIII. 1876 f. Erwerbs und Wirtschaftsgenossenschaften III, 311.
— School Act v. 1866 f. Zwangserziehung VI, 919.
Industriefälle IV, 583.
Industriesystem IV, 585.
Inforestation der Waldungen f. Forsten III, 591.
Ingram, J. Keils IV, 585.
Inhaberpapiere (titres an porteur, coupon bonds) f. Staatsschulden V, 834, 836/37 f. a. Wertpapiere.
Inhabited houses tax f. Häusersteuer IV, 406, Mietsteuer IV, 1180.
Inns f. Anwaltschaft (England) I, 380.
Innungen IV, 586.
—, Fach- oder gemischte, f. Innungen IV, 587.
— von Gewerbetreibenden f. Gewerbegesetzgebung III, 977 ff.
—, Obligatorische, f. Handwerk IV, 381.
—, Statistik der, f. Innungen IV, 589 ff.
Innungsausschüsse f. Innungen IV, 587.
Innungsförderungsgesetze v. 18. VII. 1881, 1. VII. 1883, 8. XII. 1884, 26. IV. 1886, 6. VII. 1887 f. Gewerbegesetzgebung III, 977 ff.
Innungsgesetz, deutsches, v. 1881 f. Handwerk IV, 379.
Innungs- und allgemeiner Handwerkertag, deutscher, v. 14.—17. II. 1892 in Berlin f. Handwerk IV, 380.
Innungskrankenkassen f. Krankenversicherung IV, 860.
Innungsverbände f. Innungen IV, 588.
Inokoschtina f. Mir IV, 1186.
Inokulation f. Impfwesen.
Inscription maritime f. Schifffahrt V, 545.
Inspecteurs divisionnaires et départementaux f. Arbeiterschutzgesetzgebung I, 463 f.
Institut agricole de l'Etat, Gembloux f. Unterrichtswesen, landwirtschaftliches VI, 390.
— national agronomique, Paris f. Unterrichtswesen, landwirtschaftliches VI, 389.
Instleute, Insten f. Landwirtschaftliche Arbeiter IV, 942.
Intensitätsgrad des Postbetriebes f. Post V, 184.
Interimsschein f. Aktiengesellschaften I, 87.
Interessen- oder Machtsphären f. Kolonien ıc. IV, 708.

Internationale IV, 591.
—, die, seit 1870 f. Internationale IV, 595 f.
—, Auflösung der, durch Beschluß v. 15. VII. 1876 f. Internationale IV, 597.
—, Geschichte der, bis 1870 (Kongresse zu Genf, Lausanne u. Brüssel, 1866—1868) f. Internationale IV, 594.
Interstate commerce, Interstate commerce law f. Eisenbahnen III, 198 ff.
Invaliditäts- und Altersversicherung, Beitragsleistung zur, f. Invaliditäts- ıc. Versicherung IV, 606.
—, Berechnung und Erhebung der Beiträge zur, f. Invaliditäts- ıc. Versicherung IV, 607 ff.
— in Deutschland IV, 598, f. Reichsversicherungsamt V, 410.
—, Gegenstand und Zweck der, f. Invaliditäts- ıc. Versicherung IV, 604.
—, Geschichte der, f. Invaliditäts- ıc. Versicherung IV, 599.
—, Gesetz v. 22. VI. 1889, in Kraft getreten 1. I. 1891, betreffend die, f. Invaliditäts- ıc. Versicherung IV, 599.
—, Rückerstattung geleisteter Beiträge zur, f. Invaliditäts- u. Altersversicherung IV, 604.
—, Wartezeit für die Invaliden- u. für die Altersrente f. Invaliditäts- ıc. Versicherung IV, 606.
Invaliditätstafel f. Alters- u. Invaliditätsversicherung I, 214.
Investment-Gesellschaften (Aktienu. Gegenseitigkeitsversicherungsanstalten in Amerika) f. Arbeiterversicherung I, 595 f.
— trusts in England f. Unternehmerverbände VI, 350.
Irre Verbrecher f. Irrengesetzgebung ıc. IV, 620.
Irrenanstalten, öffentliche u. private f. Irrengesetzgebung ıc. IV, 618.
Irrengesetzgebung und Irrenwesen IV, 616.
— in den einzelnen Ländern: Deutschland, England und Schottland, Frankreich, Belgien, Holland, Norwegen, Schweden, Italien f. Irrengesetzgebung ıc. IV, 620—626.
Irrenpflege in Frankreich f. Armenwesen I, 896.
Irrtum, Jsaak IV, 629.
Isolierung Erkrankter an unmittelbar kontagiösen Affektionen f. Volkskrankheiten VI, 530.
Isolierungsmethode f. Selbstinteresse V, 646 f.

Issue Department f. **Banken** (England) II, 56.
Italiener im Auslande, Lage der, f. Auswanderung I, 1039 f.
Jacquardstuhl f. Maschinenwesen IV, 1134.
Jacque bonhomme. Jacquerie f. Sozialdemokratie V, 709.
Jagd IV, 541.
—, Geschichte der, f. Jagd IV, 542.
Jagdbeschwerungen, Wildschaden f. Jagd IV, 542.
Jagdgesetze, die neueren deutschen, f. Wildschaden VI, 707 f.
Jagdgesetzgebung, die neuere, f. Jagdrecht IV, 549 ff.
—, die ältere partikuläre, u. das gemeine deutsche Recht f. Wildschaden VI, 707.
Jagdpolizei f. Jagd IV, 543.
Jagdrecht IV, 545.
— des älteren deutschen Rechts f. Jagdrecht IV, 545 ff.
Jagdregal f. Jagd IV, 542, Jagdrecht IV, 546.
Jagdstatistik f. Jagd IV, 544 f.
Jagdverbot für die Bauern, 15. u. 16. Jahrh., f. Jagdrecht IV, 548.
Jahrmärkte, Losungsaccise der Verkäufer auf, f. Accise I, 18.
— u. Messen f. Märkte x. IV, 1122.
Jahr- u. Spezialmärkte, die heutigen, f. Märkte x. IV, 1126.
Jakob, Ludwig Heinrich von IV, 540.
—, seine Verwertung patriotischer Anleihen f. Staatsschulden V, 827.
—, seine Ausführungen über die Rechtssicherheiten der Staatsgläubiger f. Staatsschulden V, 831.
—, als Steuerüberwälzungstheoretiker f. Steuern VI, 118.
—, seine Befürwortung der Verpachtung der Staatssalinen f. Salz V, 486.
James, Edmund Janes IV, 554.
Jevons, William Stanley IV, 556.
—, seine, die Krisen mit dem Ausfall der Ernten, bezw. der Häufigkeit der Sonnenflecke in ursächlichen Zusammenhang bringende Theorie f. Krisen IV, 903.
—, seine Zins- bezw. Theorie der motivierten Produktivität des Kapitals f. Zins VI, 821.
Jobbers f. Börsengeschäfte II, 681.
John, Vincenz IV, 1272.
Joint stock banks f. Banken II, 56.
Joint stock companies f. Aktiengesellschaften I, 149 f., Handelsgesellschaften x, 305, f. a. Gilden.

Jonák, Eberhard IV, 614
Jones, Richard IV, 614.
Jordfällesskab (Feldgemeinschaft) f. Bauernbefreiung (Dänemark) II, 216.
Journal des Savants (gegr. 1665) f. Zeitungen VI, 806 u. 807.
Jovellanos, Don Gaspar Melchor de, IV, 615.
Jünglings- u. Jungfrauenvereine, evangelisch-soziale, f. Soziale Reformbestrebungen V, 758 f.
Jugendliche Arbeiter IV, 630.
— — u. jugendliche Fabrikarbeiter f. Arbeiterschutzgesetzgebung (Deutschland) I, 409 ff
—, Zustände in der älteren Zeit f. Jugendliche Arbeiter IV, 631.
—, Zustände im 19. Jahrhundert (England, Frankreich, Deutschland, Italien, Schweiz) f. Jugendliche Arbeiter IV, 632 ff.
Juraschek, Franz von IV, 644.
Jus constituendi oder restringendi f Stapelrecht V, 865.
— emporii f. Stapelrecht V, 864.
— mercatorum (Kaufleuterecht) f. Handelsrecht IV, 332.
Justi, Johann Heinrich Gottlob von, IV, 644.
—, seine Identifizierung der höchsten Bevölkerung mit der höchsten Glückseligkeit des Staates f. Bevölkerungswesen II, 442.
— als Finanztheoretiker f. Finanzwissenschaft III, 499 f.
—, seine Leibrentenberechnung nach dem Alter f. Leibrente IV, 1031.
—, seine Bemängelung der volkswirtschaftlichen Vorteile der staatlichen Münzprägung f. Münzwesen IV, 1252.
—, seine Anschauungen über Regalien f. Regalien V, 374.
— als merkantilistischer Staatsschuldentheoretiker f. Staatsschulden V, 827 u. 829.
—, seine Verwerfung des Stapelrechts f. Stapelrecht V, 860.
— als Steuertheoretiker f. Steuer VI, 101.
— als Kontinuenversicherungstheoretiker f. Kontinuen VI, 329.
Justinians Herabsetzung des gesetzlichen Zinsfußes f. Wucher VI, 760, 781.
Justiz- u. Gefängnisstatistik (England) (geleitet vom Home Office) f. Statistik VI, 27.
Justizstatistik f. Kriminalstatistik.

Kaduzierung und Regreßnahme f. Aktiengesellschaften I, 92.
Kämmereivermögen f. Gemeindefinanzen III, 771.

Käufer und Verkäufer, Festsetzung der höchsten u. mindesten Beträge durch, f. Preis V, 228 ff.
Kaffeeschenken f. Mäßigkeitsbestrebungen u. -Gesellschaften.
Kaiser Wilhelmsland f. Kolonien x. IV, 770.
Kaiser Wilhelms-Plantagengesellschaft f. Kolonien x. IV, 772.
Kaiserliche Botschaft v. 17. XI. 1881 u. 14. IV. 1883 f. Unfallversicherung VI, 311.
Kahl als Ueberwälzungstheoretiker f. Steuer VI, 119.
Kalendersteuer IV, 647.
Kameralwissenschaft IV, 647.
Kamerun f. Kolonien x. IV, 763 ff.
Kammergüter (Schatullgüter) f. Domänen II, 957.
Kammerzieler f. Matrikularbeiträge IV, 1156.
Kampfzölle f. Einfuhrzölle, Differentialzölle.
Kanäle f. Binnenschiffahrt.
Kanalisation f. Städtereinigung.
Kanon f. Erbpacht III, 284.
Kantonsreglement, preußisches f. Wehrsteuer VI, 652.
Kaperei (course), Abschaffung der, durch Deklaration v. 16. IV. 1856 (verbindlich für die Vertragsmächte des Pariser Friedenskongresses) f. Schiffahrt V, 556.
Kapital IV, 649
—, angelegtes u. thätiges, in der Landwirtschaft f. Agrarstatistik I, 68.
—, Entstehung u. Vermehrung des, f. Kapital IV, 654.
—, Funktion des, in der Produktion f. Kapital IV, 652 f.
—, Kapitalrenten-, Zins-, Kouponsteuer f. Kapitalrentensteuer.
Kapitalanlage bei Aktiengesellschaften f. Aktiengesellschaften I, 112.
Kapitalbegriff, Definition des, von Hermann, Marx, Jevons, Macleod, Knies, Ad. Wagner, Roddertus, C. Menger f. Kapital IV, 650 f.
—, Domgeschichte des, f. Kapital IV, 650 f.
Kapitalgewinn, Ertragswinn, den normalen Kapitalgewinn überschreitender f. Vorzugsrente VI, 578.
Kapitalgüter f. Kapital IV, 653.
Kapitalismus f. Kapital IV, 654 f.
Kapitalsanhäufungstheorie f. Zins VI, 819.
Kapitalrentensteuer IV, 656; f. a. Einkommen-, Vermögens-, Ergänzungssteuer.
—, Abzug, Steuerfreiheit, Steuerfuß f. Kapitalrentensteuer IV, 659.

3*

Kapitalrentensteuer, Anlage, Einschätzung, Erhebung f. Kapitalrentensteuer IV, 869 f.
—, Historische Entwickelung der, f. Kapitalrentensteuer IV, 656 f.
—, Umfang, Steuerobjekt, Steuersubjekt der, f. Kapitalrentensteuer IV, 858.
Kapitalrentensteuergesetzgebung (Preußen, Bayern, Württemberg, Baden, Hessen, Sachsen, Österreich-U., England, Frankreich, Italien, Rußland ꝛc. f. Kapitalrentensteuer IV, 660—666.
Kapitalversicherung gegen Prämienzahlung f. Kredit IV, 873.
— auf den Todesfall f. Lebensversicherung IV, 991.
Kapitalwertschätzung der Gebäude nach Neubau- und Zeitwert f. Taxation, landwirtschaftliche VI, 189 u. 190.
Kapitalzins, Höhe des, f. Zins VI, 822 ff.
—, roher und reiner, f. Zins VI, 816.
—, Ursprung des, f. Zins VI, 816 ff.
Kapitalzinsauffassung als „angehäufte", „vorgethane" Arbeit, Ersparungsarbeit f. Zins VI, 820.
Karat f. Feingehalt der Edelmetalle III, 363.
Karls VI. Handwerkspatente und Generalzunftartikel f. Gewerbegesetzgebung (Österreich) III, 983.
Karottentabak f. Tabak VI, 163.
Kartelle f. Unternehmerverbände VI, 347 ff.; Krisen IV, 900 f.
Kartellierung der Industrie f. Krisen IV, 900.
Kasernierung der Prostitution f. Prostitution V, 303.
Kassa- und Zeitgeschäfte f. Börsengeschäfte II, 682 f.; Zeitgeschäfte.
Kassen, freie (freie Hilfskassen) und Zwangskassen, f. Hilfskassen IV, 474.
Kassenschein f. Papiergeld V, 96.
Kassenzwang, Zwangskassen f. Knappschaftskasse IV, 680.
„— oder Zwangskassen"? f. Arbeiterversicherung I, 502.
Kassierer f. Handelsgehilfe IV, 276.
Kassiersbriefe f. Cheď II, 818.
Kataster, Katastrierung, Katasterwert, Katastralien f. Grundsteuer IV, 201 ff.
Katenleute f. Landwirtsch. Arbeiter IV, 842
Kathedersozialismus IV, 667
Katholisch-soziale Bestrebungen. Soziale Reformbestrebungen V, 750 ff.
— und -litterarische Bewegung in Deutschland f. Soziale Reformbestrebungen V, 750.
Kaufehe f. Familie III, 383.
Kauffahrteischiffe, Nationalität der, G. v. 25. X. 1867, 28. VI. 1873, 23. XII. 1888 f. Schiffahrt V, 553 f.
Kaufhandel f. Handel IV, 264.
Kaufkraft des Geldes f. Geld.
Kaufmann, Richard von, IV, 669.
Kaufmann, Kaufmannsbegriff f. Handelsgeschäfte IV, 283 f.
Kaufmannsqualität der öffentlichen Lagerhäuser f. Warrants VI, 605.
Kaufmannsrecht der städtischen Marktgenossenschaft f. Handelsrecht IV, 332.
Kausalismus der wirtschaftlichen Phänomene, seine Förderung durch die Isolierungsmethode der Sozialökonomik f. Selbstinteresse V, 648.
Kautabakfabrikation f. Tabak VI, 163.
Kautionsdarlehen f. Lebensversicherung IV, 1008.
Kautsky, Karl, als sozialistischer bezw. neo-malthusianischer Anhänger von Malthus f. Bevölkerungswesen II, 507 f.
—, seine sozialistische Krisentheorie f. Krisen IV, 906.
Kaut, Julius IV, 669.
Kawersauer (Caoraïon) f. Leihhäuser IV, 1035.
Kerstenboom, Willem IV, 669.
Kerzensteuer IV, 671.
Kesselsteuer in Baden und Elsaß-Lothringen f. Bier ꝛc. II, 583 u. 585.
Ketteler, Emmanuel von, seine litterarische Thätigkeit und die darin niedergelegte sittlich-religiöse Beleuchtung sozialer Probleme f. Soziale Reformbestrebungen V, 750 f.
Kinderarbeit f. Jugendliche Arbeiter IV, 630, Arbeiter I, 385.
—, Schutz der, neuere deutsche Gesetzgebung f. Jugendliche Arbeiter IV, 641 ff.
Kinder- und Frauenarbeit und jugendliche Arbeiter in Deutschland f. Arbeiter II, 385 f.
— und Frauenarbeit beim Bergbau f. Bergbau II, 374/75.
Kindersterblichkeit f. Sterblichkeit VI. 79; Bevölkerungswesen II. 456 ff.
Kindsabtreibung f. Abtreibung der Leibesfrucht.
Klug, Gregor IV, 672.
—sche Regel f. Ring- u. Getreidehandel III, 865.
Kipper- u. Wippereit f. Münzwesen IV, 1255.
Kirchenbücher dieser, vor dem Eingreifen der Staatsgewalt, f. Standesregister V, 854 f.

Kirchensteuer f. Kirchliche Abgaben IV, 674.
Kirchliche Abgaben IV, 672.
Klassen, verschiedene, der Bürger f. Bürgerrecht II, 797.
Klassenlotterie f. Lotterie ꝛc. IV, 1068.
—, Preußische, f. Lotterie ꝛc. IV, 1071.
— in Spanien f. Lotterie ꝛc. IV, 1073.
Klassenstempel f. Stempel ꝛc. VI, 68.
Klassifizierung der Porzellen, Klassifikationstaxe f. Grundsteuer IV, 207.
Kleiderordnungen f. Luxus IV, 1081.
Kleinbetrieb f. Groß- u. Kleinbetrieb.
Kleine Fahrt; Große Fahrt f. Schiffahrt V, 553.
Kleingewerbliche Motorenbetriebe f. Groß- u. Kleinbetrieb IV, 110
Klein- u. Großbesitz, Bildung von, 5.—9. Jahrh. f. Grundbesitz IV, 142 ff.
Kleinhandel mit Branntwein, Getränken f. Schankgewerbe.
Kleinwächter, Friedrich IV, 677.
Klimaeinflüsse, Anpassungen an die, f. Akklimatisation I, 82.
Klimaeinwirkungen, direkte, f. Akklimatisation I, 78 ff.
Knies, Kaspar IV, 678.
—, als Finanztheoretiker f. Finanzwissenschaft III, 492.
Knabenhandarbeit f. Handfertigkeitsunterricht IV, 362.
Knabenüberschuß, geringerer, bei den unehelichen Geburten als bei den ehelichen f. Geschlechtsverhältnis III, 819.
Knapp, Georg Friedrich IV, 679.
—, seine „Anhaltische" Methode f. Sterblichkeit ꝛc. V, 75.
—, seine planimetrische Konstruktion der Lebenslinien f. Bevölkerungswesen II, 456.
Knappschaftsälteste f. Knappschaftskassen IV, 681.
Knappschaftsberufsgenossenschaft (RG v. 8. VII. 1884) f. Knappschaftskassen IV, 682.
Knappschaftskassen IV, 679; f. a. Krankenversicherung IV, 860.
— in Österreich IV, 1273 (Nachtrag).
— in Preußen f. Arbeiterversicherung I, 520 ff.
—, rechtliche Stellung der, f. Knappschaftskassen IV, 680 f.
— u. Reichsgesetzgebung f. Knappschaftskassen IV, 681 f.
—, Statistik der deutschen, f. Knappschaftskassen IV, 683 f.
Knappschaftskassengesetzgebung, französische, f. Arbeiterversicherung I, 564.

Knappschaftspensionskassen s. Knappschaftskassen IV, 682.
Knappschaftsverbände s. Knappschaftskassen IV, 682.
Knappschaftsvereine in Preußen s. Knappschaftskassen IV, 681; Arbeiterversicherung I, 523.
Knies, Karl Gustav Adolf IV, 686.
—, seine Definition des Kapitals s. Kapital IV, 651.
Knights of labor IV, 686; s. a. Einigungsämter III, 43.
—, Geschichte des Ordens der, s. Knights of labor IV, 687 f.
—, Journal of the, s. Knights of labor IV, 687.
—, Stellung der, in der nordamerikanischen Arbeiterbewegung s. Knights of labor IV, 689.
—, Ziele u. Mittel der, s. Knights of labor IV, 688.
Koalition u. Koalitionsverbot IV, 690; s. o. Arbeitseinstellung.
Koalitionsbeschränkungen, Beseitigung der bestehenden, für die gewerblichen Unternehmer und Arbeiter sowie für das Bergarbeiter durch Gewerbeordnung für den Norddeutsch. Bund v. 21. VI. 1869 s. Koalition x. IV, 696.
Koalitionsfreiheit s. Koalition x.
—, Einführung der, für Sachsen (Gewerbegesetz v. 15. X. 1861) s. Koalition x. IV, 696.
Koalitionsrecht s. Arbeitseinstellungen.
—, Einschränkung und Aufhebung, gesetzliche, des, der gewerblichen Arbeiter in Deutschland s. Gesellenverbände III, 830 s.
Koalitionsrechtsgewährungsbewegung, Preußisch-deutsche s. Koalition x. IV, 695.
Koalitionsverbote, Englische Gesetzgebung s. Arbeitseinstellungen I, 615, Gewerbevereine IV, 9—11.
—, Französische Gesetzgebung s. Koalition x. IV, 692 ff.
—, Preußisch-deutsche Gesetzgebung s. Koalition x. IV, 693 ff.
Königliche Nährstoffgehaltstabelle der wichtigsten Nahrungsmittel s. Konsumtion IV, 852.
Königshufe (mansus regalis) s. Bauerngut u. Bauernstand II, 261, Ansiedelung I, 305, Grundbesitz IV, 151.
—, Maß der, s. Hufe IV, 495 f.
Körnerwirtschaft s. Ackerbausysteme I, 55 f., Feldwirtschaft.
Körordnung IV, 697; s. o. Gestütwesen III, 854.
Köthereien oder Kothhöfe s. Hof IV, 482.
Kohle s. Steinkohlen VI, 58.
Kohlengewinnung s. Bergbau II, 876 ff.

Kolb, Georg Friedrich IV, 700.
Kollektivismus s. Sozialismus und Kommunismus.
Kollektivistisches Einkommen s. Einkommen III, 50.
Kolonialbewegung, neuere, in Deutschland s. Kolonien x. IV, 753.
Kolonialbesitz Englands s. Kolonien x. IV, 746 ff.
— Frankreichs s. Kolonien x. IV, 732 ff.
— Hollands s. Kolonien x. IV, 737.
— Italiens s. Kolonien x. IV, 751.
— Rußlands (asiatischer) s. Kolonien x. IV, 752.
—, der jetzige Spaniens u. Portugals s. Kolonien x. IV, 726, 728.
Koloniale Urproduktion s. Kolonien x. IV, 716.
— Volkswirtschaft s. Kolonien x. IV, 710.
Kolonialgebiete, emanzipierte spanische (in Mittel- u. Südamerika) s. Kolonien x. IV, 724.
Kolonialgeschichte, Abriß der, und Ergebnisse der kolonialen Entwickelung Spaniens, Portugals, Frankreichs, Hollands, Englands s. Kolonien IV, 722 ff.
Kolonial- und Kolonisationspolitik, Systeme u. Technik s. Kolonien x. IV, 710.
— u. Kontinentalgebiet (Ver. Staaten v. Amerika) s. Santen II, 164.
Kolonialland, britisches: Ver. Staaten v. Amerika (in national-wirtschaftlicher Beziehung noch als solches betrachtet) s. Kolonien x. IV, 743 ff.
Kolonialpolitik s. Kolonien x. IV, 702, Ultimatifation.
—, deutsche, amtliche, s. Kolonien x. IV, 754 f.
Kolonialrat s. Kolonien x. IV, 757.
Kolonialrecht, deutsches, s. Kolonien x. IV, 757 ff.
Kolonialsystem, restriktives, s. Schutzsystem V, 606.
Kolonialsysteme s. Kolonien x. IV, 711.
Kolonialversuche, vergebliche, deutsche, (Karolinen- u. Palaos-, Fidji-, Samoa-Inseln, Delagoa, Santa Luciaboi) s. Kolonien x IV, 774 ff.
Kolonialwirtschaft, Beschaffung von Arbeitern zur, Erziehung der Eingeborenen zur Arbeit s. Kolonien x. IV, 716.
Kolonien u. Kolonialpolitik IV, 702.
— der einzelnen Kolonien s. Kolonien x. IV, 722—776.
Kolonien, landwirtschaftliche, u. familiäre Verpflegung s. Irrengesetzgebung x. IV, 619.
—, Optionsrecht großbritannischer, auf Anschluß an Handelsverträge des Mutterlandes s. Handelsverträge IV, 347.
Kolonisation, Begriff u. Arten der, s. Kolonien x. IV, 703.
—, u. Ausbau des Mutterlandes v. 9. zum 12. Jahrh. s. Grundbesitz IV, 144 ff.
— im Osten, 12.—14. Jahrh. s. Grundbesitz IV, 151 ff.
Kolonisationshafen s. Hufe IV, 497.
Kolonisationspolitik, Verteilung des Grund und Bodens in der, (Heimstätten, Landschenkungen) s. Kolonien x. IV, 712 ff.
Kombinationspatent s. Potentrecht V, 128.
Kommanditgesellschaften auf Aktien IV, 779, s. o Handelsgesellschaften IV, 286 f.
—, Haftbarkeit der Kommanditisten bei, s. Handelsgesellschaften IV, 288 f.
—, Haftung des Kommanditisten einer, für deren Schulden nur mit seiner Vermögenseinlage s. Handelsgesellschaften IV, 297 f.
—, Haftung der Komplementäre einer, für alle Geschäftsschulden derselben s. Kommanditgesellschaften x. IV, 781. Handelsgesellschaften IV, 297.
—, Wegfall des Rechtes und der Pflicht zur Geschäftsführung und Geschäftskontrolle für die Kommanditisten einer, s. Handelsgesellschaften IV, 294.
Kommission, fakultative, im weiteren Sinne s. Kommissionsgeschäfte IV, 785.
—, illimitierte oder fakultative im engeren Sinne s. Kommissionsgeschäfte IV, 786.
—, imperative oder obligatorische (limitative) s. Kommissionsgeschäfte IV, 785.
Kommissionär s. Kommissionsgeschäfte IV, 783 ff.
—, Anzeigepflicht des, s. Kommissionsgeschäfte IV, 786.
—, Bevollmächtigung des, zur Kreditgewährung s. Kommissionsgeschäfte IV, 787 f.
—, Delcredere-Haftung des, s. Kommissionsgeschäfte IV, 795.
—, Pfand-, Retentions- u. Kompensationsrecht des, s. Kommissionsgeschäfte IV, 792.
—, Pflichten des, zur Ausführung des Auftrages s. Kommissionsgeschäfte IV, 785.
—, Pflichten des, rücksichtlich des Kommissionsgutes s. Kommissionsgeschäfte IV, 790.
—, Pflichten des, zur Rechenschaftsablegung und Herausgabe s. Kommissionsgeschäfte IV, 790 f.
—, Recht des, auf Erstattung des gemachten Aufwandes u. auf Pro-

Kommissionär, Rechtsverbindliches Verhältnis — Kontinentalgeld

bislon f. Kommissionsgeschäfte IV, 791 f.
Kommissionär, Rechtsverbindliches Verhältnis des, zum dritten Kontrahenten f. Kommissionsgeschäfte IV, 794.
—, Selbstkontrahierungsrecht des, bei der Einkaufs- und Verkaufskommission f. Kommissionsgeschäfte IV, 793 f.
Kommissionsgeschäft, ökonomische Bedeutung des, f. Kommissionsgeschäfte IV, 782.
Kommissionsgeschäfte IV, 783.
Kommissionshandel f. Handel IV, 764, Agenturwesen.
Kommissionsvertrag, Auflösung des, f. Kommissionsgeschäfte IV, 796.
— Begriff, rechtliche Natur u. Abschluß desselben f. Kommissionsgeschäfte IV, 783 f.
—, Wirkungen des, f. Kommissionsgeschäfte IV, 785/96.
Kommittent f. Kommissionsgeschäfte IV, 783 ff.
Kommunalangehörigkeit, armenrechtliche, f. Heimatrecht IV, 446.
Kommunalbäckereien f. Preistaxen V, 263.
Kommune, Pariser, f. Commune II, 860.
Kommunistenprozeß, Kölner, 1852 f. Sozialdemokratie V, 718.
Kommunistischen Systeme, die, als „praktische" Vorschläge, 18. Jahrhundert (Meslier, Morelly, Mably, Brissot de Warville, Fr. Boissel, S. Maréchal) f. Sozialismus x. V, 773 f.
—, die, als „praktische" Vorschläge, 19. Jahrhundert (St.-Simon, Bazard, Enfantin, Fourier, Considérant, Dézamy, Buchez, L. Blanc, P. Leroux, Lamennais, Vacquerur) f. Sozialismus V, 774 ff.
Kommunistisches Manifest von Marx u. Engels f. Internationale IV, 592.
Kommunismus f. Sozialismus u. Kommunismus
—, Sozialtheorie des, als Frucht der Einseitigkeit des Liberalismus f. Individualismus IV, 576.
Kompagnonnage f. Gesellenverbände (Frankreich) III, 833 ff.
— und die Gesetzgebung f. Gesellenverbände III, 833 f.
Komplementär f. Kommanditgesellschaft x. IV, 781 f.
Komplementarität der Güter f. Gut IV, 278.
Komptabilitätsreferent (Bayern) f. Rechnungskontrolle V, 356.

Kongo-Akte v. 1885 als handelspolitischer Kollektivvertrag f. Handelsverträge IV, 382.
Kongogesellschaft, Gründung der internationalen, f. Kolonien x. IV, 721.
Kongokonferenz in Berlin v. 15. XI 1884 bis 26. II. 1885 f. Kolonien x. IV, 721.
Kongostaat f. Kolonien x. IV, 720 f.
Konjunkturgewinne beim Umsatze städtischen Grundeigentums f. Stadterweiterungen V, 849.
Konkurrenz im Angebot f. Arbeitslohn I, 680.
—, freie, Theorie der, f. Individualismus IV, 575 f.
— in der Nachfrage f. Arbeitslohn I, 680.
—, Konturrenzkampf f. Wettbewerb VI, 700.
—- und Monopolwirtschaft, Kampf zwischen, f. Großbetrieb x. IV, 112.
Konkurs IV, 796.
—, Einfluß des, auf Verfügungsrecht sowie auf rechtliche u. soziale Stellung des Gemeinschuldners f. Konturs IV, 800.
— von Gesellschaften und Korporationen f. Konturs IV, 806 f.
—, kaufmännischer und nichtkaufmännischer, f. Konturs IV, 807.
Konkurseröffnung, Einwirtung auf die im Konturse geltenden zu machenden Forderungen f. Konturs IV, 801.
—, Rückwirkende Kraft der, f. Konturs IV, 800
Konkursforderungen, Einwirtung der Beendigung des Kontursses auf die, f. Konturs IV, 804.
—, Rangordnung der, f. Konturs IV, 804.
Konkursgerichte f. Konturs IV, 801 f.
Konkursmasse, Organisation und Verwaltung der, f. Konturs IV, 802.
Konkursrecht, Geschichte des, f. Konturs IV, 797 ff.
— im internationalen Verkehre f. Konturs IV, 807 f.
Konkursstatistik f. Konturs IV, 809 ff., Statistik VI, 7.
— in den einzelnen Staaten (Deutsches Reich, Oesterreich, Großbritannien u. Irland, Frankreich, Italien, Ver. Staaten v. America) f. Konturs IV, 809 ff.
Konkursverfahren (Einleitung, Gerichtsverfügung, Konturs, Verteilungs- und Beendigungs- x. Verfahren) f. Konturs IV, 805 f.
—, Inhaftierung des Gemeinschuldners im, f. Schuldhaft V, 596.
Konnossement, Ladeschein (connaissement, bill of lading) f. Frachtgeschäft III, 637.

Konquistadoren, Landschenkung an die spanischen, f. Kolonien x IV, 713.
Konsensprinzip, formelles, bei Beantragung hypothekarischer Eintragungen f. Hypotheken- x. Wesen IV, 536.
—, materielles, f. Hypotheken- x. Wesen IV, 530, 536.
Konsolidation, Konsolidierung f. Konversion IV, 848.
Konsolidationsgesetzgebung f. Zusammenlegung der Grundflüde VI, 910 ff.
Konsolidierte Schuld des Reiches f. Reichsfinanzen V, 389.
Konsols f. Konversionen IV, 848.
Konsortialnoten (biglietti consorziali) f. Banken (Italien) II, 135.
Konsum geistiger Getränke in den einzelnen Ländern auf den Kopf der Bevölkerung (Tabelle) f. Trunkhaft VI, 278.
Konsumfähigkeit der Massen, Steigerung der, f. Krisen IV, 901.
Konsumtion IV, 814, f. a. Haushaltung, Luxus, Wohnungsfrage.
—, Kopfquoten der, f. Konsumtion IV, 817 f.
—, objektive, f. Konsumtion IV, 815 f.
—, privatwirtschaftliche, f. Konsumtion IV, 816 f.
— u. Wechsel der Konsumtionsgewohnheiten f. Krisen IV, 896.
Konsumtionsbudget der Haushaltung f. Konsumtion IV, 820—837.
Konsumtionsfonds, Einkommen als, f. Einkommen III, 62.
Konsumtionsstatistik f. Statistik VI 7.
Konsumvereine IV, 838, f. a. Erwerbs- u. Wirtschaftsgenossenschaften, Handwerk IV, 384.
—, Einkauf, gemeinschaftlicher, der, f. Konsumvereine IV, 842.
—, Produktion, eigene, u. Lieferantenvertragsabschlüsse der, f. Konsumvereine IV, 841 f.
—, Statistische Mitteilungen über, f. Konsumvereine IV, 842 f.
—, Verteilung der Ueberschüsse der, f. Konsumvereine IV, 840 f.
—, der, u. der Zwischenhandel f. Konsumvereine IV, 840 f.
Konsumzölle f. Zölle VI, 829.
Konten, fortlaufende, f. Zölle x. VI, 847 u. 849.
Kontenregulativ v. 15. XII. 1887, f. a. Zölle x. VI, 849.
Konterbande (Falschen, Schwärzen, Schleichhandel) f. Zölle x. VI, 850 ff.
Kontinentalgeld f. Papiergeld V, 109.

Kontinentalsperre, Kontinental-
system IV, 843; s. a. Einfuhrverbote III, 26.
—, Beseitigung der, u. Aufhebung
des Tarifs von 1810 s. Konti-
nentalsperre IV, 846.
Kontribution IV, 847; s. a. Hu-
fenschoß IV, 499.
Kontributionsplan s. Lebens-
versicherung IV, 1009.
Kontrollrecht s. Zölle rc. VI, 842.
Konventionaltarif s. Zölle rc.
VI, 835.
— und Generaltarif s. Handels-
verträge IV, 365 s.
Konventionsfuß s. Münzwesen
IV, 1260.
Konversion, aufgeschobene (conver-
sion différée) s. Konversionen
IV, 853.
—, fakultative, s. Konversionen
IV, 852.
—, obligatorische, s. Konversionen
IV, 853.
—, Recht zur, s. Konversionen
IV, 850.
Konversionen IV, 847.
—, Durchführung von, s. Konver-
sionen IV, 851 s.
—, Geschichte der, s. Konversionen
IV, 853 s.
—, Zweckmäßigkeit der, s. Konver-
sionen IV, 851.
Konvertierung s. Konversionen.
Konzertbelehnbar s. Staatsschul-
den V, 830.
Konzessionierung des Schank-
gewerbes s. Schankgewerbe V,
506 s.; Wirtshauswesen rc.
VI, 717 s.
Konzessionspflichtige Anlagen s.
Gewerbliche Anlagen III.
1082 s.
Kopfsteuer IV, 854, s. a. Ein-
kommensteuer.
—, Geschichte der, s. Kopfsteuer
IV, 855.
—, Russische, s. Kopfsteuer IV,
855 s.
—, Ukase v. 18. V. 1882, 14. V.
1883, 28. V. 1885 s Kopfsteuer
IV, 856.
Koppelfischerei s. Fischerei III,
519.
Korn und Schrot s. Feingehalt
der Edelmetalle III, 363.
Kornwucher s. Wucher VI, 778;
Getreidehandel III, 866.
Korrespondent s. Handelsge-
hilfe IV, 276.
Rosegarten, Wilhelm IV, 856.
Kostenäquivalente im Güteraus-
tausch s. Preis V, 240.
Kostengesetz (Produktionskostengesetz)
s. Preis V, 236 ff.; Wert VI,
684.
Kost-, Ziehkinder s. Haltekinder.
Kraftmaschinen, Leistungsfähigkeit
der, Bestimmung nach indizierten
Pferdestärken s. Maschinen-
wesen IV, 1136.

Kraftstuhl s. Maschinenwesen
IV, 1134.
Krahnrecht (gerannt, granil jus) s
Stapelrecht V, 864.
Kranken- und Begräbniskassen in
Dänemark, Schweden und Nor-
wegen s. Arbeiterversiche-
rung I, 581 ff.
Krankengeld s. Krankenver-
sicherung IV, 862
Krankenkassenstatistik, schweize-
rische, s. Arbeiterversiche-
rung I, 554 f.
Krankenpflege, unentgeltliche, eines
Versicherten, zur Vorbeugung der
dauernden Erwerbsunfähigkeit s.
Invaliditäts- rc. Versiche-
rung IV, 604.
Krankenversicherung IV, 858.
—, Aufbringung der Mittel zur, s.
Krankenversicherung IV,
863.
— in Deutschland s. Krankenversicherung IV, 858—866; s. a.
Arbeiterversicherung.
—, Landesrechtliche, s. Krankenversicherung IV, 864.
—, Leistungen der, s. Krankenversicherung IV, 861 ff.
— in Oesterreich s. Krankenversicherung IV, 866—871; s. a.
Arbeiterversicherung.
—, Gesetzliche Grundlage und Personenkreis der, in Oesterreich s.
Krankenversicherung IV,
866.
—, Leistungen der, und Aufbringung
der Mittel in Oesterreich s Krankenversicherung IV, 869 s.
Krankenversicherungsgesetzgebung
RGG. v. 15. VI. 1883, 28. V
1885 (Ausdehnungsgesetz), 5. V.
1886, Novelle v. 10. IV. 1892
betr. die Krankenversicherung der
Arbeiter in Deutschland s. Krankenversicherung IV, 858,
Hilfskassen IV, 477.
—, Neueste Entwicklung der, in
Deutschland s. Krankenversicherung IV, 858.
—, Personenkreis der dem Kranken-
versicherungsgesetze v. 10. IV.
1892 Unterworfenen, zum Beitritt
Berechtigten und von dem Ver-
sicherungszwang event. zu Be-
freienden s. Krankenversicherung IV, 858 f.
—, Krankenversicherungsgesetz, österreichisches, v. 30. III 1888 nebst
Novelle v. 4. IV. 1889 s. Krankenversicherung IV, 866.
**Krankenversicherungsmitglied-
schaft,** Begründung, Feststellung,
Unterbrechung, Beendigung und
Fortsetzung s. Krankenversicherung IV, 860 f.
Krankenversicherungsstatistik für
Deutschland s. Krankenversicherung IV, 864 f.
— für Oesterreich s. Krankenversicherung IV, 871.

Krankheitsursache, rein miasma-
tische, s. Volkskrankheiten
VI, 519 f.
Krapotkins Theorie s. Anarchis-
mus I, 160.
Kraus, Christian Jakob IV, 872.
Kredit IV, 873; s. a. Banken,
Clearing House, Dar-
lehnskassenvereine, Giro-
verkehr, Hypothekenwesen,
Kreditgenossenschaften,
Papiergeld, Staatsschul-
den, Wechsel.
—, konsumtiver und produktiver, s.
Kredit IV, 876.
—, Mißbrauch des, s. Kredit IV,
877.
—, Uebertragener, s. Kredit IV,
874.
Kreditablösung s. Zölle VI, 838.
Kreditanerkenntnis s. Zölle VI,
837.
Kreditanstalt, k. k. priv. österreichische, s. Finanzgesellschaften.
Kreditgenossenschaften IV, 880.
—, Geschäftsbetrieb der, s. Kredit-
genossenschaften IV, 882.
—, Geschichte der, s. Erwerbs-
und Wirtschaftsgenossen-
schaften.
—, Statistik der, in Deutschland,
Oesterreich, Italien, Rußland, Bel-
gien s. Kreditgenossenschaf-
ten IV, 884 ff.
Kreditgeschäfte, Arten der, s. Kre-
dit IV, 875 ff.
Kreditgewährung der Landeskultur-
rentenbank (Grenze derselben und
sonstige Bedingungen) s. Landes-
kulturrentenbank IV, 924 f.
Kreditinstitute, ritterschaftliche, s.
Landschaften IV, 927.
Kreditprojekte, unhaltbare, s. Kre-
dit IV, 875 ff.
Kreditreformvereine s. Kredit
IV, 879, Auskunftswesen,
kaufmännisches, I, 985.
Kreditregister s. Zölle VI, 837.
Kreditumlaufsystem, vollkom-
menste Ausbildung desselben s.
Kredit IV, 878.
Kreling, seine Forderungen von einer
guten Steuer s. Steuern VI,
101.
Kriegsdienst-, Kriegsverlustversicherung
s. Lebensversicherung
IV, 1008.
Kriegskontrebande s. Schiffahrt
V, 557.
Kriegs- und Quartierleistungen s.
Naturalleistungen V, 14.
Kriegstelegraphie s. Telegra-
phie rc. VI, 201 f.
Kries, Karl Gustav IV, 886.
Kriminalstatistik IV, 887.
—, Begriff der, s. Kriminal-
statistik IV, 887 f.
—, Zweck u. Grenzen der, s. Kri-
minalstatistik IV, 888 f.

Kriminalstatistische Ergebnisse s. Kriminalstatistik IV, 889 f.
—, Veröffentlichungen s. Kriminalstatistik IV, 889.
Krisen IV, 891.
— von 1815, 1825, 1836/39, 1847 u. 1857 s. Krisen IV, 907 ff.
— von 1873, 1882 u 1890 s. Krisen IV, 909 f.
—, Geschichtliche Entwickelung der, im 19. Jahrh. s. Krisen IV, 907 ff.
Krisentheorien von Anhängern der Currencyschule s. Krisen IV, 908.
—, optimistische, s. Krisen IV, 902 f.
—, pessimistisch-sozialistische, s. Krisen IV, 903 ff.
Kröniks, Klaus IV, 912.
Krone, als neue Münzeinheit auf Basis der Goldwährung für Oesterreich-U., eingeführt durch G. v. J. VIII. 1892 s. Münzwesen IV, 1260.
Kronsthelkommisfonds s. Domänen II, 608, Apanage I, 359.
Kronohemman (Krongüter) s. Bauernbefreiung (Schweden) II, 220.
Krug, Leopold IV, 912.
Kubler, Joseph, Ritter von, IV, 914.
Kühn, Julius, als Inhaber des Lehrstuhls für Landwirtschaft an der Universität Halle (seit 1862) s. Unterrichtswesen, landwirtsch. IV, 371.
Künste IV, 915.
Küstenfahrt, Küstenfrachtfahrt s. Schiffahrt V, 549.
Küstenfischerei s. Fischerei.
Küstengewässer und die Seegrenze s. Meer s. Meer III, 916 f.
Kuhrecht s. Alpenwirtschaft I, 191.
Kultivationskolonien, Kultivationen s. Kolonien ꝛc IV, 704 f.
Kulturberufungskolonien s. Kolonien ꝛc. IV, 704.
Kulturklassifikation der Grundstücke, Klassifikationstarife s. Grundsteuer IV, 205 ff.
Kultursystem (Kultuurstelsel) General-Gouverneurs Jan den Bosch betr. dessen Plantagensystem in Java s. Ostindische Handelsgesellschaften V, 71, Kolonien ꝛc. IV, 713.
Kundschaft als Legitimation der Gesellen s. Zunftwesen VI, 890.
Kunstgewerbeschulen, -Vereine, -Museen s. Gewerblicher Unterricht III, 1101 f.
Kupfer s. Bergbaustatistik.
Kupferring 1887/88 s. Monopol IV, 1211.
Kuppeleiparagraphen (180 u. 181) des deutschen Strafgesetzbuches s. Prostitution V, 302.
Kurantlotterie s. Lotterie IV, 1071.

Kurmode (Keurmede) oder Besthaupte s. Bauernbefreiung II, 213, Unfreiheit VI, 323.
Kurzsichtigkeits- und Schlechtsehstatistik s. Anthropologie u. Anthropometrie I, 355.

Labor Bureaus (Arbeitsämter) s. Arbeiterschutzgesetzgebung (B. Staaten von Amerika) I, 498.
Lachsfischereivertrag, Berliner, v. 30. VI. 1885 s. Fischerei III, 530.
Ladeschein Konnossement) s. Frachtgeschäft III, 637.
Ladungsrecht s. Stapelrecht V, 865.
Ladungsverzeichnis s. Zölle ꝛc. VI, 842.
Lagdsystem in Norwegen s. Armenwesen I, 916.
Länder der Reisebeschränkung s. Paßwesen V, 123.
— der Reisefreiheit s. Paßwesen V, 122.
Ländereien, fiskalische, und grundherrliche Reuteilungen der, s. Feldgemeinschaft III, 374.
Ländliche Arbeiter im Deutschen Reich, Daten aus der 1878er Enquete über die Lage der, s. Landwirtschaftl. Arbeiter IV, 943.
— — Rußlands, G. betr. die, v. 12. VI. 1881, s. Arbeiterschutzgesetzgebung I, 480.
Lag angaaende skytt und yrkesans v. 10. V. 1889 s. Arbeiterschutzgesetzgebung (Schweden) I, 478.
Lagerfrist s. Zölle ꝛc. VI, 847.
Lagergeschäft, regelmäßiges und unregelmäßiges, s. Warrants VI, 606.
Lagerhäuser, öffentliche (magazins généraux) s. Warrants VI, 604.
Lagerhaussystem, legislative Ausgestaltung der Grundzüge des, s. Warrants VI, 605.
Lagerscheine (Einschein- u. Zweischeinsystem) s. Warrants VI, 605.
Lagerungszwang s. Warrants VI, 605.
Laichschonreviere s. Fischerei III, 519.
Lamennais als christlich-sozialer Kommunist s. Sozialismus IV. V, 776, Sozialdemokratie V, 714.
Lampertico, Fedele IV, 919.
Land, Entstehung des Rechts auf, s. Mir IV, 1188.
—, Verschwinden des Rechts auf (seit Emanzipation der Domänenbauern) s. Mir IV, 1189.
Landabbauung, Landentschädigung s. Zusammenlegung der Grundstücke VI, 903.

Landarmeninstitut s. Armenwesen (Deutschland) I, 859.
Landarmenverbände s. Armenwesen (Deutschland) I, 844.
Landbekommissionen s. Bauernbefreiung II, 217.
Land- and Building Societies s. Baugenossenschaften II, 190.
Landbehde, Landsbaben (altwürttembergische Vermögens- bezw. Repartitionssteuer) s. Vermögenssteuer VI, 441.
Landesgewässer (Privat- u. öffentliche, im beschränkten u. freien Gemeingebrauch stehende) u. ihre rechtliche Ordnung s. Gewässer III, 912 ff.
Landeskreditkassen IV, 919, s. a. Bodenkreditinstitute.
Landeskulturrentenbanken IV, 922.
—, Einrichtung im einzelnen s. Landeskulturrentenbanken IV, 923.
—, Erfolge der, in Preußen, Sachsen, Bayern, Hessen s. Landeskulturrentenbanken IV, 926.
—, Grundlagen der Gesetzgebung der, s. Landeskulturrentenbanken IV, 922.
—, Kreditgewährung der (Grenze derselben u. sonstige Bedingungen) s. Landeskulturrentenbanken IV, 924 f.
Landesökonomiekollegium s. Landwirtschaftliches Vereinswesen IV, 961 u. 963.
Landespferdezucht s. Gestütwesen III, 857.
Landesposten, Entwickelung der, s. Post V, 180 f.
Land- u. Forstwirte, Wanderversammlung deutscher (seit 1836) s. Landwirtschaftliches Vereinswesen IV, 962.
Land- u. forstwirtschaftliche Arbeiter s. Arbeiterschutzgesetzgebung (Deutschland) I, 416, Landwirtschaftliche Arbeiter.
Land- u. forstwirtschaftliches Institut zu Nowo-Alexandria s. Landwirtschaftliches Unterrichtswesen (Rußland) VI, 394.
Landleihe s. Ansiedelung I, 305.
Landleihen, grundherrliche, s. Hufe IV, 493.
Land Office (Ver. Staaten v. Amerika) s. Kolonien ꝛc. IV, 713.
Landpostwesen s. Post V, 194 f.
Landsässigmachung adliger Patrimonialgerichtsherrn s. Gutsherrschaft IV, 285.
Landschaften IV, 927, s. a. Bodenkreditinstitute.
—, die alten preußischen, s. Landschaften IV, 927.

Landschaftliche Kreditvereine — Lebensbauer

Landschaftliche Kreditvereine, neue, in Preußen s. Landschaften IV, 928.
— —, außerpreußische, s. Landschaften IV, 929.
Landschoß s. Gewerbesteuer, Vermögensteuer.
Landstedelleihe s. Grundbesitz IV, 161.
Landtafeln s. Grundsteuer IV, 208.
Landumstellung durch Gemeindebeschluß unter die auf Landlosgruppen verteilten Bauern nach Seelen, Täglos rc. s. Mir IV, 1190.
Landuerteilung nach Gewannen, Verteilung der Wiesen und ausnahmsweise des Gartenlandes s. Mir IV, 1191.
Landwirtschaft IV, 930, s. a. Feldwirtschaft, Flurzwang.
—, Betriebsform der, s. Landwirtschaft IV, 937 f., Ackerbausysteme I, 34.
—, Geschichtliche Entwickelung der, s. Landwirtschaft IV, 932.
Landwirtschaftliche Akademien, Gründung der, rc. s. Unterrichtswesen, landwirtschaftliches, VI, 369 ff.
Landwirtschaftliche Arbeiter IV, 938.
—, Geschichtliches s. Landwirtschaftliche Arbeiter IV, 940.
—, Gruppen, einzelne, in besonderen wirtschaftlichen Lage s. Landwirtschaftliche Arbeiter IV, 941
—, Statistik der, in Deutschland, Frankreich, Großbritannien s. Landwirtschaftliche Arbeiter IV, 941.
Landwirtschaftlicher Bau- u. Meliorationskredit (crédit agricole) s. Landwirtschaftliches Kreditwesen IV, 956.
Landwirtschaftliche Betriebe, Größenverhältnisse der, s. Agrarstatistik I, 69.
Landwirtschaftliche Betriebsstatistik s. Statistik VI, 6.
Landwirtschaftliche Enquete s. Agrarstatistik I, 76.
Landwirtschaftliches Genossenschaftswesen IV, 944.
— —, Geschichte des, s. Landwirtschaftliches Genossenschaftswesen IV, 944.
Landwirtschaftliche Genossenschaften, eingetragene, s. Landwirtschaftliches Genossenschaftswesen IV, 946.
— —, freie, s. Landwirtschaftliches Genossenschaftswesen IV, 946.
— —, staatlich organisierte bezw. unterstützte, s. Landwirtschaftliches Genossenschaftswesen IV, 946.
— —, Vereinigung der deutschen, 1884, s. Landwirtschaftliches Genossenschaftswesen IV, 945.
Landwirtschaftliches Gesinde s. Gesindeverhältnis.
Landwirtschaftliche Hochschule in Berlin s. Unterrichtswesen, landwirtschaftliches VI. 374 f.
— — zu Halle a/S. s. Unterrichtswesen, landwirtschaftliches VI, 371 ff.
Landwirtschaftliches Kreditwesen VI, 954, s. a Darlehnskassenvereine (Raiffeisen), Hypothekenaktienbanken, Hypothekenschulden, Hypotheken- u. Grundbuchwesen.
— —, Gefahren des, s. Landwirtschaftliches Kreditwesen IV, 956.
Landwirtschaftliches Lehrinstitut in Jena s. Unterrichtswesen, landwirtschaftliches, VI, 375 u. Schulze, Fr. G.
Landwirtschaftlicher Lehrstuhl an der Universität Leipzig (gegr. 1869) s. Unterrichtswesen, landwirtschaftliches VI, 376.
Landwirtschaftliche Maschinen s. Maschinenwesen IV, 1185.
Landwirtschaftlicher Notstand s. Agrarkrisis I, 54.
Landwirtschaftliche Produktionsstatistik s. Agrarstatistik I, 65.
Landwirtschaftliches Unterrichtswesen s. Unterrichtswesen, landwirtschaftliches VI, 368.
— — in Deutschland s. Unterrichtswesen, landwirtschaftliches VI, 368—382.
— —, mittleres und niederes, s. Unterrichtswesen, landwirtschaftliches VI, 379 ff.
— — in neuerer Zeit, Entwickelung des höheren, s. Unterrichtswesen, landwirtschaftliches VI, 371 ff
— — in Oesterreich-Ungarn, der Schweiz, Italien, Spanien, Portugal, Frankreich, Belgien, Holland, Großbritannien, Skandinavien, Rußland, den Ver. Staaten v. Amerika s. Unterrichtswesen, landwirtschaftliches VI, 382—397.
Landwirtschaftliche Vereine der Gegenwart s. Landwirtschaftliches Vereinswesen IV, 959.
Landwirtschaftliches Vereinswesen IV, 959.
Landwirtschaftlicher Wirtschaftsbetrieb in Verbindung mit technischen Nebengewerben s. Ackerbausysteme I, 40 f.
Landwirtschaftsgesellschaft, deutsche (seit 1885) s. Landwirtschaftliches Vereinswesen IV, 962.
— —, königl. von Hannover (gegr. 1764 in Celle) s. Landwirtschaftliches Vereinswesen IV, 959.
Landwirtschaftskammern s. Landwirtschaftliches Vereinswesen IV, 963.
Landwirtschaftsrat (seit 1872) s. Landwirtschaftliches Vereinswesen IV, 961.
Landwirtschaftsstatistik im Board of Agriculture, Direktion für, s. Statistik (Großbritannien) VI, 27.
Lange, Friedrich Albert IV, 964.
Laspeyres, Etienne IV, 965.
Lassalle, Ferdinand IV, 965, s. a. Sozialdemokratie V, 720 ff.
— als sozialistischer Bekämpfer der Abstinenztheorie s. Zins VI, 820.
— sein ehernes ökonomisches Gesetz (Lohngesetz) s. Arbeitslohn I, 686.
—, seine sozialistische Krisentheorie s. Krisen IV, 906.
— "sche Schlagwortbeseitigungen "Ehernes Lohngesetz" u. "Produktivgenossenschaften" auf dem 1891er Erfurter Kongreß s. Sozialdemokratie V, 725.
—, seine Wertlehre s. Lassalle.
Lassiten, Lassiten, Laßheitz, Lassitische Bauerngüter, Lasstiendörfer s. Bauernbefreiung II, 183, Ostpreußen IV, 333, Zusammenlegung der Grundstücke IV, 899 f.
Lateinischer Münzbund s. Münzbund IV, 1246.
Lathufe s. Hof IV, 481.
Latifundien IV, 971.
Latifundienbesitz, Latifundienwirtschaft s. Latifundien.
Lattes, Elia IV, 973.
Laudem, Laudemium s. Bauernbefreiung, Erbpacht, Naturalleistungen V, 13.
Landerdale, James Maitland IV, 973.
— als Begründer der Produktivitätstheorie s. Zins VI, 816 u. J. B. Say.
Laurent, F. (1810—1887) als Agitator für Schulsparkassen in Belgien s. Sparkassen V, 795.
Laveleye, Emil Louis Victor de IV, 974.
Lavergne, Léonce Louis Gabriel Guilhaud de IV, 976.
Lavergne-Peguilhen, M. de IV, 977.
Law, John IV, 978.
—, sein Papiergeldwirtschaftssystem s. Papiergeld V, 109.
Lawes u. Gilberts statische Berechnungen aus dem Ergebnis von Düngungsversuchen s. Raubbau rc. V, 345, 348, 351.
Lawson, James M. IV, 983.
Leaser, lease, lease for three lives s. Wohnungsfrage VI, 738.
Lebensalter, hohe (Hundertjähriger) s. Lebensbauer IV, 990.

Lebensdauer, mittlere — Letrosne

Lebensdauer, mittlere (Lebenserwartung) s. Lebensdauer IV, 983, s. a. Lebensversicherung IV, 999.
—, normale, s. Lebensdauer IV, 987.
—, wahrscheinliche, s. Lebensdauer IV, 986.
Lebensdauerpolitik s. Lebensdauer IV, 990.
Lebenshaltung s. Arbeitslohn I, 681.
Lebensmittelmarkt, der städtische, s. Märkte x. IV, 1126.
Lebensrente s. Leibrente IV, 1029.
Lebens- u. Unfallversicherungskasse, französische, s. Arbeiterversicherung I, 662.
Lebensversicherung IV, 991.
—, Betriebsergebnisse der (statistische Beispiele) s. Lebensversicherung IV, 1013.
—, Geschichtliches über, s. Lebensversicherung IV, 992.
—, im engeren Sinne s. Lebensversicherung IV, 991.
—, Risiko in der, s. Lebensversicherung IV, 1004.
—, Selbstmord in der, s. Lebensversicherung IV, 1007.
—, Technischer Aufbau der, s. Lebensversicherung IV, 997.
—, Unternehmungsformen in der, s. Lebensversicherung IV, 1010.
Lebensversicherungsgesellschaft, Kollegium der, s. Lebensversicherung IV, 1011.
Lebensversicherungsgesellschaft, Deutsche, in Lübeck (gegr. 1828) s. Lebensversicherung IV, 993.
Lebensversicherungserwerbs-(ausschl. Aktien-)Gesellschaften s. Lebensversicherung IV, 1010.
Lebensversicherungs- auf Gegenseitigkeit begründete Gesellschaften s. Lebensversicherung IV, 1010.
Lebensversicherungsgesetzgebung s. Versicherungswesen.
Lebensversicherungsverbreitung, Statistik der, Umfang der Hauptleistungen s. Lebensversicherung IV, 994.
Lebensversicherungsversicherte, Generalversammlungen der berechtigten, s. Lebensversicherung IV, 1011.
Lebensversicherungsvertrag s. Lebensversicherung IV, 1005.
Lebensversicherungsverwaltung, Organisation der, s. Lebensversicherung IV, 1011.
Leblanc'sches Sodakerstellungsverfahren s. Industrieabfälle IV, 583, Kontinentalsperre IV, 846.
Lebzelterbörse s. Märkte x. IV, 1125.

Legney duty s. Erbschaftssteuer III, 302.
Legalitätsprinzip als Ergänzung des formalen Rechtskraftprinzips der Eintragungen s. Hypotheken- x. Wesen IV, 536.
Legal tender (gesetzliches Zahlungsmittel) s. Banken II, 57.
— —Noten (seit 1862, Akt v. 25. II.) s. Papiergeld V, 115 f.
Legaltheorie s. Eigentum III, 18.
Leggen (Leinenschauanstalten), Leggeordnungen s. Leinenindustrie IV, 1047.
Legitimations-Pflicht, -Karte s. Paßwesen V, 121.
Legitimationsschein (passavant) s. Zölle VI, 841.
Lege pentru meserii, Project de, v. 4. IX. 1888 s. Arbeiterschutzgesetzgebung (Rumänien) I, 14.
Lehenritterpferdgeld s. Steuer VI, 94.
Lehnstaatverwaltung, mittelalterliche, s. Polizei V, 150.
Lehr, Julius IV, 1014.
—, sein Genußeinheitssystem in der Berechnung des Preisniveaus s. Preis V, 248.
Lehrgeld s. Lehrlingswesen IV, 1015—1020.
Lehrlinge, Deutschland, s. Arbeiterschutzgesetzgebung I, 413 f.
—, kaufmännische, s. Lehrlingswesen IV, 1026.
Lehrlingsarbeitsanstellungen in Hessen, Baden, Bayern, Württemberg, Preußen s. Lehrlingswesen IV, 1021.
Lehrlings- und Gesellenprüfungen s. Handwerk IV, 381.
Lehrlingsheime s. Lehrlingswesen IV, 1020.
Lehrlingsprüfungen s. Lehrlingswesen IV, 1023 ff.
— in Württemberg, Baden, Bayern, Hessen s. Lehrlingswesen IV, 1024 ff.
Lehrlingsverhältnisregelung angestrebt durch §§ 126—133 der Gewerbeordnung v. 15. VII. 1878 u. durch Innungsgesetze v. 18. VII. 1881 u. 8. XII. 1888 s. Lehrlingswesen IV, 1016.
Lehrlingswesen, ältere Zeit, s. Zunftwesen VI, 883 ff.
— (moderne Zeit) IV, 1014.
— nach der Gewerbeordnung von 1869 u. seine Mißstände s. Lehrlingswesen IV, 1015.
— in Österreich, der Schweiz, Frankreich n. England s. Lehrlingswesen IV, 1027.
Lehrvertrag s. Lehrlingswesen IV, 1019.
Lehrwerkstätten s. Gewerbl. Unterricht III, 1097.
Lehrzeit, Dauer der, s. Lehrlingswesen IV, 1015—1020.

Leibeigenschaft (Halbeigenschaft, Eigenbehörigkeit) s. Unfreiheit VI, 322, Gutsherrschaft IV, 232, Bauernbefreiung II, 183.
Leibgedinge, Leibgut, Leibzucht s. Leibrente IV, 1029, Gutsherrschaft IV, 234.
Leibgeld im Leibrecht s. Bauernbefreiung II, 191.
Leibrente IV, 1029.
—, Berechnung des Jetztwertes (Erwartungswertes) der, s. Leibrente IV, 1030.
—, auf einen Kopf (ein einzelnes Leben) s. Leibrente IV, 1029.
Leibrentenwesen, Organisation des, in England und Frankreich s. Leibrente IV, 1032.
Leichenschau IV, 1033.
—, Art der Ausübung der, s. Leichenschau IV, 1033.
—, Regelung, gesetzliche, der, s. Leichenschau IV, 1034.
—, Wert der, für die Beurkundung der Sterbefälle s. Leichenschau IV, 1034.
Leichenverbrennung s. Beerdigungswesen II, 352.
Leihhäuser IV, 1035; s. a. Pfandleih- und Rückkaufsgeschäfte.
—, Betriebstechnik der, s. Leihhäuser IV, 1042.
—, Geschichtliche Entwicklung der, Gesetzgebung und Statistik in Italien, Belgien, Frankreich, Holland, Spanien, Deutschland u. Oesterreich s. Leihhäuser IV, 1036.
—, Oeffentliche, u. Privatpfandleihe s. Leihhäuser IV, 1035.
Leihvertrag s. Pfandschein bezw. Leihhäuser IV, 1042.
Leiländinge (Pachtbauern) s. Bauernbefreiung (Norwegen) II, 221.
Leinenindustrie IV, 1045.
Leinwandhaus, Frankfurter, s. Gewerbe III, 927.
Leipziger Thalersuß s. Münzwesen IV, 1260.
Le Play, Frédéric IV, 1047.
—, seine Arbeiterhaushaltsbudgets in "Ouvriers européens" s. Konsumtion IV, 822.
Leroy-Beaulieu, Pierre Paul IV, 1049.
— als Anhänger von Malthus s. Bevölkerungslehre II, 519.
Leroux, als christlich-sozialer Kommunist s. Sozialdemokratie V, 714, Sozialismus x. V, 776.
Leslie, Thomas Edward Cliffe IV, 1049.
Lesseps, F. de, als Schöpfer des Suezkanals s. Suezkanal VI, 150.
Letrosne, Guillaume François IV, 1050.

Levantehandel — Lombarden

Levantehandel s. Ostindische Handelsgesellschaften V, 64.
Levasseur, Pierre Emil IV, 1051.
Lex Hueue s. Gemeindefinanzen III, 779.
— Julia s. Schuldhaft V, 594.
— mercatoria (Handelsgewohnheitsrecht) s. Handelsrecht IV, 336.
— Numae s. Luxus IV, 1079.
— Oppia de cultu mulierum s. Luxus IV, 1079.
Lexis, W., seine planimetrische Konstruktion der Dichtigkeit der Sterbepunkte in der durch geradlinige Dreiecke begrenzten Grundebene s. Bevölkerungswesen II, 458 f.
—, seine Krisentheorie s. Krisen IV, 903.
—, seine Theorie von der normalen Lebensdauer s. Lebensdauer IV, 967.
Libro del Consolat del mar s. Schiffahrt V, 534.
Lichtmaschbetrieb s. Forsten III, 599.
Liebig, Justus von, seine Lehre von der Mineralstoffernährung der Pflanzen s. Ackerbau I, 31.
—, seine Verdienste um die Agrikulturchemie s. Landwirtschaft IV, 936.
—, seine Zurückführung der Erschöpfung bezw. Unfruchtbarkeit des Bodens in ihrer Hauptsache auf den Raubbau s. Raubbau V, 344 f.
Liebknecht, Wilhelm s. Sozialdemokratie V, 721, 724.
Lieferungsgeschäfte s. Spekulation, Zeitgeschäft V.
Liegenschaftsaccise s. Steuer VI, 130.
Liernursches Abfuhrverfahren s. Städtereinigung V, 851.
Ligue d'action révolutionnaire pour l'avènement de la république sociale (1893), Sozialistische Gruppenvereinigung zur Gründung der, s. Sozialdemokratie V, 729.
— de la Croix s. Mäßigkeitsbestrebungen IV, 1153.
— française de l'enseignement (gegr. 1866) s. Volksbildungsvereine VI, 509.
Ligues ouvrières s. Gewerkvereine (Belgien) IV, 35.
Liljewdwang s. Schuldhaft V, 593.
Limited u. unlimited companies s. Aktiengesellschaften I, 152.
Limito, das, s. Kommissionsgeschäft IV, 786.
Lipp (Michael) Alexander IV, 105 x.
Liquidationsquote s. Aktiengesellschaften I, 95.
Liquor Traffic (local control) Bill v. 27. 11. 1893 s. Wirtshauswesen n VI, 717.
Liß, Friedrich IV, 1053, s. a. Eisenbahnen III, 150 u. 154.

Liß als optimistischer Gegner von Malthus s. Bevölkerungswesen II, 511 f.
—, seine Industrieschutztheorie s. Handelspolitik IV, 324.
—, seine Stellung zur Wissenschaft u. seine Wirksamkeit im praktischen Leben s. List IV, 1056.
— als Verfechter der einheitlichen Ordnung des gesamten deutschen Zollwesens s. Zollwesen VI, 860.
Livrets et livres d'acquit s. Arbeitsbuch I, 1060.
— als Steuerform s. Lizenzen IV, 1057.
Lizenzengebührengesetzgebung (Frankreich, England, Ver. Staaten v. Amerika x.) s. Lizenzen IV, 1058.
Lizenzbesteuerung, bezw. stempelamtliche Besteuerung der Gewerbelizenzscheine in England s. Gewerbesteuer IV, 1069 f.
Lizenzerhebung beim Weinkleinverkauf s. Wein x. VI, 662.
Lizenzgebühren (Konzessionsgebühren) s. Lizenzen IV, 1058.
Lizenzsteuer (licences: englische Brauer- u. Mälzerlizenzsteuer) s. Bier x. II, 597.
Lizenzsystem s. Kolonien x IV, 714.
Lizenzzwang, unbedingter, s. Patentrecht V, 133.
Lizitation s. Submissionswesen.
Lizitationsverfahren bei Domänenverpachtungen s. Domänen II, 971 f.
Local -, district -, mixed -, general assembly s. Knights of labor IV, 686.
— **Government Board** s. Armenwesen (England) I, 580.
— **Veto, Local Control, Local Option** s. Wirtshauswesen x. VI, 716 f.
Lock out s. Aussperrung I, 994.
Locke, John IV, 1060.
—, über seinen rechtstheoretischen Individualismus s. Individualismus IV, 570.
Löhne, Befreiung der, von Beschlagnahme in den Ver. Staaten v. Amerika s. Arbeiterschutzgesetzgebung I, 496.
— in der amerikanischen Tabakfabrikation s. Tabak VI, 164 f.
Löschungsvermerk im Zeichenregister s. Markenschutz IV, 1113.
Löwenthalsches Projekt (1867) einer durch aufgelegte Rabatte bei Einkäufen bestrittenen Ausgabenversicherung s. Sparkassen V, 793.
Lohn, Lohne, Tage-, Wochenlöhne s. Arbeitslohn, Einkommen III, 47 f., Gewerbe III, 927 ff.
Lohnarbeiter, Beteiligung der, am Unternehmergewinn s. Gewinnbeteiligung IV, 50.

Lohnarbeiter im landwirtschaftlichen Gewerbe s. Landwirtschaftliche Arbeiter.
Lohnbildung, gesetzmäßige Erscheinungen der, s. Arbeitslohn I, 684.
Lohnfrage u. Lohnkämpfe im 14.—16. Jahrh. in Deutschland s. Gesellenverbände III, 825 ff.
Lohngesetz s. Arbeitslohn I, 684.
Lohn- oder Kaufsystem in der Hausindustrie s. Hausindustrie IV, 423.
Lohnklassensystem (Klassifizierte Proportionalversicherung) s. Alters- x. Versicherung I, 211.
Lohnpolitik, Lohnstreitigkeiten, Schiedsverfahren bei Lohnstreitigkeiten s. Gewerbegesetzgebung (Großbritannien) III, 999 ff.
Lohnsätze, thatsächliche, unter dem Einfluß von Lohnstalen im Kohlenrevier Cumberland s. Lohnstala IV, 1063.
Lohnschwankungen s. Lohnstala.
Lohnstala, gleitende, IV, 1061, s. a. Einigungsämter u. Gewerkvereine in England u. in den Ver. Staaten von Amerika.
Lohnstalen, beurteilt vom Standpunkte der Parteien u. nach ihrer sozialpolitischen Bedeutung s. Lohnstala IV, 1064.
— Entstehung u. Entwicklung der, s. Lohnstala IV, 1062.
— Pro- u. Degression, prozentuale, der, s. Lohnstala IV, 1061.
Lohnstatistik, die neueste Berliner, s. Arbeitslohn I, 700.
— Entwicklung und Methode der, s. Arbeitslohn I, 692.
— Methode u. Ergebnisse der, in den Ver. Staaten v. Amerika s. Arbeitslohn I, 717.
— Stand, gegenwärtiger, der, s. Arbeitslohn I, 695.
Lohnstatistische Ergebnisse in der Schweiz, England, Deutschland u. Oesterreich, kritischer Vergleich der, s. Arbeitslohn I, 705.
Lohnverhältnisse der deutschen Tabakarbeiter s. Tabak VI, 165 ff.
Lohnwerk s. Gewerbe III, 937 ff.
— im Altertum und Mittelalter s. Gewerbe III, 930 ff.
—, seine Entstehung s. Gewerbe III, 929 f.
—, die zwei Formen des: Tag- u. Stücklöhner s. Heimwerker s. Gewerbe III, 978 f.
Lohnzahlung, s. Trucksystem.
— in Oesterreich (Trucksystem) s. Arbeiterschutzgesetzgebung I, 429.
Loi des comptes (loi de règlement définitif) s. Budgetrecht II, 779.
Lombarden s. Leihhäuser IV, 1035, Handelsrecht IV, 332.

Long cours und Prüfungen der französ. Kapitäne „au long cours" s. Schiffahrt V, 545.
Longe, F. D. IV, 1065.
Lord's Day Act v. 1680 s. Sonntagsarbeit V, 700.
Loria, Achille IV, 1065.
Losgruppen (Zusammenlassung bäuerlicher Höse) s. Mir IV, 1191.
Loshandel ohne staatliche Genehmigung, dessen Verbot (G. v. 18. VIII. 1891) s. Lotterie u. IV, 1072.
Lotsen IV, 1066.
Lotsengebühren, -Tarif v. 27. VIII. 1895 s. Schiffahrt (Preußen) V, 583.
Lotsenzwang s. Schiffahrt V, 652.
Lotterie u. Lotteriebesteuerung IV, 1067, s. a. Glücksspiele IV, 77.
—, Technik und Formen der, s. Lotterie IV, 1068.
Lotterieanleihen s. Anleihen I, 381.
Lotteriebesteuerung im Deutschen Reich s. Lotterie u. IV, 1073.
Lotterieedikt v. 28. V. 1810 s. Lotterie u. IV, 1071.
Lotteriemonopol s. Lotterie u. IV, 1073.
Lotterien, Verbot des Spielens in ausländischen, s. Lotterie u. IV, 1072.
Lotto, österreichisches u. italienisches s. Lotterie u. IV, 1073.
Lottogefälle, Lottogefälledirektion s. Lotterie IV, 1074.
Lotz, Johann Friedrich Eusebius IV, 1074.
Luxusdeklaration s. Zölle u. VI, 843.
Luden, Heinrich, als Anhänger von Malthus in der Theorie s. Bevölkerungswesen II, 496.
Lueder, August Ferdinand IV, 1075.
Luther, Martin IV, 1076.
Luxus IV, 1077.
—, Nützlichkeit und Schädlichkeit des, s. Luxus IV, 1078.
Luxuspolitik s. Luxus IV, 1082.
Luxussteuergesetzgebung s. Luxussteuern IV, 1083.
Luxussteuern IV, 1083.
—, die einzelnen, s. Luxussteuern IV, 1087.
—, Finanzielle Ergebnisse der, s. Luxussteuern IV, 1086.
Luxusverbote s. Luxus IV, 1081.
Luzzati, Luigi IV, 1089

Mably (Verfasser der Schrift: „de la législation", 1776) als Vorkämpfer der sozialen Reform in Bezug auf Verkümmerung des Privateigentums u. Beschränkung des Erbrechts s. Sozialismus u. V, 773.
Mac Culloch, John Ramsay IV, 1090.

Mac Kinley'sche Tarifbill s. Schutzsystem V, 617, Handelsverträge IV, 356.
Macchiavelli, Niccolò di Bernardo bei, IV, 1092
— als Finanztheoretiker s. Finanzwissenschaft III, 489.
Machorkatabak s. Tabak VI, 156.
Macleod, Henry Dunning IV, 1094.
—, seine Kredittheorie s. Kredit IV, 876.
Märkte u. Messen IV, 1119, s. a. Handel IV, 265, Handelsrecht IV, 354.
— — im Altertum s. Märkte u. IV, 1121.
Mäßigkeitsbestrebungen u. Mäßigkeitsgesellschaften IV, 1147.
Mäßigkeitsbewegung, die sogen. erste deutsche, 1837—45, s. Mäßigkeitsbestrebungen IV, 1153.
Mäßigkeitsvereine, die, s. Mäßigkeitsbestrebungen IV, 1153.
Magazingenossenschaften IV, 1094, s. a. Landwirtschaftliche Genossenschaften IV, 932.
— der Handwerker s. Magazingenossenschaften IV, 1094.
Magazinier s. Handelsgehilfe IV, 276.
Mahl- u. Schlachtsteuer, die vormalige preußische, s. Schlachtu. Mahlsteuer V, 573 f.
Mahlsteuer s. Schlacht- u. Mahlsteuer.
— Erhebungsformen der, s. Schlacht- u. Mahlsteuer V, 572.
—, die ehemalige italienische: Gesetzgebung s. Schlacht- u. Steuer V, 575.
Mahlzwang s. Mühlenrecht IV, 1240.
Mailänder Patronat für Versicherung u. Unterstützung der Arbeiter bei Unglücksfällen s. Arbeiterversicherung I, 578.
Malschraum - Pauschalierungssteuergesetz v. 18. X. 1865 s. Branntweinsteuer (Oesterreich-Ungarn) II, 728.
Majorat s. Fideikommisse.
Mahlerdbuchungen s. Matlerwesen.
Maklerwesen IV, 1096.
—, Rechtsverhältnisse des, in Deutschland, Belgien, England, Frankreich, Oesterreich, den Ver. Staaten v. Amerika s. Maklerwesen IV, 1099.
—, Reformbestrebungen im Maklerwesen s. Maklerwesen IV, 1103.
Malarcz, de, als Agitator für Schulsparkassen in Frankreich s. Sparkassen V, 794, 795.
Malaria s. Akklimatisation I, 81.
Malchus, Karl August, Freiherr von, IV, 1103.
—, seine systemlose Klassifizierung der Regalien s. Regalien, V, 374.

Malthus, Thomas Robert IV, 1106.
—, Anhänger von, u. Einfluß seiner Lehre auf die Gesetzgebung in der 1. Hälfte des 19. Jahrhunderts s. Bevölkerungswesen II, 493—502.
—, Anhänger der Lehre von, in der 2. Hälfte des 19. Jahrhunderts s. Bevölkerungsweien II, 515—522.
—, Anhänger der Lehre von, in der Praxis s. Bevölkerungswesen II, 493—498.
—, Gegner der Lehre von, s. Bevölkerungswesen II, 502—515.
—, seine Grundrententheorie s. Grundrente IV, 1921.
—, seine sozialistische Krisentheorie s. Krisen IV, 904.
— als Verteidiger der Ausfuhrprämien s. Ausfuhrprämien u. I, 963.
—, Vorgänger von, s. Bevölkerungswesen II, 486—493.
Malthus'sche Bevölkerungslehre s. Bevölkerungswesen II, 484—493.
— —, Einfluß der, in der Ehegesetzgebung Deutschlands, Oesterreichs u. der Schweiz s. Bevölkerungswesen II, 498—502.
—, Kritik der, s. Bevölkerungswesen II, 522.
Malthusian League (begr. 17. VII. 1877) s. Bevölkerungswesen (Neo- Malthusianismus) II, 519.
Malzaufschlaggesetz, Bayerisches v. 16. V. 1868 mit Ergänzungen, Abänderungen und Ausführungsbestimmungen v. 18. II. 1871 bis 18. XII. 1889 über das, s. Bier u. II, 569 ff.
Malzsteuergesetz, Württembergisches v. 8. IV. 1856 s. Bier u. II, 577 ff.
Malzzubereitungssteuergesetz, Norwegisches (Adgifter af Maltvirkning) v. 12. X. 1857 mit Novellen bis 14. VI. 1879 s. Bier u. II, 613.
Manager s. Lebensversicherung IV, 1011 (Note).
Manchesterlehre s. Freihandelsschule.
Manchester Unity of Odd Fellows s. Arbeiterversicherung I, 542
Mandadores (Postboten) s. Post (Spanien) V, 210.
Mandat, Mandatar, Mandatsvertrag s. Kommissionsgeschäfte IV, 784.
Mandati (Zahlungsanweisungen) s. Banken (Italien) II, 135.

Mandato de pago s. Check II, 820.
— sobre banqueiro s. Check II, 819.
Mandats rouges, mandats blancs s. Check II, 819.
Mangoldt, Hans Karl Emil von, IV, 1110.
—, seine Definition der Volkswirtschaftslehre s. Volkswirtschaft ꝛc. VI, 530.
Manifest s. Zölle ꝛc. VI, 843.
„**Manifest des gemeinen Mannes**" mit den 12 Bauernartikeln s. Sozialdemokratie V, 710.
Mantal oder Hemman (schwedische Hufen) s. Hufenverfassung IV, 501.
Manufakturen u. Fabriken s. Gewerbe III, 938 f., 943 ff.
Marais salants (Seesalzteiche) s. Salz ꝛc. (Frankreich) V, 493.
Maréchal, Sylvain (atheistischer Philosoph u. Adept des Babouvismus) als Theoretiker des Kommunismus s. Sozialismus ꝛc. V, 774.
Margarine Act, 1887, s. Nahrungsmittelpolizei V, 5.
Marken u. Markgenossen s. Ansiedelung I, 301, Allmenden I, 182 u. 187.
Markenrecht, formelles, s. Markenschutz IV, 1112.
— **, materielles**, s. Markenschutz IV, 1113.
Markenschutz IV, 1111.
—, **RG.** v. 30. XI. 1874 u. Revision desselben s. Markenschutz IV, 1112.
Markenschutzgesetzgebung auswärtiger Industriestaaten: Ver. Staaten von Amerika, Frankreich, Großbritannien, Italien, Oesterreich s. Markenschutz IV, 1115.
Markenschutzrecht, Klagen, Entschädigungen, Strafen wegen Verletzung des, s. Markenschutz IV, 1114.
Markgenossenschaft, äußere und innere Geschichte der IV, 1117.
Markt- und Messverkehr nach heutigem Recht s. Märkte ꝛc. IV, 1127.
— u. **Städtewesen** s. Märkte ꝛc. IV, 1122.
Marktabgaben s. Märkte ꝛc. IV, 1128, Accise I, 17.
Marktfriede, Marktgeleit s. Märkte ꝛc. IV, 1122.
Marktgeld s. Oetroi.
Markthallen s. Märkte ꝛc. IV, 1127.
Markthandel s. Handel IV, 270, Märkte ꝛc.
Marktordnungen s. Märkte ꝛc.
Marktpolitik, territoriale, s. Märkte ꝛc. IV, 1123.
Marktpolizei, Wageszwang s. Märkte ꝛc. IV, 1122.
Marktpreis und Nährgeldwert s. Fleischkonsum ꝛc. III, 569.
Marktprivilegien, -Recht u. -Verlehr im Mittelalter s. Märkte ꝛc. IV, 1121.

Marktwert oder laufender Wert s. Wert VI, 684.
Marlo s. Winkelblech.
Marr, Wilhelm s. Anarchismus I, 255.
Marschallinseln, Schutzgebiet der, s. Kolonien IV, 773.
Marschhufe s. Ansiedelung I, 305.
Marshall, Alfred IV, 1129.
Martineau, Miß Harriet IV, 1130.
Marylandtabak s. Tabak VI, 156.
Marx, Heinrich Karl IV, 1130.
— , seine Analyse der modernen Wirtschaftsordnung u. kapitalistischen Produktionsweise s. Sozialismus ꝛc. V, 779 ff.
— , seine Arbeitswerttheorie s. Wert ꝛc. VI, 689.
— , seine Charakterisierung der englischen Fabrikgesetzgebung s. Arbeiterschutzgesetzgebung I, 434.
— , als sozialistischer Gegner von Malthus s. Bevölkerungswesen II, 504 f.
— , seine materialistische Geschichtstheorie s. Sozialismus ꝛc. V, 778.
— , sein Gesetz vom Uebergang der Kartelle zum Monopol s. Unternehmerverbände VI, 354.
— , seine Kapitaldefinition s. Kapital IV, 651.
— , seine Inauguraladresse oder einführendes Programm der Internationale s. Internationale IV, 593.
— , seine sozialistische Krisentheorie (ein kommunistisches Manifest) s. Krisen IV, 905.
— , seine Mehrwerttheorie s. Sozialismus ꝛc. V, 779 f.
— , als Vertreter des wissenschaftlichen Sozialismus s. Sozialismus ꝛc. V, 778 ff.
— und **Engels** als Redakteure der „Neuen Rheinischen Zeitung" s. Sozialdemokratie V, 718.
Marxisten, Offensivergreifung der, gegen die Lassalleaner (1864) s. Sozialdemokratie V, 721.
Maschinen, Rolle der, unter dem kapitalistischen Regime s. Sozialismus V, 780.
— u. **Motoren** s. Fabrik III, 331 f.
— u. **Motorengebrauch als ausschlaggebend für den Fabrikbegriff** s. Fabrik III, 330.
Maschinenwesen IV, 1133.
— , **Statistik des** (Deutschland, Oesterreich-U., Frankreich, Belgien, Schweiz, Großbritannien, Italien, V. Staaten von Amerika) s. Maschinenwesen IV, 1137.
— , **volkswirtschaftliche und soziale Bedeutung desselben** s. Maschinenwesen IV, 1135.

Maß- u. Gewichtsordnung, ausländische Gesetzgebung (Oesterreich, Italien, Frankreich, Großbritannien, Rußland) s. Maß- ꝛc. Wesen IV, 1146.
— , **Organisation der**, s. Maß- ꝛc. Wesen IV, 1144.
— , **Recht, geltendes, der**, s. Maß- ꝛc. Wesen IV, 1145.
Maß- u. Gewichtspolizei s. Maß- ꝛc. Wesen.
Maß- u. Gewichtswesen IV, 1140.
— , **Geschichtliches** s. Maß- ꝛc. Wesen IV, 1140.
Massenbeobachtungs- und Individualuntersuchungsmethode der Haushaltungsbudgets, Geschichte der, s. Konsumtion IV, 820.
Massenerscheinungen, Theorie der, s. Statistik VI, 2
Massenverbreitung guter Schriften s. Volksbildungsvereine VI, 506.
Mastberechtigungen s. Forsten III, 624.
Mastnutzung im 12. bis 16. Jahrhundert s. Forsten III, 592 f.
— **unter dem Merkantilsystem im 17. u. 18. Jahrh.**, s. Forsten III, 594.
Mataja, Victor IV, 1155.
Matrikularbeiträge IV, 1156; s. a. Budgetrecht II, 783 f., Reichsfinanzen V, 385.
— , **Deutsches Reich, Oesterreich-U., Schweiz**, s. Matrikularbeiträge IV, 1157.
— , **Deutsches Reich, 1874—1892/93** s. Steuer IV, 132.
Maturitätsprüfung s. Reifeprüfung.
Maurice, F. D. als Oberhaupt der „Christian Socialists" s. Soziale Reformbestrebungen V, 745 ff.
Mauvillon, Jakob IV, 1159.
Maxima (Beschränkungen der klassifizierten Transportversicherungsrisiken) s. Transportversicherung VI, 265.
Maximalarbeitstag u. Lehrlingsgesetz unter der II. Republik s. Arbeiterschutzgesetzgebung I, 459.
Mayer, Georg von, IV, 1160.
Mechanic Institutes (Volkspaläste in England) s. Volksbildungsvereine VI, 507.
Mechanische Energieübertragung durch Elektrizität s. Maschinenwesen IV, 1134.
Medizinalstatistik, Beobachtungen auf dem Gebiete der, und deren Aufzeichnung s. Reichsgesundheitsamt V, 404.
Medizinalstatistische Mitteilungen aus dem kaiserl. Gesundheitsamt s. Reichsgesundheitsamt V, 404.
Meeresfreiheit und ihre Rechtsgrundlagen (Mare liberum) s. Gewässer III, 920, Schiffahrt V, 555.]

Mees, W. C. IV, 1162.
Meier, Meierei, Meiereibezirke f. Grundbesitz IV, 143, 146, Gutsherrschaft IV, 231.
Meierdingsgüter f. Unfreiheit VI, 322.
Meierei- oder Ackerhöfe f. Hof IV, 479, 482.
Meiergenossenschaften f. Produktivgenossenschaft V, 291.
Meierrecht, Meierzins f. Gutsherrschaft IV, 231.
Meistbegünstigungsklausel f. Handelsverträge IV, 352, 360.
Meistbegünstigungsverträge f. Handelsverträge IV, 352, 355 f.
Meistbegünstigungszwang im Veredelungsverkehr f. Veredelungsverkehr VI, 418 f.
Meister, Meisterrecht, Meisterprüfung f. Innungen IV, 586.
Meister- und Gesellenverbände, gemeinschaftliche, f. Innungen IV, 586.
Meisterschaft, Erschwerung der Erlangung der, f. Zunftwesen VI, 892 f.
Meisterstück, Meisterprüfung f. Zunftwesen VI, 885.
Melten, Fr. C. August IV, 1162.
Meldeangabe f. Meldepflicht.
Meldepflicht, Meldezwang IV, 1163.
Meldungswesen, ortspolizeiliches, f. Fremdenpolizei III, 684.
Meliorationsgenossenschaften f. Landwirtschaftl. Genossenschaftswesen IV, 953.
Meliorationskredit f. Landeskulturrentenbanten IV, 923.
Meliorationsplan (General- und Spezialsituationsplan) f. Zusammenlegung der Grundstücke VI, 911 u. ö.
Melon, Jean François IV, 1164.
— als Finanztheoretiker f. Finanzwissenschaft III, 496.
Menger, Anton IV, 1165.
Menger, Karl IV, 1165.
—, seine Stellungnahme zur Altruismus-Doktrin f. Altruismus I, 238.
—, seine Wiederherstellung des ursprünglichen Popularbegriffes vom Kapital f. Kapital IV, 681.
Mengotti, Francesco, Conte, IV, 1166.
Menschenrigentum, Rechtsinstitution des, f. Rodbertus V, 447.
Mercantile Marine Offices (engl. Handelsseeämter) f. Schiffahrt V, 540.
Merchant Adventurers Company (16.—18. Jahrh.) f. Schiffahrt V, 547.
— Shipping Act von 1854 u. Merchant Shipping (Pillotage) Act von 1889 f. Lotsen IV, 1047, Schiffahrt V, 539.

Mercier de la Rivière, Paul Pierre, IV, 1166.
—, seine physiokratische Bevölkerungspolitik f. Bevölkerungslehre II, 479 f.
Mère Marianne (blanquistischer Geheimbund 1853—55) f. Sozialdemokratie V, 727.
Merivale, Hermann IV, 1167.
Merkantilismus f. Merkantilsystem.
—, Anfänge des, f. Merkantilsystem IV, 1169.
—, Ursprung und Zweck des, f. Volkswirtschaft x. VI, 537.
Merkantilpolitik f. Ausfuhrzölle x. I, 973.
Merkantilsystem IV, 1168.
— Begriff u. Inhalt des, f. Merkantilsystem IV, 1168.
Meslier, Jean (1664—1729) als Vorläufer des modernen Sozialismus f. Sozialismus x. V, 773.
Meßbann f. Handelsrecht IV, 334.
Messedaglia, Angelo IV, 1173.
Messen, die großen deutschen (Frankfurt a/M., Frankfurt a/O., Leipzig, Braunschweig) f. Märkte x IV, 1124.
— in Frankreich, England, Rußland x. f. Märkte x. IV, 1124.
— in der Gegenwart, deren Bedeutung f. Märkte x. IV, 1125.
Meßkonto für zollfreie Rückbringung unverkauft gebliebener Waren f. Zölle VI, 838.
Meßkosten f. Märkte x. IV, 1128.
Meßnergarben, Läutgarben, Läutbrote f. Bauernbefreiung II, 195.
Meßrabatt f. Märkte x. IV, 1125.
Meßrecht (jus nundinarum) f. Stapelrecht V, 865.
— Meßtratte f. Handelsrecht IV, 334.
Messungen der Körperlänge, des Wachstums, des Brustumfangs, der Lungenkapazität, des Körpergewichts, der Hub- und Druckkraft x. f. Anthropologie x. Anthropometrie I, 326—334.
Metallgeld, Entstehung des, f. Papiergeld V, 100 ff.
Métalliques (Tilgung der Staatsschulden in Metall) f. Staatsschulden V, 829.
Métayersystem f. Kolonien x. IV, 779.
Metrekonvention, internationale, f. Maß- x. Wesen IV, 1142.
— Unterzeichnung der (Pariser Konferenz v. 20. V. 1875) f. Maß- x. Wesen IV, 1142.
Metrumvertrag f. Differentialzölle, f. Handelsverträge IV, 359.
Metrisches System, Annahme desselben für das deutsche Reichsgebiet (GG. v. 17. VIII. 1868, x. XI.

1871, 7. XII. 1873, 19. XII. 1874, 11. VII. 1884) f. Maß- x. Wesen IV, 1141.
Metzgerordnung, Straßburger, von 1435 f. Nahrungsmittelpolizei V, 2.
Menzel, Johann Georg IV, 1175.
Meyer, Hermann Rudolf IV, 1176.
Meyer, Robert, seine Ausführungen über die Opfertheorie in Verbindung mit der Einkommensfrage f. Steuer IV, 107.
Miaskowski, August von, IV, 1177.
—, seine Befürwortung u. Begründung einer schärferen Handhabung des Wuchergesetzes (im Referat für den "Verein für Sozialpolitik") f. Wucher VI, 786.
Michaelis, Otto IV, 1177.
Miethaussteuer f. Häusersteuer IV, 402.
Mietsparbücher f. Sparkassen V, 796.
Mietsteuer IV, 1178.
— Berechtigung u. Beurteilung der, f. Mietsteuer IV, 1179.
Mietsteuergesetzgebung (Großbritannien, Frankreich, Belgien und Holland, Deutschland und Österreich) f. Mietsteuer IV, 1180.
Mietvertrag u. Retentionsrecht f. Wohnungsfrage VI, 749 f.
Militärkolonien f. Kolonien x. IV, 712.
Mill, James IV, 1182.
— als Anhänger von Malthus in der Theorie f. Bevölkerungswesen II, 494.
Mill, John Stuart IV, 1182.
— als Anhänger von Malthus in der Theorie f. Bevölkerungswesen II, 494 f.
— als Ausgeber der Losung: die Nationalökonomie sei eine reine deduktive Wissenschaft f. Volkswirtschaft x. VI, 555 f.
—, seine Bestreitung der Möglichkeit einer allgemeinen Ueberproduktion f. Ueberproduktion VI, 296.
—, seine Definition der Volkswirtschaftslehre f. Volkswirtschaft x. VI, 530.
—, seine optimistische Krisentheorie f. Krisen IV, 902.
— als Anhänger der Opfertheorie f. Finanzwissenschaft III, 504.
—, seine Werttheorie f. Wert VI, 687.
Minderheitrechte f. Aktiengesellschaften I, 96.
Minghetti, Marco IV, 1184.
Mir (der russische) IV, 1185, f. a. Ansiedelung I, 304, Feldgemeinschaft III, 370 f.
Mirabeau, Victor Riquetti, Marquis de, IV, 1195.
—, seine physiokratische Bevölkerungspolitik f. Bevölkerungswesen II, 479.

Mirabeau — Münzbund 47

Mirabeau als Steuertheoretiker s.
Steuer VI, 101.
Mischgebiete finanzieller u. anderweitiger Reichsverwaltung s.
Reichsfinanzen V, 386.
Mischwährung in älterer Zeit s.
Doppelwährung II, 967 f.
Mischler, Ernst IV, 1197.
Mischler, Peter IV, 1198.
Mißbrauch geistiger Getränke, Deutscher und österreichischer Verein gegen den, s. Mäßigkeitsbestrebungen IV, 1154.
Mississippigesellschaft, Law IV, 980.
Mithoff, Theodor IV, 1199.
Mitteldeutscher Handelsverein, Konstituierung des (24. IX 1828) s.
Zollverein VI, 861.
Mobiliarsteuer IV, 1199, s. a
Mietsteuer IV, 1180.
—, in Elsaß-Lothringen s. Mobiliarsteuer IV, 1203.
—, in Frankreich s. Mobiliarsteuer IV, 1199.
—, Geschichte der, in Frankreich s.
Mobiliarsteuer IV, 1199.
—, Kritik der, s. Mobiliarsteuer IV, 1203.
—, Progressivskala der, s. Mobiliarsteuer IV, 1201.
—, Rechtszustand, geltender, der, in Frankreich s. Mobiliarsteuer IV, 1200.
—, Statistik der französischen, s.
Mobiliarsteuer IV, 1202.
Mobiliarsteuerobjekt u. -Maßstab
s. Mobiliarsteuer IV, 1201.
Mobiliarsteuerpflicht u. -Befreiungen s. Mobiliarsteuer IV, 1200.
Modelle, Modellschutz s. Musterschutz.
Möser, Justus IV, 1204.
— als Vorgänger von Malthus s.
Bevölkerungswesen II, 492.
Mohl, Robert von, IV, 1207.
— als Anhänger von Malthus in der Theorie s. Bevölkerungswesen II, 497.
—, seine Ausscheidung der Gesellschaftslehre aus der Lehre vom Staate s. Gesellschaft x. IV, 841.
Molinari, Gustave de, IV, 1209.
Molkereigenossenschaften s. Landwirtschaftliche Genossenschaften IV, 951.
Moneyage s. Münzwesen IV, 1253.
Monopol IV, 1210.
— (Vermittlungsmonopol) der vereidigten Makler und dessen Aufhebung s. Maklerwesen IV, 1097, 1099.
Monopole, absolute und relative (vollständige u. unvollständige) s.
Monopol IV, 1212.
—, allgemeine u. örtlich beschränkte s. Monopol IV, 1210.

Monopole, dauernde u. vorübergehende s. Monopol IV, 1211.
—, natürliche u. künstliche s. Monopol IV, 1210.
Monopolpreise s. Preis V, 240 ff
Montanari, D. Geminiano IV, 1213.
Montchrétien, Antoine de, sieur de Batteville IV, 1209.
Monte de piedad s. Leihhäuser IV, 1039.
Montes pietatis s. Leihhäuser, Banken II, 60, Wucher VI, 782.
Montesquieu, Charles de Secondat, Baron de Brède et de IV, 1214.
—, seine Enteignungstheorie in civilrechtlicher Beziehung s. Enteignung II, 264.
— als Finanztheoretiker s. Finanzwissenschaft III, 497.
—, seine populationistische Fortpflanzungspolitik s. Bevölkerungswesen II, 478 f.
— als Luxustheoretiker s. Luxus IV, 1079.
—, seine individualistische Naturrechtstheorie s. Individualismus IV, 571.
Monthly assessments s. Vermögensteuer (Großbritannien) VI, 442.
Monti frumentari s. Leihhäuser IV, 1036.
— di pietà s. Leihhäuser IV, 1036.
Monts de piété s. Leihhäuser IV, 1037.
Moor, technische Verwertung des, s. Moorkultur IV, 1218.
Moorbrandwirtschaft s. Ackerbausysteme I, 40.
Moordammkultur s. Ackerbausysteme I, 40.
Moore, Größe und Arten der, in Deutschland s. Moorkultur x. IV, 1216.
—, Kultur der, s. Moorkultur x. IV, 1216.
Moorkolonisation s Moorkultur. IV, 1220.
Moorkultur und Moorkolonisation IV, 1216.
— in Holland und Schweden x. s.
Moorkultur IV, 1220.
Moorkulturen, Erträge, Rentabilität und volkswirtschaftliche Bedeutung der, s. Moorkultur IV, 1219.
Moralische Empfindungen, Theorie der, s. Adam Smith V, 661 f.
Morals and Health Act s. Arbeiterschutzgesetzgebung (Großbritannien) I, 487.
Moralstatistik IV, 1221, s. a.
Kriminalstatistik, Statistik VI, 6.
—, Aufgabe und Hilfsmittel der, s.
Moralstatistik IV, 1221 f.
Moralstatistische Methode nebst

Beispielen s. Moralstatistik IV, 1222.
Moralsysteme, die, s. Volkswirtschaft x. VI, 534 ff.
Moratorien nach neuerem Rechte s. Indult IV, 581.
Moratorium, Moratorien s. Indult IV, 580.
Morelly (Verfasser der Schrift „Code de la nature") als kommunistischer Bekämpfer des Privateigentums s. Sozialismus x.
V, 773
Morgenmaß s. Ansiedelung I, 399, Hufe IV, 495.
Morgensprachen s. Zunftwesen VI, 863.
Morpurgo, Emil IV, 1227.
Morstadt, K. Eduard M. IV, 1228.
Mortifikation IV, 1228.
— nach Reichs- u. preußischem Landesrecht s. Mortifikation IV, 1228.
— nach fremdem Recht s. Mortifikation IV, 1229.
Mortuarien, Abzugs- u. Loskaufsgelder der Leibeigenen s. Unfreiheit VI, 323, Gutsherrschaft Naturalleistungen x.
Morus (latinisiert aus More), Thomas IV, 1231.
— und sein Staatsroman „Utopia" (1516) s. Sozialismus x. V, 772.
— als Vater der Staatsromane s.
Morus.
Moser, Friedrich Karl, Freiherr von IV, 1234.
Moser, Johann Jakob IV, 1236.
Most, Johann, seine anarchistische Theorie s. Anarchie I, 261.
Motoren s. Maschinenwesen.
Moß' Verdienste um Vereinigung des süddeutschen mit dem norddeutschen (preußisch-hessischen) Zollbunde (27. V. 1829) s. Zollverein VI, 862.
Mouravié (Materialsteuer auf türkischen Rohtabak) s. Tabak x. VI, 176 o.
Mühlenrecht IV, 1240.
—, Geschichtliche Entwickelung des, s. Mühlenrecht IV, 1240.
—, heutiges, s. Mühlenrecht IV, 1241.
Mühlenregal s. Mühlenrecht IV, 1240.
Mühlenzwang, Mühlenrichteramt s. Mühlenrecht IV, 1240.
Mülberger, Arthur, seine proudhonistisch-anarchistische Doktrin s. Anarchismus I, 259.
Müller, Adam Heinrich IV, 1244.
Münzprägungs- und -Aenderungsrecht der Krone s. Münzwesen IV, 1251.
Münzbund, lateinischer, IV, 1246.
—, Gründung des lateinischen Münzvereins durch Konvention v. 23.
XII. 1865 s. Münzbund IV, 1246.

Münzbund, Verlängerung des, bis zum 1. 1. 1886 durch Konvention v. 5. XI. 1878 f. **Münzbund** IV, 1247.

Münzen, Arten der, f. **Münzwesen** IV, 1248 f.

Münzergenossenschaften f. **Münzwesen** IV, 1256.

Münzfuß f. **Münzwesen** IV, 1250.

Münzgeschichte, int., f **Münzwesen** IV, 1256—1261.

Münzgesetz, österreichisches, vom 2. VIII. 1892 f. **Scheidemünzen** V, 529.

—, preußisches, vom 30. XI. 1821 f. **Scheidemünzen** V, 527.

Münzgesetze der Vereinigten Staaten von Amerika vom 21. II 1853, 12. II. 1873, 22. VII. 1876 f. **Scheidemünzen** V, 530.

Münzhäuser, Münzstätten f. **Münzwesen**.

Münzkonferenz, internationale, Brüsseler, v. 22. XI. 1892 f. **Silber** x. V, 676, **Münzbund** IV, 1248.

Münzkonvention vom 1857 (betr. Prägung deutscher Vereinsthaler und süddeutscher Gulden) f. **Silber** x. V, 664.

—, Pariser, vom 20. VII. 1885 f **Münzbund** IV, 1247.

Münzmeister und (Münz)hausgenossenschaft f. **Münzwesen** IV, 1255.

Münzrecht, Münzregal, Münzherrschaft f. **Münzwesen** IV, 1251 u. ö.

Münzregal, das, und dessen finanzielle Ausnutzung f. **Münzen** IV, 1251—1256.

Münzscheine f. **Papiergeld**.

Münzstätten, Schließung der indischen, für die private Silberprägung, G. v. 26. VI. 1893 f. **Silber** x. V, 675.

Münzvereine gegen Münzverschlechterung f. **Münzwesen** IV, 1253 f.

Münzverschlechterungen f. **Agio, Münzwesen** IV, 1254 ff.

Münzvertrag v. 24. I. 1857 zwischen Preußen, den meisten norddeutschen Staaten, den süddeutschen Staaten und Österreich f. **Scheidemünzen** V, 527.

Münzwesen IV, 1246; f. a. **Scheidemünzen**.

—, Technik des, f. **Münzwesen** IV, 1249 ff.

Mun, Thomas IV, 1261.

—, seine Widerlegung (1628) des mercantilistischen Standpunktes, daß kein Geld außer Landes gehen dürfe f. **Mercantilsystem** IV, 1170 f.

Muster, Eintragung und Verlängerung der Schutzfrist der, f. **Muster- x. Schutz** IV, 1264

Musterlager f. **Ausfuhrmusterlager**.

Muster- und Modellschutz IV, 1262.

Musterrecht, formelles, f. **Muster- x. Schutz** IV, 1264.

—, materielles, f. **Muster- x. Schutz** IV, 1262 f.

—, Verletzung des, Folgen der, f. **Muster- x. Schutz** IV, 1265.

Musterregister f. **Muster- x. Schutz** IV, 1264.

Musterschutz, Dauer des; Gebühren f. **Muster- x. Schutz** IV, 1264 f.

Musterschutzgesetz, Geltungsgebiet des, und Beziehungen zum Auslande f. **Muster- x. Schutz** IV, 1265 f.

Musterschutzgesetzgebung der wichtigeren auswärtigen Industriestaaten (V. Staaten von Amerika, Frankreich, Großbritannien, Italien, Oesterreich) f **Muster- x. Schutz** IV, 1267.

Mutationsbücher f. **Hypotheken- x. Wesen** IV, 520

Mutterrecht f. **Familie** III, 850 f.

Mutualistisches System f. **Proudhon** V, 308.

Naamlooze vennootschappen f. **Aktiengesellschaften** I, 170.

Naasting, Naastingsrecht (retrait seigneurial) f. **Bauernbefreiung** II, 214.

Nachbildung, erlaubte und unerlaubte, f. **Künste** IV, 915 f.

Nachdruck f. **Urheberrecht**.

Nachfragepreis f. **Preis** V, 241.

Nachsteuer V, 1.

Nachtarbeit f. **Arbeiterschutzgesetzgebung**.

Nährstoffarmut der Ackerkrume, Beseitigungsverfahren derselben, durch starke Düngung f. **Raubbau** x. V, 348.

Nähterin, Typus der armen, **Hausindustrie** IV, 423.

Nagler's Schnellposten f. **Post** V, 181.

Nahrungsbilanzen, physiologische, f. **Konsumtion** IV, 831 ff.

Nahrungsgeld f. **Accise**.

Nahrungs- und Genußmittel, Regelung des Verkehrs mit, f. **Reichsgesundheitsamt** IV, 406.

— u. **Genußmittel**, Reichsgesetz über den Verkehr mit, vom 14. V. 1879 f. **Nahrungsmittelpolizei** V, 2 f.

Nahrungsmittelpolizei V, 2.

— in außerdeutschen Ländern, gesetzliche Bestimmungen f. **Nahrungsmittelpolizei** V, 5 f.

— in Deutschland, Organisation der, f. **Nahrungsmittelpolizei** V, 4.

—, spezielle (Fleisch, Fleischwaren, Milch, Butter, Kunstbutter, Käse, Mehl, Brot, Pilze, Getränke x.) f. **Nahrungsmittelpolizei** V, 6 f.

Nahrungsmittelverkehr in Deutschland, Gesetzliche Bestimmungen über den, f. **Nahrungsmittelpolizei** V, 2 f.

Nahrungsmittelverkehr, Ueberwachung des, im Altertum und Mittelalter f. **Nahrungsmittelpolizei** V, 2.

Namenpapiere f. **Wertpapiere**.

—, registered bonds (B. Staaten von Amerika) mit Nennung des Staatsgläubigers f. **Staatsschulden** V, 837.

—, titres nominatifs (Frankreich) f. **Staatsschulden** V, 835.

Naphtabücher, Naphtaselbst f. **Hypotheken- x. Wesen** IV, 534.

Nasse, Erwin V, 8

Nationalbank, privil. österreichische, f. **Banken** (1816—1878) II, 97—105.

—, Einstellung der Barzahlungen der, 1848 f. **Banken** II, 98 f.

—, Einziehung des Staatspapiergeldes durch die (1852—54), f. **Banken** II, 99 f.

—, Gründung der, f. **Banken** II, 97. nach dem österreichisch-ungarischen Ausgleiche, 1868 f. **Banken** II, 103.

—, Privilegium (1—111) der, f. **Banken** II, 97 f., 101 f.

—, Umgestaltung der, in die österreichisch-ungarische Bank (1878) f. **Banken** II, 104 ff.

Nationalbank, italienische, für Versicherung der Arbeiter gegen Unfälle, gegr. 8. VII. 1883, f. **Arbeiterversicherung** I, 575 ff.

Nationalwerkstätten V, 9; f. a. **Sozialdemokratie** V, 715.

Natural- u. Geldsteuer f. **Steuer** VI, 94 f.

Naturalien- u. Geldpacht f. **Pacht** V, 86 f.

Naturalleistungen V, 12.

— im Frieden und Kriegsleistungen (RG. v. 13. II. 1875) f. **Naturalleistung** V, 14.

Naturalverpflegungsstationen f. **Arbeiterkolonien** I, 395 f.

Naturalwirtschaft V, 15.

—, Geschenkgeben, Beschenkungen in der, f **Naturalwirtschaft** V, 16.

—, Raubverkehr in der, f. **Naturalwirtschaft** V, 16.

Naturfaktor f. **Produktivität**.

Naturgebundenheit des Agrarbodens f **Grundbesitz** IV, 130 f.

Naturgesetz f. **Gesetz** III, 844 f.

Navigationsakte, englische, v. 1650 u 1660 f. **Schiffahrt** V, 536.

Neymann, Emil V, 18.

Neale, E. Vansittart f. **Soziale Reformbestrebungen (Englands)** V, 747.

Nebenius, Karl Friedrich V, 18.

—, als Verfasser der berühmten, für Zollgemeinschaft agitierenden Denkschrift von 1819 f. **Zollverein** VI, 860.

Necker, Jacques V, 21.
Nederlandsche Handelsmaatschappy s. Ostindische Handelsgesellschaften V, 71.
Negersklavenhandel betreibende Schiffe, deren Behandlung als Piratenschiffe s. Schiffahrt V, 556.
Negotiation (Unternehmeranleihe) s. Staatsschulden V, 831.
Nelson, Contribution to vital statistics s. über diese Schrift Arbeiterversicherung I, 548.
Nennwertherabsetzung der preuß. Scheidemünze, V. vom 4. V. 1908 und Edikt vom 13. XII. 1811 s. Scheidemünzen V, 527.
Neo-Malthusianismus, der, s. Bevölkerungswesen II, 519 ff.
Neri, Pompeo V, 23.
Netschajews Programm s. Anarchismus I, 257.
Neu-Guinea-Compagnie, Schutzbrief, kais., der, vom 17. V. 1885 s. Kolonien x. IV, 771.
—, Schutzgebiet der, s. Kolonien x. IV, 770 ff.
—, Statut der, vom 29. III. 1888, ergänzt durch Beschluß vom 30. IV. 1889 s. Kolonien x. IV, 772.
Neumann, Friedrich Julius V, 24.
— sein Klassifizierungssystem der Regalien s. Regalien V, 575.
— seine Ausführungen über die Opfertheorie s. Steuer VI, 105 u. 108.
— als Steuersystematiker s. Steuer VI, 98.
— seine Wertdefinition s. Wert VI, 685.
Neumann, Kaspar V, 24.
Neumann-Spallart, Franz Xaver v. V, 25.
Neurath, Wilhelm V, 27.
Neustift und Freistift s. Bauernbefreiung II, 191, 192.
Neutralität des Schwarzen Meeres, Aufhebung der, durch Londoner Vertrag vom 13. III. 1871 s. Schiffahrt V, 556.
Neutralitätserklärung des Schwarzen Meeres von 1856 s. Schiffahrt V, 555.
New-Lanark, Arbeiterwohlfahrtseinrichtungen in, s. Owen V, 81 f.
Newmarch, William V, 27.
— als Urheber der neueren Preisniveauberechnung durch index numbers s. Preis V, 243.
Nicolai, Christoph Friedrich V, 28.
Niederlagen, beschränkte (Zollager der alten Zollordnung), s. Zölle x. VI, 846.
— (entrepôts, warehouses) und Niederlagenfreiheit s. Zölle x. VI, 846 ff.
—, öffentliche (entrepôts réels) s. Zölle x. VI, 847.
— in Privaträumen (Privatläger, entrepôts fictifs) s. Zölle x. VI, 847 f.

Niederlagsrecht (Packhofsrecht) s. Zölle x. VI, 847.
Niederlags- oder Einlagerecht, Stapelrecht V, 864.
Niederlassungsfreiheit, internationale, in Deutschland s. Freizügigkeit III, 675.
Niederlassungsverträge s. Freizügigkeit III 678.
Niedersächsische Gesellschaft zur Verbreitung christlicher Schriften, Hamburg, s. Volksbildungsvereine I, 511.
Niederungs-, Grünlands- oder Wiesenmoore s. Moorkultur x. IV, 1216 u. 1218.
Nietzsche, Friedrich, seine sarkastischen Aphorismen über den deutschen Proletarier und dessen "ideales" Ziel (Sozialstaat der Zukunft) s. Sozialdemokratie V, 737.
Nishnij Nowgoroder Messe s. Märkte x. IV, 1125.
Normalarbeitstag V, 30, s. a. Arbeitszeit.
—, Anträge von den Reichstagsabgeordneten Rieber und Genossen, Hitze und p. Stumm wegen Einführung des, s. Normalarbeitstag V, 36.
—, Einführung des, gesetzgeberische Anläufe im Reichstage zur, s. Normalarbeitstag V, 35 f.
—, Einschränkung der Produktion als Wirkung des, s. Normalarbeitstag V, 32.
—, dessen Wirkungen, Zulässigkeit, Durchführung und Begrenzung s. Normalarbeitstag V, 31 ff.
— und Arbeitspausen in Oesterreich-Ungarn s. Arbeiterschutzgesetzgebung I, 437.
Normaleichungskommission, kais., s. Maß- x. Wesen IV, 1144.
—, königl. bayerische, s. Maß- x. Wesen IV, 1146.
North, Dudley (Sir) V, 37.
—, seine handelspolitische Größe bei fortgeschrittener merkantilistischer Denkweise s. Merkantilsystem IV, 1171.
—, seine Lossage vom Merkantilismus durch Erkenntnis der Nachteile eines den Bedarf übersteigenden Geldumlaufs s. Merkantilsystem IV, 1172.
Northampton table (1780) s. Lebensversicherung V, 993 u. 998.
Nossig, Alfred, als Gegner von Malthus auf Grund sozio-dynamischer Gesetze, s. Bevölkerungswesen II, 519.
Not- u. Lotsensignalordnung v. 14. VIII. 1876 s. Schiffahrt V, 553.
Notare, Gebühren der, s. Notariat V, 42.
Notariatsstellung, Geschäftsumfang, Kautionsstellung u. Gebühren der, s. Notariat V, 40 ff.

Notariat V, 39.
—, Beschränkungen des, s. Notariat V, 39 f.
Notariatsordnungen u. Besonderheiten in den einzelnen Ländern: im Deutschen Reich, in Frankreich, Großbritannien, Italien, Oesterreich-Ungarn, Rußland, der Schweiz u. europäischen Türkei s. Notariat V, 42 ff.
—, Tabellarische Nachweisung der Data der in den einzelnen Ländern geltenden Ordnungen u. Gesetze s. Notariat V, 44—47.
Notenausgabe, Freiheit, der, s. Banken II, 29 f.
—, Gesetzgebung, beschränkende staatliche, der, s. Banken II, 30 ff.
Notgewerbegesetz v. 8. VIII. 1868 s. Gewerbegesetzgebung III, 964.
Notwirte s. Bier x. II, 551.
"Nouvelles à la main" s. Zeitungen V. VI, 807.
Nuisances Removal and Diseases Prevention Act v. 1848 s. Baupolizei II, 338.
Nußanpflanzung, Nußqualität, Nußenvergleichung s. Preis V, 227.
Nußeigentum s. Eigentum III, 18.
Nußen, Nüßlichkeit als Attribut des Begriffes Gut s. Gut IV, 326.
Nußungen s. Feldgemeinschaft III, 569 f.
Nußwerttheorien, die, s. Wert VI, 689 ff.

Oberförstersystem s. Forsten III, 623.
Oberlandeskulturgericht in Berlin, errichtet 1844, s. Zusammenlegung der Grundstücke VI, 901.
Obdachlose V, 47.
Obere Gesundheitsrat der Ottomanischen Regierung (seit 1840) s. Volkskrankheiten VI, 523.
Oberrechnungskammer, s. Rechnungskontrolle x. V, 358.
Oberzensur s. Schiffahrt (Deutsches Reich) V, 553.
Objektsteuern (Ertragsobjektsteuern) s. Ertragssteuern III, 304.
Obligationen, Partialobligationen s. Anleihen I, 279.
— au porteur s. Anleihen I, 279.
— mit Auslosung der einzelnen Schuldscheine (rents amortisable) s. Staatsschulden V, 839.
Oblitération (Frankreich), Obliterierung (Oesterreich) s. Stempel x. VI, 65.
"Obliterierung" der Wechselstempelmarke (Oesterreich) s. Wechselstempelabgabe VI, 637.
Obrecht, Georg V, 49.

Handwörterbuch der Staatswissenschaften. Register. 4

Obrecht als Finanztheoretiker s.
Finanzwissenschaft III, 491.
— als Vater des Gedankens der geschäftlichen Feuerversicherung s.
Versicherungswesen VI, 456.
Obschischinn, Obschtschestwo s. Mir IV, 1185.
Obstagium (Geißelschaft) s. Schuldhaft V, 594.
Octroi V, 50.
—, Befreiung von, der "transitierenden" oder in Entrepôts genommenen Artikel s. Octroi V, 51.
— in Preußen s. Octroi V, 53, Schlacht- u. Mahlsteuer.
— als Verbrauchsauflage s. Octroi V, 50.
Octroigesetz, Belgisches, v. 18. VII. 1860 s. Octroi V, 52.
Octrois in Frankreich, Belgien, Holland, Italien, Oesterreich, Deutschland s. Octroi V, 51—54.
Octroisystem s. Octroi V, 50.
Odel, Odelsbönder (Erbbauern) s. Bauernbefreiung (Norwegen) II, 221.
Öffentliche Sicherheit, Gesetze über die, (Explosivstoffe, Dampfkessel, Gewerbe im Umherziehen), v. 23. XII. 1888, 30. VI. 1889, 14. VII. 1891 s. Gewerbegesetzgebung (Italien) III, 1020.
Öffentliche Straßen s. Wege, öffentliche.
Ökonomische Professuren an den deutschen Universitäten, Errichtung der, s. Unterrichtswesen, landwirtschaftliches, VI, 368 f.
Oelsteuer V, 54.
Oelsteuergesetzgebung s. Oelsteuer V, 54 f.
Oettingen, Alexander von, V, 55.
Offenbarungseid, Haft zur Erzwingung des, s. Schuldhaft V, 596.
"Offenhaltung der Stelle" in den öffentlichen Büchern, Institut der, s. Hypotheken- x. Wesen IV, 532.
Office du travail (im französischen Handelsministerium) s. Statistik VI, 35.
Ohmgeld s. Wein u. Weinsteuer VI, 662.
Oikrumwirtschaft, antike, s. Gewerbe III, 926.
Okkupationstheorie s. Eigentum III, 18.
Onken, August V, 56.
Oost Indische Huys zu Amsterdam, Auktionen im, s. Ostindische Handelsgesellschaften V, 66.
Opfertheorie s. Steuer VI, 105 —108.
Opium V, 56.
— als Arznei-, Erregungs- u. Berauschungsmittel s. Opium V, 56 f.

Opiumausfuhr s. Opium V, 57 f.
Opiumeinfuhr s. Opium V, 58.
Opiumgewinnung s. Opium V, 56.
Opiumpreis s. Opium V, 56.
Opiumverbrauch s. Opium V, 57.
Oppenheim, Heinrich Bernhard V, 59.
— als Vater des Spottnamens "Kathedersozialismus", sowie seine Polemik gegen den ethischen Charakter der neuen sozialpolitischen Partei und seine Abfertigung durch Ad. Wagner s. Kathedersozialismus IV, 667.
Option (Uebernahme eines Teils der Anleihe durch das Emissionskonsortium) s. Staatsschulden V, 831.
Ordnungen, Ordinanzien, s. Zunftwesen VI, 878.
Ordonnance de la marine v. 1681 s. Schiffahrt V, 545.
Ordre naturel s. Quesnay V, 322 ff.
Ordre positif s. Quesnay V, 326 ff.
Orensius, Nikolaus V, 60.
Ortes, Giammaria V, 61.
—, als Vorgänger von Malthus s. Bevölkerungswesen II, 488.
Ortschaft s. Ansiedelung I, 296.
Ortsanwesende Bevölkerung (population de fait ou de présente) s. Volkszählungen VI, 566.
Ortsarmenverbände in Deutschland s. Armenwesen I, 847.
Ortskrankenkassen s. Krankenversicherung IV, 859.
Ossa, Melchior von, V, 62.
Ostindische Handelsgesellschaften V, 63.
— — der übrigen Nationen (französischen, dänischen, schwedischen, österreichischen und preußischen Gesellschaften) s. Ostindische Handelsgesellschaften V, 77—80.
Ostindische Kompagnie, die alte, als reine Handelsgesellschaft (1600 — 1697) s. Ostindische Handelsgesellschaften V, 71 ff.
— — die neue (United Company of merchants of England trading to the East Indies) als politische Handelsgesellschaft 1702 — 1813 und (nach Ablauf der ihr 1793 erteilten Monopole) 1814 — 1858 s. Ostindische Handelsgesellschaft V, 74 ff.
Ostseehandelsverträge durch Aufhebung des Sundzolles vom 1. IV. 1857 s. Schiffahrt V, 549.
Out of season-Diagramm s. Transportversicherung VI, 263.
Outdoor Relief Prohibitory Order und Outdoor relief regulation order s. Armenwesen I, 878 u. 882.
Overreta- und Unterretasagförera s. Anwaltschaft (Norwegen) I, 353.

Overstone, Lord, seine Kennzeichnung des modernen, zur Handels- und Kreditstockung führenden Wirtschaftslebens s. Krisen IV, 891.
Overseers s. Armenwesen I, 874.
Owen, Robert V, 81.
—, seine sozialistische Agitation (seit 1817) s. Sozialdemokratie V, 713.
—, sein Arbeitsbörsenprojekt (1832) s. Sozialdemokratie V, 712.
—, seine Arbeitslosenkolonien zur Zeit der Wirtschaftskrise 1815 in England s. Owen V, 83.
—, seine sozialistische Krisentheorie s. Krisen IV, 904.
—, sein sozialistisches genossenschaftliches System s. Erwerbs- x. Genossenschaften III, 309

Paasche, Hermann V, 85.
Pacht (Landpacht) V, 85.
—, Wirtschaftliche Vorteile und Nachteile der, im Vergleich zu anderen Besitzformen s. Pacht V, 87 ff.
Pachtrecht und Pachtvertrag s. Pacht V, 89 f.
Pachtungen, Statistik der, s. Pacht V, 91 ff.
Packhöfe, Lagerhäuser s. Speditionsgeschäfte V, 807.
Packetporto s. Porto V, 173.
Packetpost s. Post.
Pacte colonial v. 1670—1861 s. Schiffahrt V, 542.
Pacte de famille s. Handelsverträge IV, 360, Schiffahrt V, 542.
Pallium, Gebühr für Verleihung des, s. Kirchliche Abgaben IV, 675.
Palmieri, Matteo, als Finanztheoretiker s. Finanzwissenschaft III, 488 f.
Paoletti, Ferdinand V, 94.
Papier V, 95.
—, Besteuerung des, s. Papier V, 95.
Papierfabrikation, Geschichte der, s. Papier V, 95.
Papiergeld V, 96 s. a. Banken, Darlehnskassen.
—, Außenwert und Binnenwert des, s. Papiergeld V, 102 ff.
—, Außenwertverminderung des, s. Papiergeld V, 102 f.
—, Binnenwertverminderung des, s. Papiergeld V, 104 f.
—, Geschichtliches (Altertum bis 18. Jahrh.) s. Papiergeld V, 106 f.
—, das, im 19. Jahrh. (England, Frankreich, Deutschland, Oesterreich-Ungarn, Italien, Rußland, Ver. Staaten von Amerika) s. Papiergeld V, 109/116.
— und Projekte seiner Sicherstellung s. Kredit IV, 875.
—, das selbständige, s. Papiergeld V, 98 f.
—, (Umwandlung des, in Metallgeld (Devalvation) s. Papiergeld V, 108.

Papiergeld — Petrowskaia

Papiergeld, Wertgrundlage des selbständigen, s. Papiergeld V, 99 f.
Papiergeldwirtschaft s. Papiergeld V, 99.
Papiergulden als selbständiger Vertreter der österreichischen Währung s. Papiergeld V, 113.
— als Wertmaßeinheit in Oesterreich-Ungarn s. Papiergeld V, 113.
Papierindustrie, Statistik der, s. Papier V, 95 f.
Papierwährung, Aufhebung der, s. Papiergeld V, 108.
—, volkswirtschaftliche Wirkungen der, s. Papiergeld V, 106 ff.
Paragium s. Apanage I, 358.
Parallelwährung s. Papiergeld V, 117.
— in Papier und Gold s. Papiergeld V, 108.
Parcerievertrag (in Brasilien) s. Kolonien x. IV, 717.
Parieu, Marie Louis Pierre Félix Esquirou de, V, 119.
Parochialabende s. Volksbildungsvereine VI, 507.
Parquet s. Malerwesen IV, 1101.
Partialhypothekenanweisungen s. Schatzanweisungen V, 516.
Parzellen (Grundstücksabschnitte) s. Grundsteuer IV, 201 ff.
Parzellenklassifizierung s. Grundsteuer IV, 207.
Parzellenreinertragskataster s. Grundsteuer IV, 207.
Parzellenvermessung s. Grundsteuer IV, 201/2.
Parzellierung s. Bodenzersplitterung.
Pascoli, Leo V, 121.
— als Finanztheoretiker s. Finanzwissenschaft III, 496.
Passavant s. Salz x. V, 493, Wein x. VI, 667.
Passengers Act von 1852 mit Abänderungsgesetzen aus den Jahren 1863 und 1872 s. Auswanderungsunternehmungen I, 1043.
Passengers Acts von 1803 ff. s. Auswanderung I, 1016, 1024.
Passivgewicht s. Münzwesen IV, 1250.
Passiv- u. Aktivgeschäfte der Banken s. Banken im Nachtrag zum Register.
Passivmasse s. Konkurs IV, 804.
Paßrecht s. Paßwesen V, 122.
Paßwesen V, 121.
Paßzwang s. Fremdenpolizei III, 681.
Passy, Hippolyte Philibert V, 123.
Patent, Dauer des, s. Patentrecht V, 132.
—, Einspruchsfrist gegen die Erteilung eines, s. Patentrecht V, 131.
—, Nichtigkeit und Zurücknahme des, s. Patentrecht V, 132 ff.

Patent, Verfahren der Nichtigkeitserklärung eines, s. Patentrecht V, 133.
—, Territoriale Begrenzung der Rechte aus dem, s. Patentrecht V, 131.
—, Strafverfahren wegen Verletzung des, s. Patentrecht V, 131.
—, Verlagung des, s. Patentrecht V, 131.
Patentamt, Patent Office, s. Patentrecht V, 130.
Patentanspruch s. Patentrecht V, 130.
Patentrollöschen s. Patentrecht V, 132.
Patenterteilung, Anmeldung einer Erfindung behufs, s. Patentrecht V, 130.
—, Aufgebotsverfahren vor der, s. Patentrecht V, 130.
—, Priorität des ersten Anmelders einer Erfindung vor dem Erfinder hinsichtlich der, s. Patentrecht V, 129.
—, die materiellen Voraussetzungen der, s. Patentrecht V, 127 ff.
—, Vorprüfungsverfahren vor der, s. Patentrecht V, 130.
Patenterteilungsverfahren s. Patentrecht V, 131.
Patentgebühr s. Patentrecht V, 132.
Patentgesetz, das deutsche, vom 25. V. 1877 u. 7. IV. 1891 s. Patentrecht V, 125—134.
Patentgesetzgebung, ausländische, (England, Ver. Staaten von Amerika, Frankreich, Oesterr.-Ungarn, Schweiz, Italien, Belgien, Rußland) s. Patentrecht V, 134—139.
Patentrecht V, 125.
—, Internationales, s. Patentrecht V, 140.
Patentrechte, die, s. Patentrecht V, 131 f.
Patentrechtliche Lizenz s. Patentrecht V, 132.
Patentschrift (gedruckte Beschreibung der Erfindung) s. Patentrecht V, 131.
Patentgewerbesteuer, französische, s. Gewerbesteuer III, 1070.
Patrimonialgericht, süd- und mitteldeutsches, s. Gutsherrschaft IV, 235.
Patrons of Husbandry, s. Erwerbs- und Wirtschaftsgenossenschaften III, 323.
Patten, Simon Nelson V, 141.
Pauperismus s. Armenwesen.
Peabodystiftung in London s. Wohnungsfrage VI, 743.
Pechlo, Josef, Graf V, 142.
Pecqueur als christlich-sozialer Kommunist s. Sozialdemokratie V, 714, Sozialismus V, 776.
Pecunia monasticalis s. Münzwesen IV, 1253.

Pools Act s. Banken (Großbritannien) II, 56.
Peelsches Kontingentierungssystem s. Banken (Oesterreich-Ungarn) II, 101.
Pelletan (Projet Pelletan) s. Eisenbahnen (Tarifwesen) III, 208.
Penny-saving-banks s. Sparkassen V, 792.
Pennsylvania Railroad Voluntary Relief Department s. Arbeiterversicherung I, 593.
Peoples palace (Ostlondon) s. Volksbildungsvereine VI, 507.
Pereira, Forjaz de Sampaio, A. V, 143.
Pères suprèmes (Bazard u. Enfantin) der St. Simonisten s. Saint-Simon x. V, 480 f.
Perfektion der Enteignung s. v. u. Enteignung.
Périn, Charles Henri Xavier V, 143.
Personalgemeinschaften, auf Selbsthilfe beruhende wirtschaftliche, Erwerbs- x. Genossenschaften III, 324.
Personalhaft s. Schuldhaft.
Personal-, Klassen- u. Klassifizierte Einkommensteuer, Geschichte der, s. Einkommensteuer (Deutschland) III, 73—80.
Personalkonzession (Bundesratsbeschluß v. 22. II. 1876 u. Ministerialverordnung, preuß., v. 21. VII. 1886) s. Apotheken I, 364 f.
Personalkredit s. Kredit IV, 874 f.
Personalsteuern V, 143, s. a. Einkommensteuer, Ertragsteuer, Kopfsteuer, Steuer, Vermögenssteuer.
Personalverhältnisse der zu Zählenden, Ermittelung der (betreffend Geschlecht, Alter, Civilstand, Geburtsort, Staatsangehörigkeit, Religionsbekenntnis, Bildungsgrad, körperliche Gebrechen, Sprache, Beruf und Gewerbe x.) s. Volkszählung VI, 566 ff.
Personenstand (Beurkundung des) s. Standesregister.
Personentarife s. Eisenbahnen III, 209 ff.
Perücksteuer s. Luxussteuer IV, 1064.
Peshine Smith, Erasmus V, 144.
Pestalozzis Versuch der Armenerziehung (auf dem Neuhof) s. Gemeinsinn III, 802.
Peterspfennig s. Kirchliche Abgaben IV, 675.
Petitorium im Gegensatz zum Possessorium s. Besitz II, 418 u. 422 f.
Petraschewskische Verschwörung, 1848 s. Sozialdemokratie V, 718.
Petrowskaia, landwirtschaftliche Akademie, Moskau (gegr. 1857)

f. Unterrichtswesen, landwirtschaftliches VI, 595.
Petty, William (Sir) V, 148.
—, seine Erforschung der Steuerkraft Englands zu Ende des 17. Jahrh., per Kopf der Bevölkerung f. Konsumtion IV, 831.
—, seine handelspolitische Größe bei fortgeschrittener merkantilistischer Denkweise f. Merkantilsystem IV, 1171.
—, seine Lossage vom Merkantilismus durch Erkenntnis von den Nachteilen eines den Bedarf übersteigenden Geldumlaufs f. Merkantilsystem IV, 1172.
—, seine Reflexionen über die Vorteile einer dichten Bevölkerung f. Bevölkerungswesen II, 477.
Peukert, Josef f. Anarchismus I, 262.
Pfandbriefe f. Hypothekenaktienbanken.
Pfandbrief-Inhaber, -Kapital, -Darlehen f. Hypothekenbanken.
Pfandbriefsystem der alten Landschaft f. Landschaften IV, 928.
Pfandindossament, Pfandschein als Bankpapier f. Warrants VI, 607.
Pfandleih- u. Rücklaufsgeschäfte (in Deutschland, Oesterreich, Frankreich, England) V, 147.
Pfandrecht, Bestellung eines, an Immobilien f. Hypotheken- x. Wesen.
Pfeiffer, Johann Friedrich, seine Ansichten über Mittel zur Steigerung der Volkszahl f. Bevölkerungswesen II, 483.
Pfennig, gemeiner f. Vermögensteuer VI, 439, Matrikularbeiträge IV, 1156, Kopfsteuer IV, 685.
Pfennig- oder Groschensparkassen f. Sparkassen V, 792.
Pflanzungskolonien f. Kolonien x. IV, 703 f.
Pflaster-, Wege- und Brückenzoll f. Wege VI, 650.
Pflichtexemplare f. Bibliotheken II, 547 f.
Pfuschmakler f. Maklerwesen.
Pharmazeutischer Geschäftsbetrieb f. Apotheken I, 361.
Philippi, Johann Albrecht V, 150.
Philippovich von Philippsberg, Eugen V, 150.
Physik der menschlichen Gesellschaft f. Statistik VI, 4.
Physiokratische Schule V, 151.
Pierson, seine Anschauungen über die Opfertheorie f. Steuer VI, 108.
Plaggenberechtigungen f. Forsten III, 624.
Plakatwesen, f. Preßgewerbe x. V, 273 f.
Plato V, 154.
—, seine staatsphilosophische, den geschlechtlichen Zweck der Ehe verteidigende Bevölkerungspolitik f. Bevölkerungswesen II, 469.
Plato als Lobredner des Kommunismus bei streng aristokratischer Weltanschauung f. Sozialismus x. V, 770 f.
—, seine Vorschriften in der „Politeia" für den Geschlechtsverkehr in den beiden herrschenden Ständen seines Idealstaates f. Bevölkerungswesen II, 469 f.
Platter, Julius V, 156.
Platzspediteur f. Speditionsgeschäfte.
Plenter- oder Femelwald f. Forsten III, 597 f.
Pölitz, Karl Heinrich Ludwig V, 157.
Police, Unanfechtbarkeit der, f. Lebensversicherung IV, 1007.
Politische Oekonomie im positiven Teile der „science économique" Quesnays f. Quesnay V, 322 ff.
— (höhere oder Staats-) Polizei f. Polizei V, 166.
—, engerer Begriff der, f. Polizei V, 161.
— in England f. Polizei V, 167.
— in Frankreich f. Polizei V, 168.
—, Funktionen der (Polizeistrafgesetzbücher) f. Polizei V, 164 f.
— in Preußen f. Polizei V, 181 f.
—, Zuständigkeit der, f. Polizei (Preußen) V, 162.
Polizeibefehle u. Polizeierlaubnisse im Preßgewerbe f. Preßgewerbe V, 271 ff.
Polizeiordnung, kurfürstl. brandenburgische, von 1688 f. Preistaxen V, 261.
Polizei- und Reichspolizeiordnungen f. Polizei V, 159 f.
Polizeistaat und Polizeiwissenschaft f. Polizei V, 160.
Polizeikunde f. Schankgewerbe V, 510, Wirtshauswesen VI, 719.
Polizeizwang f. Preßgewerbe V, 273 f.
Polizze und Polissini f. Banken (Italien) II, 188
Poliggame (Bielweiberei) f. Familie III, 351.
Polyandrie (Vielmännerei) f. Familie III, 351.
Poor, Act for the Relief of the, f. Armenwesen I, 631.
Poor Law Board f. Armenwesen I, 877.
Poor rate (Armensteuer) f. Armenwesen I, 880 f.
Populationistik f. Bevölkerungswesen.
— im ökonomischen Systeme Quesnays f. Quesnay V, 326 ff.
Porto V, 167.
—, Geschichte des, f. Porto V, 167 ff.
—, Rechtsgrundsätze des, f. Porto V, 171 f.

Porto, wirtschaftlicher Charakter des, Tarifpolitik f. Porto V, 170 f.
Portofreiheiten f. Porto V, 174.
Portogebühren (außer für Brief- u. Packetbeförderung) f. Porto V, 173 f.
Possessorium im Gegensatz zum Petitorium f. Besitz II, 413 u. 422 f.
Possibilisten f. Sozialdemokratie V, 725.
Possoschkow, Iwan V, 175.
Post V, 176.
— im Altertum und Mittelalter f. Post V, 176 ff.
—, Anfänge der, f. Post V, 178 ff.
— in Amerika, Asien, Afrika und Australien f. Post V, 212—214.
— im Auslande f. Post V, 207—214.
— in Bayern und Württemberg f. Post V, 206 f.
—, die deutsche, f. Post V, 201—207.
—, geschichtliche Entwickelung der, f. Post V, 176—182.
—, Haftpflicht der, f. Post V, 200.
—, Haftpflicht der, für richtige Depeschenbeförderung f. Telegraphie x. VI, 205.
— in Oesterreich-Ungarn, der Schweiz, Holland und Belgien, Frankreich, Großbritannien u. Irland, Südeuropa, Rußland und Skandinavien f. Post V, 207—212.
—, Statistik der (Organisation, Leistungen und Finanzergebnisse) f. Post V, 214 ff.
—, Verfassung, Organisation, Wirtschaftskreise, Finanzgebühre der deutschen, f. Post V, 201—207.
—, die, im Zeitalter des Dampfes und der Elektrizität f. Post V, 181 f.
Postalische Einziehung übergebener Wechsel f. Post V, 191.
Postanweisungen (money-orders, mandats de poste) f. Post V, 190 f.
Postauftrag (recouvrement, riscossione) f. Post V, 191 f.
Postbetrieb f. Post V, 182—196.
—, extensiver u. intensiver f. Post V, 183 f.
—, Zweck des, f. Post V, 182 f.
Posten, Immunität der, f. Post V, 198.
—, Unpfändbarkeit der, f. Post V, 198.
—, Vorrechte der, f. Post V, 198.
Postkarte, angeregt 1865 auf der Karlsruher Postkonferenz von Stephan f. Post V, 187.
Postnachnahme (remboursement) f. Post V, 191.
Postpacketverkehr f. Post V, 192 f.
Postrecht f. Post V, 196—201.
Postregal und Postzwang f. Post V, 196 f.

Postreiseverkehr s. Post V, 193 f.
Postsparkassen V, 218, Sparkassen.
—, Ausbreitung und Umfang der (in Großbritannien, Holland u. Belgien, Italien, Frankreich, Oesterreich-Ungarn) s. Postsparkassen V, 218 ff.
—, Einwendungen gegen die, s. Postsparkassen V, 222.
—, Verhältnis der, zu den Privatsparkassen s. Postsparkassen V, 221 f.
Postsparkassenfrage in Deutschland s. Postsparkassen V, 223 f.
Poststrafrecht s. Post V, 201.
Post- und Telegraphenvermögen des Reichs s. Reichsfinanzen V, 389.
Post- u. Telegraphenwesen in Deutschland (vereinheitlicht 1875) Verwaltung des, s. Post V, 182.
Postvereinsvertrag, allgemeiner (zu Bern) vom 9. X. 1874 s. Weltpostverein VI, 671 f.
Postwertsendungen s. Post V, 188 f.
Postzeitungsdebit, postalisches Betriebsmonopol von Zeitungen s. Zeitungen x. VI, 810.
Postzwang s. o. Postregal.
Potter, de, s. Sozialdemokratie (Belgien) V, 716.
Poudrettefabriken (Abortstoffverarbeitung zu Poudrette) s. Städtereinigung V, 851.
Pouvoir d'introduction (Ermächtigungsschein für die Einfuhr) s. Veredelungsverkehr VI, 420.
Prägegebühr (brassage) s. Münzwesen IV, 1250, 1253.
Prägungsmonopol im Mittelalter s. Münzwesen IV, 1251.
Prämie s. Versicherungswesen VI, 458.
—, Dring- nicht Hülfscharakter der, s. Lebensversicherung IV, 1006.
—, Zahlung nicht oder nicht rechtzeitig erfolgte der, s. Lebensversicherung IV, 1006.
Prämien s. Ausfuhrprämien und -Vergütungen I, 963, Branntweinsteuer II, 716 f., Schutzsystem V, 604, Zuckerindustrie VI, 874.
Prämienanleihen oder Lotterieanleihen s. Anleihen.
Prämienbedarf der Invaliditätsversicherung s. Alters- u. Invaliditätsversicherung I, 218 ff.
Prämien-Bedarf, -Verfahren, -Last s. Arbeiterversicherung I, 505—510.
Prämienberechnung aus der Sterblichkeitstafel s. Lebensversicherung IV, 999 ff.
Prämienbildung im Transportversicherungsgeschäft s. Transportversicherung VI, 261 ff.

Prämiengeschäfte s. Börsengeschäfte II, 689 f.
Prämien-Last, -Reserve, -Tarife u. -Gehilfe (Reichszuschuß) der Alters- und Invaliditätsversicherung s. Alters- u. Invaliditätsversicherung I, 217 ff., 221 f., 229 ff., 232.
Prämienlöhnung s. Arbeitslohn I, 673.
Prämienreserve oder Deckungsfonds s. Lebensversicherung IV, 1001 f.
—, Rückgewährungen aus der, s. Lebensversicherung IV, 1008.
Prämien-, Schäden- und Kapitalreserve in der Hagelversicherung s. Hagelschädenversicherung IV, 251.
Prämienübertrag s. Lebensversicherung IV, 1003 f.
Pränotationen s. Eintragungen, vorläufige, s. Hypotheken- x. Wesen IV, 525.
Präventiv- und Repressivsystem s. Feingehalt der Edelmetalle III, 363.
Preis V, 225.
— s fortfällt s. Submissionswesen VI, 145.
—, Steigerung des, im Kleinverkehr durch Zuschlag des Zwischenhändlers zum Preise des Großverkehrs s. Preis V, 235 f.
—, Theorie, allgemeine, des, s. Preis V, 225—242.
—, Theorie des, Möglichkeit u. Aufgaben der, s. Preis V, 225 f.
— à l'unité de mesure s. Submissionswesen VI, 145.
—, Verarbeitung der Höchst- und Mindestprodukte zu Einem, s. Preis V, 231 f.
Preise, Theorie der Veränderungen und des Normalstandes der, s. Preis V, 236—242.
Preisbestimmungsfaktor des Produktionsmittels, Grenzprodukt als, s. Preis V, 231.
Preisbildung s. Preis V, 228—236.
—, Einfluß der Veränderungen in den Erzeugungsmengen auf die, s. Preis V, 239.
— der Güter im Großverkehr s. Preis V, 235.
— der Güter im Kleinverkehr s. Preis V, 234.
— im isolierten Tausche s. Preis V, 231 f.
Preisbildungsfaktor, Zahlungsfähigkeit des Begehrer als, s. Arbeitslohn I, 679.
Preisermittelung, marktgängige u. merkliche s. Taxation, landwirtsch. VI, 188.
Preiserscheinungen, Theorie und Erklärung der, s. Preis V, 226 f.
Preisgeschichte des Altertums, zur, s. Preis V, 251 ff.

Preisgeschichte des Mittelalters, zur, s. Preis V, 253 ff.
— des 16. Jahrhunderts, zur, s. Preis V, 256 f.
— der neueren Zeit, zur, s. Preis V, 257 f.
—, Uebersichten zur, s. Preis V, 251—258.
Preiskonvention s. Unternehmerverbände.
Preis- und Kursnotierung s. Börsengeschäfte II, 690 f.
Preisniveau, Statistische Bestimmung des, s. Preis V, 242—250.
—, Methoden um die wirklichen Aenderungen des, zu Gunsten oder zum Schaden einzelner Wirtschaften oder eines Komplexes von Wirtschaften zu berechnen s. Preis V, 245 f.
Preistaxen V, 259.
— in Deutschland während des Mittelalters bis zum 18. Jahrh., Geschichtliches s. Preistaxen V, 259 f.
— in Preußen, Geschichtliches s. Preistaxen V, 261 f.
— in der Reichsgewerbeordnung s. Preistaxen V, 262 ff.
Preiswerk, Uebergang zum, s. Gewerbe IV, 934 f.
Preßdelikte, Strafrechtliche Haftung für, s. Preßgewerbe x. V, 274 f.
Preßfreiheit, Beschränkungen, außerordentliche, der, s. Preßgewerbe x. V, 275.
—, Gewährung, durch die deutschen Grundrechte vom 21. XII. 1848 s. Preßgewerbe x. V, 269.
Preßfreiheitsgesetz, für das Deutsche Reich (RG. vom 7. VI. 1874) s. Zeitungen x. VI, 806.
Preßgesetzgebung, die neue, s. Preßgewerbe x. V, 269 f.
Preßgewerbe und Preßrecht V, 266.
—, Finanzpolizeiliche und gerichtspolizeiliche Schranken im, s. Preßgewerbe V, 274.
Preßwesen fremder Quellen (Allgemeines; Belgien, England, Spanien, Frankreich, Italien, Oesterreich, Elsaß-L., Rußland) s. Preßgewerbe V, 275—278.
Prêt à la petite semaine s. Wucher VI, 778.
Price, Richard V, 279.
Prince-Smith, John V, 280.
—, seine sympathische Stellung zur Doppelwährung s. Doppelwährung II, 994.
Prisen- u. Blokadereglement, preußisches, vom 20. VI. 1864 u. 4. I. 1865 s. Schiffahrt V, 557.
Privatbahnsystem, das reine, s. Eisenbahnen III, 175 f.
Privateigentum, Begründung, theoretische, s. Eigentum III, 16 ff.

Privatflüsse, Gesetz, preußisches, über die Benutzung der, vom 28. II. 1843 s. **M ü h l e n r e c h t** IV, 1241.
Privatfreilager (Privattransit-, Teilungs-, Privatkreditlager) [entrepôts fictifs] s. **W a r r a n t s** VI, 604, **Z ö l l e** x. VI, 847 ff.
Privatfreilägerregulative vom 6. VII. 1887 und 21. VI. 1888 s. **Z ö l l e** x. VI, 848.
Privatfronden, dingliche, oder Fronden im engeren Sinne s. **F r o n d e n** III, 693.
Privatgewässer s. **G e w ä s s e r.**
Privathandelsbanken (Aktiengesellschaften) s. **B a n k e n (R u ß l a n d)** II, 160.
Privatpapiergeld s. **P a p i e r g e l d** V, 97 f.
Privatviehversicherung, Einschränkung des Gebietes der, s. **V i e h v e r s i c h e r u n g** VI, 487 f.
Privatwaldwirtschaft (mit Ausschluß der Schutzwaldungen) s. **F o r s t e n** III, 618.
Probationstage, Probemünze s. **M ü n z w e s e n** IV, 1255, **S i l b e r** x. V, 661.
Procuradores s. **A n w a l t s c h a f t** I, 353.
Procurationes s. **K i r c h l i c h e A b g a b e n** IV, 675.
Produkte, Vereinigungen von Kleinmeistern und Arbeitern oder von Landwirten zur gemeinschaftlichen Herstellung von, s. **P r o d u k t i v g e n o s s e n s c h a f t** V, 286.
Produktion V, 282.
—, Gesetz der, auf Land (Grund- und Bodengesetz) s. **G r u n d b e s i t z** IV, 129, 130.
—, Kapitalistische, s. **K a p i t a l** IV, 652 ff., **P r o d u k t i o n** V, 284 f., Verteilung VI, 466 ff.
—, Lehre von den drei koordinierten Faktoren der (Arbeit, Kapital, Boden), s. **P r o d u k t i o n** V, 283 f.
—, naturalwirtschaftliche und Konsumtion, geldwirtschaftliche s. **N a t u r a l w i r t s c h a f t.**
—, Ueberproduktion und Krisen s. **K r i s e n** IV, 899 ff.
—, Verhältnis der, zur Konsumtion s. **K o n s u m t i o n** IV, 819 f.
Produktionsertrag, Verteilung des, s. **P r o d u k t i o n** V, 284.
Produktions- und Ertragswert s. **W e r t** VI, 683.
Produktions- und Handelsmonopol, Unterschied zwischen, s. **M o n o p o l** IV, 1211 f.
Produktionskostentheorie s. **P r e i s** V, 237—240.
Produktionsstatistik s. **S t a t i s t i k** VI, 7.
Produktionssteuern s. **V e r b r a u c h s t e u e r n** VI, 413 f.
Produktionszone, Produktionswege s. **W e g e** VI, 641, f. a. **T h ü n e n.**
Produktiveigentum s. **E i g e n t u m** III, 16.

Produktivgenossenschaft V, 285; f. a. **E r w e r b s-** und **W i r t s c h a f t s g e n o s s e n s c h a f t e n.**
— in Anlehnung an die **K o n s u m v e r e i n e** s. **P r o d u k t i v g e n o s s e n s c h a f t** V, 291 f.
— der Handwerker und Arbeiter s. **P r o d u k t i v g e n o s s e n s c h a f t** V, 286 ff.
— der Konsumenten s. **P r o d u k t i v g e n o s s e n s c h a f t** V, 291 f.
Produktivgenossenschaften, Bildung von, s. **P r o d u k t i v g e n o s s e n s c h a f t** V, 287.
—, landwirtschaftliche, s. **L a n d w i r t s c h a f t l i c h e G e n o s s e n s c h a f t e n** IV, 951 ff., **P r o d u k t i v g e n o s s e n s c h a f t** V, 290 f.
— in Rußland s. **A r t e l l e** I, 932.
—, Statistische Mitteilungen über (in Deutschland, England, Frankreich, Oesterreich, Italien, den V. Staaten von Amerika), s. **P r o d u k t i v g e n o s s e n s c h a f t** V, 292 f.
—, Verteilung des Gewinnes bei, s. **P r o d u k t i v g e n o s s e n s c h a f t** V, 290.
Produktivfonds s. **P r o d u k t i o n** V, 284.
Produktivität der Arbeit s. **P r o d u k t i o n** V, 283.
— des Kapitals, Produktivitätstheorien s. **Z i n s** VI, 818 ff.
— des Kredits, Kritik der, s. **K r e d i t** IV, 876 ff.
Produktivkapital s. **K a p i t a l** IV, 651.
Produzenten, Produktionsmittel s. **P r o d u k t i o n** V, 284.
—, statistische, s. **S t a t i s t i k** VI, 2.
Progression, geometrische und arithmetische in der Bevölkerungsreproduktion s. **B e v ö l k e r u n g s w e s e n** II, 525 ff.
Prohibition law vom 2. VI. 1851 s. **W i r t s h a u s w e s e n** x. VI, 715.
Prohibitiv- oder **Sperrzölle** s. **E i n f u h r z ö l l e** III, 31, **S c h u t z s y s t e m.**
Prohibitivsystem, Prohibitionen s. **E i n f u h r v e r b o t e** III, 26 f., **E i n f u h r z ö l l e** III, 33, **S c h u t z s y s t e m.**
Prohibitivzoll s. **Z ö l l e** x. VI, 829.
Prolongationsgeschäfte s. **B ö r s e n g e s c h ä f t e** II, 687 f.
Propaganda der That im anarchistischen Programm Netschajews s. **A n a r c h i s m u s** I, 258.
Property and income tax s. **G e w e r b e s t e u e r (G r o ß b r i t a n n i e n)** III, 1069.
Proportionalstempel s. **S t e m p e l** x. VI, 66.
Prostitution V, 295.
—, Aufgabe des Staats zur Ueberwachung der, s. **P r o s t i t u t i o n** V, 302—306.

Prostitution, Eigenschaften und Formen der, s. **P r o s t i t u t i o n** V, 298 f.
—, geheime und legale, s. **P r o s t i t u t i o n** V, 299.
—, Geschichte der, s. **P r o s t i t u t i o n** V, 295 ff.
—, Krankheitsformen erzeugt durch die, s. **P r o s t i t u t i o n** V, 299.
—, Moralischer Schaden als Wirkungen der, s. **P r o s t i t u t i o n** V, 298.
—, Statistik der, s. **P r o s t i t u t i o n** V, 300 ff.
—, Ursachen der, s. **P r o s t i t u t i o n** V, 297.
Protection of Infant life, Act for the better, von 1872 nebst Ergänzung von 1889 s. **H a l t e k i n d e r** IV, 260.
Protection de la propriété industrielle, Convention pour la, vom 29. III. 1883 s. **P a t e n t r e c h t** V, 140.
Protektionismus s. **H a n d e l s p o l i t i k** IV, 322 ff.
Protektoratsländer s. **K o l o n i e n** IV, 708.
Protestationes pro conservando jure et loco s. **H y p o t h e k e n-** x. **W e s e n** IV, 522.
Proudhon, Peter Joseph V, 307.
— als Begründer der Theorie des Anarchismus s. **A n a r c h i s m u s** I, 252 ff.
—, seine Bekämpfung des Eigentums vom Gerechtigkeitsstandpunkte aus s. **P r o u d h o n** V, 307.
—, seine Bekämpfung des Geldlohnsystems s. **P r o u d h o n** V, 308.
—, seine Bekämpfung der Nationalwerkstätteneinrichtung für Arbeitslose von 1848 s. **R e c h t a u f A r b e i t** V, 366.
—, seine Gebrauchswerttheorie s. **W e r t** VI, 686.
— als sozialistischer Gegner von Malthus s. **B e v ö l k e r u n g s w e s e n** II, 503 f.
—, seine Identifizierung des Rechts auf Arbeit mit dem Anrecht auf das zur Arbeit notwendige Kapital s. **R e c h t a u f A r b e i t** V, 366.
—, seine sozialistische Krisentheorie s. **K r i s e n** IV, 906.
—, seine Kritik der „Theorie von Luxemburg" s. **P r o u d h o n** V, 309.
—, seine Theorie des Anarchismus s. **P r o u d h o n** V, 308 f.
— als erster Vertreter des wissenschaftlichen Sozialismus s. **P r o u d h o n** V, 309, **S o z i a l i s m u s** V, 777 f.
—, seine Werttheorie s. **P r o u d h o n** V, 307.
Provinzialstatistik, belgische, s. **S t a t i s t i k** VI, 37 f.
—, niederländische, s. **S t a t i s t i k** VI, 37.

Provinzialstatistik, österreichische, s. Statistik VI, 32.
Prozent- und Totalfranchise s. Transportversicherung VI, 264.
Prud'hommes, Conseils de prud'hommes s. Gewerbegericht III, 952, 956 ff.
Public Health Act v. 1875 und Public Health Amendment Act v. 1890 s. Gewerbegesetzgebung III, 1008, Baupolizei II, 339.
Publikanen-Societäten s. Collegia II, 847.
Publizität, formelle und materielle s. Hypotheken- x. Wesen IV, 519.
Pütters staatsrechtliche Definition der Polizei s. Polizei V, 161.
Pufendorf, Samuel, Frhr. von V, 311.
— als Finanztheoretiker s. Finanzwissenschaft III, 494 f.
— als Verteidiger des Stapelrechts s. Stapelrecht V, 880.
Pulver V, 313.
Pulverbesteuerungsgesetzgebung s. Pulver V, 313 f.
Punzierungsämter s. Silber x. V, 666.

Quantitätstheorie und der sozialwirtschaftliche Kausalismus s. Selbstinteresse V, 645.
Quarantäne, Quarantäneanstalten und Maßregeln s. Volkskrankheiten VI, 521, Schiffahrt V, 557.
Quartierleistungen s. Naturalleistungen V, 14.
Quesnay, François V, 313.
—, seine Bevölkerungspolitik f. Quesnay V, 328 f.
—, seine Biographie f. Quesnay V, 315 f.
—, seine Finanz- u. Steuerlehre f. Quesnay V, 330 f.
—, seine Handels- bezw. Kornhandelspolitik s. Quesnay V, 324 f.
—, seine Lehre s. Quesnay V, 317—332.
—, Metaphysik u. Ethik seiner Lehre f. Quesnay V, 317 ff.
—, Methode seiner „science économique" f. Quesnay V, 317.
— und die übrigen Vertreter der physiokratischen Schule als Finanztheoretiker f. Finanzwissenschaft III, 497 f.
—, Politik u. Rechtsphilosophie seiner Lehre f. Quesnay V, 319 f.
—, seine Preislehre f. Quesnay V, 325 f.
—, seine Zinslehre f. Quesnay V, 326.
Quetelet, Lambert Adolphe Jacques V, 332.
— als Anhänger von Malthus in der Theorie f. Bevölkerungswesen II, 496.
Quetelet, seine Binomialtabelle f. Anthropologie u. Anthropometrie I, 319 ff.
—, sein „Budget des crimes" f. Moralstatistik IV, 1225 f.
—, seine soziale Physik f. Gesellschaft x. III, 842 f.
Quittungssteuer V, 335.
—, Gegenstand, Umfang, Erhebung u. Grundsätze der Bemessung der, f. Quittungssteuer V, 337.
Quittungssteuergesetzgebung f. Quittungssteuer V, 337 f.
Quinternlotterie f. Lotterie x. IV, 1071.
Quotitätssteuer V, 338.
— in der Steuergesetzgebung f. Quotitätssteuer V, 339.

Rabattsparanstalt, Rabattschein f. Sparkassen V, 794.
Raiffeisen, Friedrich Wilhelm V, 340.
—, seine Darlehnskassenvereine verglichen mit den Schulze-Delitzschen Vorschuß- u. den schottischen Darlehnsvereinen II, 911 f.
—, sein Kreditgenossenschaftssystem im Gegensatz zu dem Schulze-Delitzschen f. Kreditgenossenschaften IV, 383 f.
—, Verband, allgemeiner Raiffeisenscher, ländlicher Darlehnskassen f. Landwirtschaftliches Genossenschaftswesen IV, 945 f.
Raleigh, Sir, Walter V, 340.
— als Vorgänger von Malthus f. Bevölkerungswesen II, 488 f.
Rang-, Reihe-, auch Börtfahrt f. Stapelrecht V, 865.
Ratenbrief, Ratenschein, Ratengeschäftsbetrieb f. Abzahlungsgeschäft I, 15 f.
Rathgeber, Georg V, 341.
Rau, Karl Heinrich V, 341.
—, seine Definition der Volkswirtschaftslehre f. Volkswirtschaft VI, 530.
— als Lehrer der Finanzwissenschaft f. Finanzwissenschaft III, 507.
— als Steuerüberwälzungstheoretiker f. Steuer VI, 118.
— als Vertreter der geläuterten kameralistischen Lehre von den Regalien f. Regalien V, 374 f.
—, seine Gebrauchswerttheorie (Unterscheidung zwischen abstraktem und konkretem Wert) f. Wert VI, 683 f.
Raubbau im Bergbau f. Bergbau II, 364 f., 371 f.
— u. Statik V, 344.

Rauch-, Schnupf- und Kautabak-, Zigarren- u. Zigarettenverbrauch und -Konsumtion im deutschen Zollgebiet (1893) f. Tabak VI, 158.
Rauchpfennig, Rauchhühner f. Herdsteuer IV, 466.
Rauchtabakfabrikation f. Tabak VI, 163 f.
Raumgehalt der Schiffe (Brutto- u. Nettoraum), Berechnung nach der sogen. Donauregel f. Schiffahrt V, 558.
Realgemeinde oder Rechtsamegemeinde f. Allmenden I, 183.
Realgewerbeberechtigung f. Gewerbegesetzgebung III, 969 f.
Realgewerberechte V, 353.
Realkredit f. Kredit IV, 876.
Realismus oder deskriptive Richtung der heutigen deutschen nationalökonomischen Wissenschaft f. Volkswirtschaft VI, 541.
Reallasten f. Bauernbefreiung.
—, Ablösung der (bei gutem Besitzrecht), f. Bauernbefreiung (Preußen) II, 188.
Realsteuern f. Personalsteuern V, 144.
Reblaukonvention V, 882.
Rechnungshof des Deutschen Reiches f. Reichsfinanzen V, 395.
Rechnungskontrolle u. Rechnungshof V, 354.
Recht auf Arbeit V, 363.
—, Geschichte des, in Deutschland f. Recht auf Arbeit V, 366 ff.
—, Geschichte des, in Frankreich f. Recht auf Arbeit V, 365 f.
—, Sozialdemokratie V, 715.
—, Vorgeschichte des, f. Recht auf Arbeit V, 363 f.
Recht auf Verkehr f. Handelsverträge IV, 350.
Rechtliche Bevölkerung (population de droit) und deren Ermittelung f. Volkszählungen VI, 566.
Reziprozitätsklausel der B. Staaten von Amerika f. Zölle x. VI, 831.
Reziprozitätspolitik f. Handelsverträge IV, 350 f., 357 f.
Reziprozitätsverträge f. Handelsverträge IV, 356.
Rechtsanwalt f. Anwaltschaft.
Rechtsbesitz f. Besitz II, 422 ff.
Rechtsschutz, Subjekt und Objekt des, f. Urheberrecht VI, 398 f.
Rechtsverhältnisse der deutschen Schutzgebiete, publiziert durch RGG. vom 15. bezw. 19. III. 1888 f. Kolonien x. IV, 789 f.
Reden, Friedrich Wilhelm Otto Ludwig, Frh. von V, 370.
Reduzierungsverfahren V, 372.
Refaktien (Eisenbahntarifvergünstigungen) f. Speditionsgeschäfte V, 808.

Reformatory School consolidating and amending Act von 1866 f.
Zwangserziehung VI, 928 f.
Regalien (Finanzregalien) V, 373.
Regelmäßigkeiten, die, in der Wiederkehr gleicher wirtschaftlicher Erscheinungen und die empirischen volkswirtschaftlichen Gesetze f. Volkswirtschaft VI, 557 ff.
Regelsammlungen und Religionssysteme als Anfänge aller sozialen Wissenschaft f. Volkswirtschaft VI, 533 f.
Régie nationale de l'enregistrement f. Hypotheken- x. Wesen IV, 533.
Régime féodal, Aufhebung des, durch die Revolution f. Bauernbefreiung (Frankreich) II, 209.
Registerrichter und seine Eintragung der fiktiven Warenzeichen f. Markenschutz IV, 1112 f.
Registerzwang f. Firma.
Registrierungsabgaben V, 376.
Regulierung (bei schlechtem Besitzrecht) in Preußen, Pommern, Brandenburg u. Schlesien f. Bauernbefreiung II, 186 f.
Regulierungsgesetz vom 2. III. 1850 f. Zusammenlegung der Grundstücke VI, 899.
Reichnisse (Abgaben) f. Bauernbefreiung (Bayern) II, 191.
Reichsassignationen (Rußlands erstes Papiergeld, Ukas vom 29. XII. 1768) f. Papiergeld V, 114.
Reichs-Ausgaben, -Einnahmen, -Schulden f. Reichsfinanzen V, 385 f.
Reichsbank, Deutsche, f. Banken II, 76.
— —, als Zwittergebilde einer vollständigen Staats- und reinen Privatbank f. Reichsfinanzen V, 389.
Reichsbank in St. Petersburg, Organisation und Thätigkeitsgebiet f. Banken II, 157 ff.
Reichsbetriebsfonds f. Reichsfinanzen V, 387.
Reichsdruckerei, Vermögen der, f. Reichsfinanzen V, 389.
Reichseisenbahnfonds f. Reichsfinanzen V, 388.
Reichseisenbahnen in Elsaß-Lothringen f. Reichsfinanzen V, 388.
Reichsfestungsbaufonds f. Reichsfinanzen V, 388.
Reichsfinanzen V, 384.
— —, Elemente der, f. Reichsfinanzen V, 385 f.
Reichsfinanzüberweisungspolitik f. Reichsfinanzen V, 391.
Reichsfiskus f. Fiskus III, 589, Reichsfinanzen V, 384.
Reichsgesundheitsamt V, 409, f. a. Gesundheitspflege III, 857.

Reichsgutachten über Mißbräuche im Zunftwesen vom 3. III. 1672 f. Zunftwesen VI, 889.
Reichshaftpflichtgesetz vom 7. VI. 1871 f. Haftpflicht IV, 245 f.
Reichshauptkasse f. Reichsfinanzen V, 395.
Reichsimpfgesetz vom 8. IV. 1874 f. Impfwesen IV, 560 f.
Reichsinvalidenfonds f. Reichsfinanzen V, 388, 391.
Reichshaushaltetat f. Reichsfinanzen V, 392 ff.
Reichshaushaltung f. Reichsfinanzen V, 390—396.
Reichskassenscheine, RG. vom 30. IV. 1874 über die, f. Papiergeld V, 113.
Reichskontrolle der Landeszoll- u. Steuerverwaltungen f. Reichsfinanzen V, 391 f.
Reichskreditbillets (Kreditrubel) als alleiniger Papiergeldtypus Rußlands seit 1. VI. 1843 f. Papiergeld V, 115.
Reichskriegsschatz f. Reichsfinanzen V, 387.
Reichs- u. Landesfinanzwesen, Verknüpfung beider, f. Reichsfinanzen V, 385.
Reichs-, Landesfiskus f. Fiskus.
Reichsmünzgesetz vom 9. VII. 1873 f. Scheidemünzen V, 528.
Reichsmünzordnung von 1559 f. Münzwesen IV, 1259.
Reichsmünz- und Probierordnung von 1559 f. Münzwesen IV, 1255.
Reichsoberhandelsgericht f. Handelsrecht IV, 588.
Reichsschatzamt f. Reichsfinanzen V, 391.
Reichsschatzbillets (Rußland) f. Schatzanweisungen V, 515.
Reichsschuldbuch f. Reichsfinanzen V, 390, Staatsschulden V, 537 f.
Reichsschulden f. Reichsfinanzen V, 389 f.
Reichsschuldenverwaltung f. Reichsfinanzen V, 391.
Reichsschuldenverwaltungsgesetz v. 19. VI. 1868 f. Reichsfinanzen V, 391.
Reichsstatistik, deutsche, f. Statistik VI, 9 ff.
Reichstagsgebäudefonds f. Reichsfinanzen V, 388.
Reichsunfallversicherung, Umfang, Träger, Gegenstand und Kosten der, f. Unfallversicherung VI, 312 f.
Reichsvermögen f. Reichsfinanzen V, 387 ff.
Reichsversicherungsamt V, 407, f. a. Unfallversicherung VI, 314.
— —, Disziplinarstrafgewalt des, f.

Reichsversicherungsamt V, 409.
Reichsversicherungsamt und Landesversicherungsämter f. Invalidität- x. Versicherung IV, 605 f.
Reichsversicherungsamtsverhältnis zu den Landesversicherungsämtern f. Reichsversicherungsamt V, 411 f.
Reichszunftordnung von 1731 f. Zunftwesen VI, 889.
„Reichtum der Nationen", der, f. Adam Smith V, 682 ff.
Reifeprüfung V, 413.
Reinhard, Johann Jakob V, 414.
Reis, Philipp, als Erfinder des Telephons f. Telegraphie x. VI, 193.
Reisende (Commis voyageur) f. Handelsgehilfe IV, 276.
Rekonvaleszentenfürsorge f. Krankenversicherung IV, 863.
Relief Department of the Baltimore and Ohio Railroad Company f. Arbeiterversicherung I, 591 f.
Religionsstatistik V, 417.
— einzelner Länder f. Religionsstatistik V, 418—430.
Remissionsgelder f. Steuer VI, 100.
Reimarus, Johann Albert Heinrich V, 415.
Rente f. Einkommen III, 47 f., Grundrente, Bezugsrente.
— —, Demokratisierung der französischen, f. Staatsschulden V, 830.
Renten, Berechnung der, f. Invalidität- x. Versicherung IV, 612.
Renten- oder Gültenlauf f. Wucher VI, 781.
Rentenanleihen f. Anleihen I, 385 f., Staatsschulden V, 839.
Rentenansprüche, Feststellung der, f. Invalidität- x. Versicherung IV, 613 f.
Rentenbanken V, 420.
Rentenbrief (Handfeste) f. Rentenlauf V, 426.
Rentenbriefe, ausgegeben und aufgelöst von den Provinzialrentenbanken seit ihrem Bestehen bis zum 1. IV. 1892 (Tabelle) f. Rentenbanken V, 421.
Rentengüter V, 421.
— —, Gesetz, preuß., über, vom 27. VI. 1890 f. Rentengüter V, 422.
— —, Gesetz, preuß., betr. die Beförderung der Errichtung von, vom 7. VII. 1891 f. Rentengüter V, 423 f.
Rentenkauf V, 425, f. a. Kredit IV, 873.

Rentenprinzip V, 427.
Rentenverkauf, System, französisches, des beständigen, s. Staatsschulden V, 829.
Rentenversicherung s. Lebensversicherung IV, 991.
—, Zweckmäßigkeit der, s. Leibrente IV, 1032 f.
Repartitersystem s. Steuer VI, 117.
Repartitionssteuern V, 480.
Report, Reportgeschäft s. Börsengeschäfte II, 687 f. Spekulation, Zeitgeschäfte.
Repudiation s. Staatsschulden V, 832.
Reservefondsbildung, Verwendung der Ueberschüsse zur, s. Sparkassen V, 797.
Retentionsrecht des Vermieters s. Zwangsvollstreckung VI, 937.
Retorsions- od. Kampfzölle s. Zölle VI, 631.
Reutfeld-, Hackwald-, Röderwaldwirtschaft s. Haubergswirtschaft IV, 396.
Revision (Geschau in Oesterreich) s. Zölle u. VI, 643.
—, Revisionsprotokoll, Revisionsinstanz des Rechnungshofs, Superrevision s. Rechnungskontrolle V, 556 f.
Revisionsbehörde s. Lebensversicherung IV, 1011.
Rezeptionsgeld (eine den jüdischen Bevölkerung aufgelegte Abgabe) s. Anzugsgeld I, 354.
Reybaud, Marie Roch Louis V, 431.
Rheinischer oder 24-Guldenfuß s. Münzwesen IV, 1260.
— Goldguldenfuß s. Münzwesen IV, 1259.
Rheinschiffahrt V, 433.
Ricardo, David V, 435.
— als Anhänger von Malthus in der Theorie s. Bevölkerungswesen II, 493.
—, seine Arbeitswerttheorie s. Wert VI, 688.
— als entschiedener Gegner der Ausfuhrprämien s. Ausfuhrprämien x. I, 964.
— über seinen Briefwechsel mit Malthus und die Uebereinstimmung Beider in wichtigen wirthschaftlichen Prinzipien s. Malthus IV, 1108.
—, seine Definition der Grundrente und seine Grundrententheorie s. Grundrente IV, 183, 185, 193.
—, seine Grundrentendoktrin, wichtigstes Beispiel einer Vorzugsrente s. Vorzugsrente VI, 576.
—, seine optimistische Krisentheorie s. Krisen IV, 902.
—, sein Lohngesetz s. Arbeitslohn I, 687 f.
Ricca-Salerno, Joseph V, 440.
Richert u. v. Herremann'scher Antrag auf Zollentlastung der Transitlager (1847) s. Identitätsnachweis IV, 554.
Ricci, Lodovico V, 441.
Riedel, Adolf Friedrich Johann V, 441.
u. Klepenhausen'scher Heimstättengesetzentwurf für Deutschland s. Heimstättenrecht IV, 455.
Rikorsamwechsel im lombardischen Recht s. Wucher VI, 782.
Rimpau'sche Moordammkultur s. Moorkultur x. IV, 1218.
Rinderpest s. Viehseuchen.
— und Schutzmaßregeln dagegen in den einzelnen Ländern s. Viehseuchen VI, 472 ff.
Ringe, Schwäne, Cornere s. Unternehmerverbände VI, 350.
Rittergut, Rittergutswirtschaft s. Gutsherrschaft IV, 231, 233, Adel I, 45 ff.
Ritterschaft, ritterschaftliches Kreditwesen s. Landschaften IV, 227.
Ritterthum, Entstehung und Verfall des, s. Adel I, 45 ff.
Robot, Robotpatente s. Bauernbefreiung (Oesterreich) II, 198 f.
— in der Moldau und Walachei s. Bauernbefreiung II, 249 f.
—, Beseitigung des, in der Moldau und Walachei durch „lege rurale" b. 1864 s. Bauernbefreiung II, 251.
Rochdaler Konsumverein s. Erwerbs- u. Wirtschaftsgenossenschaften III, 309 f.
Rochdale-Plan s. Konsumvereine IV, 839.
Rodbertus, Johann Karl V, 442.
— sein „Gesetz der fallenden Lohnquote" s. Robbertus V, 443.
—, seine Ausführungen über die Grundeigentumsverhältnisse in der antiken Oekonomik s. Gewerbe III, 926.
—, seine Ricardo bekämpfende Grundrententheorie s. Grundrente IV, 194, Robbertus.
—, sein Kapitalbegriff s. Kapital IV, 651.
—, seine sozialistische Krisentheorie s. Krisen IV, 904 f.
—, Kritik seiner Vorschläge, im Interesse des landwirtschaftlichen Grundbesitzes zum Rentenprinzip überzugehen s. Rentenprinzip V, 426 ff.
—, seine Normalarbeitstagstheorie s. Normalarbeitstag V, 30 f, Robbertus V, 445 f.
—, seine Ausführungen über die Rechtsinstitution des Menschenrigentums f. Robbertus V, 447.
—, seine Rentenprinziphypothese s. Rentenprinzip V, 427 f.
— als Verteter des wissenschaftlichen Sozialismus s. Sozialismus x. V, 778.
—, seine Vorschläge, den Kredit des landwirtschaftlichen Grundbesitzes auf der Basis des Rentenfonds zu heben s. Rentenprinzip V, 426.
Rodbertus, seine Werttheorie s. Robbertus V, 444.
Römermonate V, 450, s. a. Matrikularbeiträge, „Gemeiner Pfennig".
Roesler, Karl Friedrich Hermann V, 451.
Rößig, Karl Gottlob V, 452.
Rogers, James E. Thorold V, 453.
—, seine Preisgeschichte vom 12. bis zum 19. Jahrh. für England s. Preis V, 264 f.
Rohbaumwolle, Verbrauch der, und Ausfuhr von Baumwollwaaren Großbritanniens und Irlands seit 1850 s. Baumwollindustrie II, 308 ff.
Rohr, Julius Bernhard von, V, 454.
Rohseideproduktionsstatistik (Geschichtlicher Ueberblick, Italien, Frankreich, Oesterreich-Ungarn, Rußland, China, Japan, Ostindien und andere europäische und außereuropäische Staaten) s. Seide- x. Industrie V, 622—632.
Rohstoffgenossenschaften V, 455.
—, Geschichte und Statistik der, s. Rohstoffgenossenschaften V, 457.
—, Ursachen der Mißerfolge der, u. Verhalten der Handwerker s. Rohstoffgenossenschaften V, 457 f.
Rohstoffvereine, bezw. Ankaufsgenossenschaften s. Landwirtschaftliches Genossenschaftswesen IV, 946 ff.
Rohstoff-(Material-)Steuern s. Verbrauchssteuern VI, 413.
Rohtabakhandel und Handel mit Tabakfabrikaten in Deutschland, Rußland u. den Ver. Staaten v. Amerika s. Tabak x. VI, 170 f.
Rohtabakpreise (Großhandelspreise) in Deutschland, Bewegung der, 1879/93 s. Tabak x. VI, 161.
Rohtabakverbrauch in der deutschen Tabakindustrie 1887/92 s. Tabak x. VI, 167.
Rohweizenproduktionsstatistik (von Rußland, Großbritannien, Frankreich, dem übrigen Europa, den Ver. Staaten von Amerika, von Südamerika, den englischen Kolonien x. mit Generalübersicht) s. Wolle x. VI, 760—764.
Rôle d'équipage (Musterrolle angeworbener Seeleute) s. Schiffahrt V, 546.
Romagnosi, Gian Domenico V, 458.
Roscher, Wilhelm Georg Friedrich V, 460.
— als Anhänger von Malthus s. Bevölkerungswesen II, 516.
—, seine Stellung zur Doppelwährung (erklärt sich für Goldwährung in Deutschland und wünscht der Weltwirtschaft Doppelwährung) s. Doppelwährung II, 994 f.

Roscher, als Lehrer der Finanzwissenschaft s. Finanzwissenschaft III, 503.
Rossi, Pellegrino Lodovico Eduardo, Graf, V, 462.
— als Anhänger von Malthus in der Theorie s. Bevölkerungswesen II, 495.
Rousseau, Jean Jacques V, 464.
—, seinen „Contrat social" s. Rousseau V, 464, 465 ff.
—, seine im „Contrat social" niedergelegte Gesellschaftslehre s. Gesellschaft x. III, 840.
—, seine Verherrlichung einer über eine große Bevölkerung gesetzten Regierung s. Bevölkerungswesen II, 479.
Roussel, Abbé, seine Verdienste um Erziehung und Ausbildung der gewerblichen Jugend s. Volksbildungsvereine VI, 514.
Routes nationales, départementales u. communales s. Wege VI, 649.
Royal Exchange s. Börse.
Rübenzuckerindustrie in Deutschland, Entwickelung der, 1836-1894 (Tabelle) s. Zuckerindustrie x. VI, 868.
Rübenzuckerproduktion in den europäischen Ländern 1892/94 (Tabelle) s. Zuckerindustrie x. VI, 869.
Rückerwerbs- bezw. Vorkaufsrecht des Enteigneten s. Enteignung III, 364 f.
Rückkauf (rachat) s. Staatsschulden V, 840 f.
**Rückkaufsgeschäfte, Pfandleihu. Rücktauschgeschäfte.
Rückversicherung V, 468.
— in der Transportversicherung s. Transportversicherung VI, 266 f.
Rückversicherungsstatistik s. Rückversicherung V, 470.
Rückzahlungsschulden s. Schulden V, 591 f.
Rückzölle (draw-backs) s. v. u. Drawbacks.
Rüdiger, Johann Christian Christoph V, 470.
Rümelin, Gustav von V, 471.
— als Anhänger von Malthus s. Bevölkerungswesen II, 515 f.
Rundaleisystem s. Feldgemeinschaft III, 372.
Runrigsystem s. Feldgemeinschaft III, 372 f., Flurzwang III, 578.
Rupie, Einführung der, als einheitliches und alleiniges Zahlungsmittel in Britisch-Indien, s. v. 17. VIII. 1893 u. xx. XII. 1895 s. Silber x V, 665.
Ruskin, John, als Schüler Carlyles und Stifter des englischen Kathedersozialismus s. Soziale Reformbestrebungen V, 747 f.
Russkaja Prawda. Mir IV, 1185

Rijkslandbouwleeraren s. Unterrichtswesen, landwirtsch VI, 392.

Sachgut, Teilgut s. Gut IV, 227.
Sachsengänger (Wanderarbeiter) s. Landwirtsch. Arbeiter IV, 943.
—, Kontraktbrüche der, s. Sachsengängerei V, 474 u. 478.
Sachsengängerei V, 473.
— Uebervölkerung, relative, als Ursache der, s. Sachsengängerei V, 475 f.
—, Ursachen der, s. Sachsengängerei V, 476 ff.
Sachversicherung s. Versicherung.
Sackloraro s. Anwaltschaft I, 353.
Sadler, Michael Thomas V, 479.
— als optimistischer Gegner von Malthus s. Bevölkerungswesen II, 508 f.
— Hofadersche Hypothese s. Geschlechtsverhältnis der Geborenen x. III, 816.
Sadruga, die, s. Mir IV, 1186.
Sächsische Landeslotterie s. Lotterie x. IV, 1072.
Säsige und waltende oder Reihefronden s. Fronden III, 695.
Säuglingssterblichkeit s. Sterblichkeit.
Sagförerei, Anwaltschaft I, 353.
Saint-Simon V, 479; s. a. Sozialismus x. V, 774 f.
— über seinen Einfluß auf Comtes soziologischen Entwickelungsgang s. Gesellschaft x. III, 842.
Saint-Simonismus (Bazard und Enfantin 1825—32) s. Sozialdemokratie x. V, 712 f., Saint Simon x. V, 480 ff., Sozialismus x V, 774 f.
Saldierungsvereine zu Wien und zu Budapest s. Clearing House III, 841.
Saltum s. Salz.
Salzurschelme s. Schatzanweisungen.
Salmasius, Claudius V, 482.
— als Verteidiger des mit Geldmietpreis identifizierten Zinsmomentes s. Bucher VI, 782.
Salomonsinseln s. Kolonien x. IV, 751, 773.
Salz, Salzsteuer V, 483.
Salzabgaben-Defraudation s. Salz x. V, 491.
Salzfabrikatssteuer s. Salz x. V, 487.
Salzhaussskription s. Salz x. V, 486.
Salzmonopol s. Salz x. V, 486 f.
Salznaturalabgaben s. Salz x. V, 491.
Salzsteuer (nach ihrer wirtschaftlichen und finanzpolitischen Seite) s. Salz V, 484 ff.

Salzsteuer verschiedener Länder in Vergangenheit und Gegenwart s. Salz x. V, 487—495.
Samlag s. Gothenburger Ausschanksystem, Wirtshauswesen x. VI, 717.
Samoa-Akte s. Handelsverträge IV, 362.
Samter, Adolf S. V, 495.
Sanitätskonferenz, internationale, in Rom, Mai 1885 s. Volkskrankheiten VI, 524.
— im Januar 1892 zu Venedig s. Volkskrankheiten VI, 525.
Sanitätskonferenzen, internationale, zu Konstantinopel 1866, zu Wien 1874 s. Volkskrankheiten VI, 523.
Sanitätskonvention, abgeschlossen auf der Konferenz im März 1893 zu Dresden s. Volkskrankheiten VI, 526.
Sanitary aid and dwellings Committees, London s. Wohnungsfrage VI, 744.
Sansovino, Francesco V, 495.
Sartorius, Frhr. v. Waltershausen, August V, 496.
—, Georg Friedrich V, 496.
Saucierers der Roßtabake s. Tabak VI, 162.
Savings banks s. Sparkassen.
Say, Emil V, 498.
—, seine Analyse des individualistischen Altruismus s. Altruismus I, 239.
—, seine Abgrenzung der Funktionen des Altruismus und des Kollektivismus s. Altruismus I, 239.
—, seine Progressivsteuertheorie s. Steuer VI, 106, 107.
—, seine ökonomische Steuertheorie s. Steuer VI, 108.
Say, Horace Emile V, 498.
Say, Jean Baptiste V, 499.
— als Anhänger von Malthus in der Theorie s. Bevölkerungswesen II, 519.
— als Begründer der Produktivitätstheorie s. Zins VI, 818, Landerbale.
Say, Jean Baptiste Léon V, 503.
Scaruffi, Gaspare V, 505.
Scialoja, Antonio V, 619.
Scott Act von 1878 (Canada) s. Wirtshauswesen x. VI, 716.
Schaden-, Kapital- und Gemeinrentes. Lebensversicherung IV, 1004.
Schadenversicherung s. Versicherung.
Schädelmessungen s. Anthropologie u. Anthropometrie I, 232 f.
Schäffle, Albert Eberhard Friedrich V, 505.
—, seine Befürwortung der Assoziation von Baugenossenschaften und Erwerbsgenossenschaften s. Wohnungsfrage VI, 741.

Schäffle, seine Ausführungen über städtische Grundrentenbildung s. Wohnungsfrage VI, 758.
—, seine Charakterisirung der Kapitalgüter s. Kapital IV, 653.
—, seine Kolonisationstheorie (Kolonisationsgesetz, -Stufen, -Grade u Widerstände) s. Kolonien ꝛc. IV, 705—708.
—, als Anhänger von Malthus s. Bevölkerungswesen II, 517.
—, seine Befürwortung der Einführung zunächst des speziellen Normalarbeitstags s. Normalarbeitstag V, 33.
—, als Steuerentlastungstheoretiker s. Steuer VI, 121.
— als Steuersystematiker s. Steuer VI, 98 s.
—, als Steuerüberwälzungstheoretiker s. Steuer VI, 119.
— seine Wertdefinition s. Wert VI, 685.
Schänken und Schankstätten, Einschränkung und Ueberwachung der, s. Wirthshauswesen ꝛc. VI, 718 s.
Schaffamt s. Winkelblech VI, 711.
Schafwollindustrie s. Wolle ꝛc. VI, 764 ff.
Schankbetrieb durch Fabrikanten s. Trucksystem VI, 269.
Schankgefäße, Raumgehalt der (RG. vom 20. VII. 1881) s. Schankgewerbe V, 511.
Schankgewerbe V, 506.
—, Konzessionirung des (Wirkungen und Erlöschen der Konzession) s. Schankgewerbe V, 508 ff.
— in Oesterreich, Frankreich, England, Skandinavien ꝛc. s. Schankgewerbe V, 511 ff.
Schankgewerbebeschränkung s. Schankgewerbe V, 510 s.
Schanz, Georg V, 513.
—, seine Ausführungen über Steuergewalt und den ihr unterworfenen Personenkreis s. Steuer VI, 91 f.
Scharling, Hans William V, 514.
— seine Nutwerttheorie s. Wert VI, 691.
Schatzkistprameßen s. Schatzanweisungen.
Schatzanweisungen V, 515, Reichsfinanzen V, 369.
Schatznoten, Amerikanische, nach dem G. v. 14. VII. 1890 s. Papiergeld V, 98.
Schatzscheine s. Schatzanweisungen.
—, Ermächtigung zur Ausgabe und Zweckmäßigkeit der Ausgabe von, s. Schatzanweisungen V, 515.
—, Umlauf, Verfallzeit und Verzinsung der, s. Schatzanweisungen V, 515, 516 s.

Schatzung, Schatzungen und Auflagen s. Steuer VI, 98.
Schauspielunternehmungen V, 519.
—, Konzessionirung von, Verlagung und Entziehung der Konzession s. Schauspielunternehmungen V, 522.
— in Oesterreich, Frankreich, England s. Schauspielunternehmungen V, 523 ff.
Schauspielunternehmungsgesetzgebung, Geschichtliche Entwickelung der deutschen, s. Schauspielunternehmungen V, 520 s.
Schaustellungen und Aufführungen ohne höheres Kunstinteresse s. Schauspielunternehmungen V, 523.
Scheel, Hans von V, 526.
Scheidemünzen V, 526.
Schenkungssteuer V, 530; s. a Erbschaftssteuer.
Schert'sches Projekt einer Verbindung der Ersparungen mit Gewinnverlosungen s. Sparkassen V, 793.
Schiedsgerichte s Gewerbegericht, Einigungsämter.
— und Arbeitervertretung s. Berufsgenossenschaften II, 405.
Schiedsgerichtsklausel s. Handelsverträge IV, 356.
Schießpulver- und Sprengstofffabrikation s. Gewerbegesetzgebung (Großbritannien) III, 1004.
Schiff, Tragfähigkeit eines, Berechnung der, s. Schiffahrt V, 558.
Schiffahrt V, 532.
Schiffahrtspolitik s. Schiffahrt V, 532—537.
— Deutschlands s. Schiffahrt V, 546—555.
— Englands s. Schiffahrt V, 535—541.
— Frankreichs s. Schiffahrt V, 541—546.
Schiffahrtsstatistik s. Schiffahrt V, 558—566.
— Deutschlands, Großbritanniens, Frankreichs und anderer Länder ꝛc. s. Schiffahrt V, 559—566.
Schiffahrtsverhältnisse, internationale, s. Schiffahrt V, 555 ff.
Schiffahrtsvertrag, französisch-englischer, vom 16. I. 1826 s. Schiffahrt V, 548.
Schiffsland s. Hamburgswirtschaft IV, 396.
Schiffergilden (collegia naviculariorum) s. Schiffahrt V, 533.
Schiffsmühlen, strompolizeilich beaufsichtigte, s. Mühlenrecht V, 1243.
Schiffs- und Assekuranzmakler s. Maklerwesen IV, 1096.
Schiffsbesichtigungsinstitute (Bureau Veritas, Englischer und Germanischer Lloyd) s. Schiffahrt V, 555.

Schiffsregister s. Schiffahrt V, 551 f.
Schiffsvermessungsamt in Berlin s. Schiffahrt V, 554.
Schiffsvermessungsordnung v. 20. VI. 1888 s. Schiffahrt V, 554.
Schimmelpfeng's Auskunftsbureau s. Auskunftswesen, kaufmännisches I, 984, 986.
Schippel'sche abfällige Kritik der Giffenschen Statistik der englischen Einkommensverhältnisse s. Einkommen III. 63.
Schlachthäuser V, 566.
—, Einrichtung und Verwaltung der öffentlichen, s. Schlachthäuser V, 568 f.
—, Gesetzliche Bestimmungen über, s. Schlachthäuser V, 569 f.
—, Privat- u. öffentliche, s. Schlachthäuser V, 566 f.
—, Ueberwachung der öffentlichen, s. Schlachthäuser V, 568 f.
Schlachthausanzwang s. Schlachthäuser V, 567.
Schlachtlokalitäten s. Schlachthäuser V, 566.
Schlacht- u. Mahlsteuer V, 571.
—, die vormalige preußische Gesetzgebung zur, s. Schlacht- ꝛc. Steuer V, 573 f.
—, Oesterreich-Ungarische Gesetzgebung zur, s. Schlacht- ꝛc. Steuer V, 575.
Schlachtsteuer, Erhebungsformen der (Thorsteuer, lokaler Zoll oder Ottroi ꝛc.), s. Schlacht- ꝛc. Steuer V, 571 f.
Schlachtviehabsatz, genossenschaftlicher, s. Landwirtsch. Genossenschaftswesen IV, 949.
Schlagbetrieb, Schlagwirtschaft s. Forsten III, 598.
Schlagschatz, Erhebungsart des, s. Münzwesen IV, 1252 f.
Schleichhandel, Schmuggel, Schwärzen, Paschen s. Zölle ꝛc. VI, 849 ff.
Schleiden, M. J., seine Bedeutung für die Hebung des Studiums der Naturwissenschaften an den landwirtsch. Hochschulen s. Unterrichtswesen, landwirtsch. VI, 371.
—, seine den Erfahrungen der Wissenschaft widerstreitende Ansicht von den angeblichen Krankheitskeimen in den Kulturpflanzen s. Unterrichtswesen, landwirtsch. VI, 372.
Schlettwein, Johann August V, 576.
—, als Vertheidiger der Freigebung der Arbeit in Deutschland s. Zunftwesen VI, 894.
Schleuderkonkurrenz s. Submissionswesen.
Schlözer, August Ludwig von V, 579.
Schlußnoten, Schlußscheine s. Börse u. Börsensteuer.
Schmalz, Theodor Anton Heinrich V, 581.

Schmalz, seine Ausführungen über Brotpreise und gewerbliche Lohntaxen s. Preistaxen V, 261.
Schmerkel, Martin V, 582.
Schmitthenner, Friedrich Jakob V, 583.
Schmoller, Gustav V, 585.
—, seinen Appell an das soziale Pflichtgefühl der Besitzenden, gemeinnützige Baugesellschaften mit mittlerer Verzinsung bei loyalen Mietsverträgen zu gründen s. Wohnungsfrage VI, 743.
—, seine Ausführungen über städtische Grundrentenbildung s. Wohnungsfrage VI, 786.
—, als Anhänger von Malthus s. Bevölkerungswesen II, 518.
—, als Steuerüberwälzungstheoretiker s. Steuer VI, 115 f.
Schnabelschuhe, Pluderhosen, Schleppen x., Verbot der, s. Luxus IV, 1081 f.
Schneider (Amtsrichter in Rienburg), seinen Plan zur Beseitigung der Uebelstände bei den Altenteilsverträgen s. Altenteil I, 198.
—, seinen Gesetzentwurf bezgl. der Verschuldungsgrenze beim Pachtwert der Wirtschaften s. Heimstättenrecht IV, 457 f.
Schneiderkongreß in Frankfurt a. M., 20.—25. VII. 1848, s. Handwert IV, 373.
„**Schnitt**" (Ausübung des Selbsteintrittsrechts dem Kommissionsgeschäft) s. Zeitgeschäfte VI, 801
Schnupftabakfabrikation s. Tabak VI, 165.
Schön, Johannes V, 587.
Schönberg, Gustav Friedrich V, 588.
—, seine moderne Auffassung der Entstehungsursache der Zünfte s. Zunftwesen VI, 879.
Schollenpflichtigkeit s. Mir IV, 1188.
Schon- oder Hegezeit s. Jagd IV, 543.
Schornsteinfeger V, 588.
Schot, das (Abgabe in Geld) und schotbar Land s. Bauernbefreiung (Holland) II, 214.
Schreibapparate, telegraphische, von Wheatstone, Morse, W. Thomson, Hughes, Estienne, Siemens x. s. Telegraphie x. VI, 194 f.
Schröder, Wilhelm, Freiherr von, V, 589.
— als deutscher Repräsentant des Merkantilismus s. Mercantilsystem IV, 1172.
Schubert, Friedrich Wilhelm V, 590.
Schurf-Beleihungs- u. Enteignungsrecht s. Bergbau II, 367, 368.
Schütz, Karl Wolfgang Christoph V, 584.
Schul-, Jugend- oder Kindersparkassen s. Sparkassen V, 794 ff.
Schulsparkassen s. Sparkassen V, 794 ff.

Schulden V, 591.
—, fundierte oder konsolidierte (Consolidated fund) s. Staatsschulden V, 826.
—, Konsolidation von, s. Konversionen u. Staatsschulden V, 826.
—, langfristige und kurzfristige, s. Schulden V, 592.
—, produktive und unproduktive, s. Schulden V, 592.
Schuldhaft V, 593.
—, Aufhebung der, in Frankreich, G. v. 22. VII. 1867 s. Schuldhaft V, 596.
—, Aufhebung der, für den Norddeutschen Bund, G. vom 29. V. 1868 s. Schuldhaft V, 596.
—, Geschichte der, s. Schuldhaft V, 594 ff.
—, Gesichtspunkte, legislatorische, für und gegen die, s. Schuldhaft V, 597 f.
Schuldhaftrecht, geltendes, des Deutschen Reiches s. Schuldhaft V, 596 f.
Schuldknechtschaft s. Schuldhaft V, 594.
Schuldturm, öffentlicher, Schuldturmshaft s. Schuldhaft V, 595.
Schuldurkunde (Obligation) s. Staatsschulden V, 843.
Schuldverpflichtungen des Reichs (Reichsschulden) 1872—1893/94 s. Reichsfinanzen V, 400.
Schuldverschreibungen aufgenommener Reichsanleihen s. Reichsfinanzen V, 389 f.
Schuldverwaltung s. Staatsschulden V, 843 f.
Schulze, Friedrich Gottlob V, 599.
— als Begründer und Leiter des „landwirtsch. Instituts" zu Jena s. Unterrichtswesen, landwirtsch. VI, 370 f., 375.
Schulze-Delitzsch, Franz Hermann V, 601.
—, seine Agitation für Gewährung der Koalitionsfreiheit als ein Natur- und Grundrecht, 1861—67 s. Koalition x. IV, 695 f.
—, sein Kreditgenossenschaftssystem s. Kreditgenossenschaften IV, 883 f.
— als Gründer der Rohstoffvereine und des „Allgemeinen Verbandes deutscher Erwerbs- u. Wirtschaftsgenossenschaften" s. Erwerbs- x. Genossenschaften III, 314 f.
Schupflehren u. Erblehen s. Bauernbefreiung (Baden) II, 197.
Schutz der geistigen Arbeit, Beziehungen des Deutschen Reiches zum Auslande hinsichtlich Erzielung eines internationalen, s. Urheberrecht VI, 405.
— gegen lebens-, gesundheits- und feuergefährliche Bauten s. Baupolizei II, 333, 355 f.

Schutz des geistigen Eigentums, G. v. 11. IV. 1870 s. Urheberrecht VI, 396.
— der erwachsenen Fabrikarbeiterinnen in Deutschland (Gewerbeordnungsnovelle vom 1. VI. 1891) s. Frauenarbeit x. III, 658 f.
— der Werke der bildenden Künste und der Photographien s. Künste IV, 915 ff.
— (ausländisches Recht) s. Künste IV, 917 s.
— der Werke der Litteratur und Kunst, Verband, internationaler, zum, vom 5. IX. 1887 s. Künste IV, 917.
— —, Verträge Deutschlands mit der Schweiz (13. V. 1869), Frankreich (19. IV 1883), Belgien (12. XII. 1883), Italien (20 VI. 1884), den V. Staaten von Amerika (15. I. 1892) s. Künste IV, 917.
— der Minderjährigen, Gesetze zum, in Rußland vom 1. IV. 1882, 13. VI. 1884, 3. VI. 1886 s. Arbeiterschutzgesetzgebung I, 481 f.
— eines Warenzeichens gegen Nachahmung s. Markenschutz.
— der Photographien s. Künste IV, 917.
— eingetragener oder vorgemerkter Rechte in den öffentlichen Büchern gegen Verjährung s. Hypotheken- x. Wesen IV, 518.
— gegen unlauteren Wettbewerb u. Warenfälschung s. Gewerbegesetzgebung (Oesterreich) III, 989.
Schutzgemeinschaften für Handel u. Gewerbe s. Auskunftswesen, kaufmännisches I, 985.
Schutzgesetzgebung, gegenwärtige, und die Bestrebungen in ihrer Vervollständigung s. Normalarbeitstag V, 34 f.
Schutzgilden s. Gilden IV, 81.
Schutzmaßregeln gegen tropische Klimaschädigungen s. Akklimatisation I, 80 f.
Schutzsystem V, 604; s. a. Handelspolitik!
— Deutschlands s. Schutzsystem V, 611 f.
— Englands s. Schutzsystem V, 610 f.
— Frankreichs s. Schutzsystem V, 607 ff.
— anderer Länder (Oesterreich, Italien, Rußland, V. Staaten von Amerika) s. Schutzsystem V, 614 ff.
—, Zwecke des, s. Handelspolitik IV, 322 f.
—, Kritik des, und der Freihandelstheorie s. Handelspolitik IV, 325 f.
Schutzwälder, Schutzwaldungen s. Forsten III, 610 ff.
Schutzwaldeigenschaft, Deklarierung der, s. Forsten III, 611.

Schutzoll, Schutzzölle, fiskalische, f. Einfuhrzölle III, 31, Zölle VI, 829, Schutzsystem.

Schwebende Schuld f. Schulden V, 591 f.
— **Schuld des Reiches** f. Reichsfinanzen V, 389.

Schwebende Schulden f. Staatsschulden V, 825 f.

Schweizerischer Geheimbund "Das junge Deutschland" 1833—1836 f. Sozialdemokratie V, 717.

Schwemmsystem f. Städtereinigung.

Schwerguttabak f. Tabak VI, 186.

Seckendorf, Veit Ludwig von, V, 619.
—, seine Anschauungen über Vermehrung der Bevölkerung f. Bevölkerungswesen II, 476.
— als Finanztheoretiker f. Finanzwissenschaft III, 494.

Seeämter, Seeamtsbezirke f. Schiffahrt V, 553.

Seebeuterecht der Kriegsschiffe f. Schiffahrt V, 556.

Seedarlehn f. Transportversicherung VI, 257 f.

Seedarlehnsgeschäft in Hellas f. Handelsrecht IV, 380.

Seefischerei f. Fischerei III, 532—536.
—, Pflege der, in Deutschland, Belgien, Dänemark, Großbritannien, Frankreich, Schweden und Norwegen f. Fischerei III, 535 f.
—, Landesgesetzliche und internationale Regelung der, f. Fischerei III, 532 f.

Seefischereirecht in Deutschland, Frankreich, Belgien, Dänemark, Großbritannien, Italien, Holland, Oesterreich, Schweden f. Fischerei III, 533 ff.

Seegewohnheitsrecht f. Schiffahrt V, 534.

Seehandelsgilden f. Schiffahrt V, 534.

Seehandlungsgesellschaft V, 820.

Seelenkonsignation f. Bevölkerungswesen (Oesterreich) II, 436.

Seelenstener f. Mir IV, 1188.

Seeleute, Rechtsverhältnisse der, auf Seeschiffen, f. Arbeitergesetzgebung (Deutschland) I, 417.

Seemannsämter, Seefahrtsbuch f. Schiffahrt V, 550, 551.

Seemannsordnung v. 27. XII. 1872 f. Schiffahrt V, 550 f.

Seeraub (Piraterie), Rechtslosigkeit derselben f. Schiffahrt V, 556.

Seerecht von Wisby f. Schiffahrt V, 534.

See- oder Revierlotsen f. Lotsen.

See- u. Quarantänegesundheitsrat für Aegypten in Alexandrien f. Volkskrankheiten VI, 526.

Seetransportversicherung f. Transportversicherung VI, 259.

Seetransportversicherungsrisiken, Cyclone u. Out of season f. Transportversicherung VI, 262 f.

Seeunfälle, Untersuchung von, RG. v. 27. VII. 1877 f. Schiffahrt V, 553.

Seeunfallversicherungsgesetz v. 13. VII. 1887 f. Unfallversicherung VI, 517 f.

Seeversicherung f. Transportversicherung.

Seide und Seidenindustrie V, 622.
— —, Uebersicht der neueren Zollverhältnisse f. Seide- x. Industrie V, 637.

Seidenindustrie, Handel u. Verbrauch (Frankreich, Großbritannien, Italien, Schweiz, Deutsches Reich, Oesterreich-Ungarn, andere europäische Länder, V. Staaten v. Amerika f. Seide- x. Industrie V, 637—637.

Selbsthilfe V, 639.

Selbstinteresse V, 640.

Selbstmorde f. Moralstatistik.
—, Parallelismus der, und der Ehescheidungen f. Moralstatistik IV, 1325.

Selbsttaxierung der Bäcker f. Preistaxen V, 163.

Sellgman, Edwin R. A. V, 652.

Seltenheitswert f. Wert VI, 684.

Selvgrænder, Selvejere (Freilassen) f. Bauernbefreiung II, 216, 218.

Seminaristicum f. Kirchliche Abgaben IV, 675.

Senats-Verwaltungen, Bureaus, statistische, der, f. Statistik VI, 32.

Senckel (Pfarrer zu Hohenwalde bei Müllrose) als Agitator für Schulsparkassen und Vorsitzender des "Deutschen Vereins für Jugendsparkassen" f. Sparkassen V, 794, 795.

Senior, William Nassau V, 653.
—, als Begründer der Abstinenztheorie f. Zins VI, 819.

Sennereiunternehmer f. Alpenwirtschaft I, 191.

Separation f. Zusammenlegung der Grundstücke.

Separationsverfahren, altpreußisches, f. Zusammenlegung der Grundstücke VI, 914.

Serfs de corps (Leibeigene) f. Bauernbefreiung II, 205.

Serfs de main morte (main-mortables) f. Bauernbefreiung II, 205.

Sergeants-at-law f. Anwaltschaft I, 380.

Serie (Risikoerhöhung für den Assekuranz) f. Transportversicherung VI, 264 f.

Séries de prix f. Submissionswesen VI, 145.

Sering, Max V, 654.

Service sedentaire u. **service active** f. Zölle x. VI, 841.

Servitutenablösung f. Gemeinheitsteilung, Landeskulturgesetzgebung.

Serra, Antonio V, 655.

Settlement Act (Heimatsgesetz Karls II. v. J. 1662) f. Armenwesen I, 875.

Settlement and removal, laws of, f. Armenwesen I, 878.

Seuchen f. Volkskrankheiten.

Seuchenverbreitung, staatspolizeilicher Verkehr gegen, f. Viehversicherung VI, 487.

Sherman Bill v. 14. VII. 1890 f. Silber x. V, 666.

Sicherheitsarrest, persönlicher, f. Schuldhaft V, 596.

Sicherheitspolizei f. Polizei V, 165 f.

Sicherheits- oder Kreditstaration der Grundstücke f. Taxation, landwirtsch. VI, 190.

Sicherheits- und Sanitätspolizei hinsichtlich der Betriebsstätten f. Gewerbegesetzgebung (Frankreich) III, 1012 f.

Siedelungsgebiete, gemischte, f. Ansiedelung I, 305.

Siedelungsweise der Kelten, Römer, Slaven, Engländer und Deutschen f. Ansiedelung I, 301—307.
—, slavische und keltische, und Flurzwang f. Flurzwang III, 577 f.

Siemens, Werner, als Bevollmächtiger der unterirdischen und Erfinder der unterseeischen Telegraphie f. Telegraphie VI, 196.

Silber im Altertum f. Silber x. V, 656 ff.
— im Mittelalter f. Silber x. V, 658 ff.
— und Silberwährung V, 656.

Silberabnahme f. Silber x. V, 667.

Silbercertifikate, amerikanische, nach der Blandbill von 1878 f. Papiergeld V, 97.

Silberentwertung f. Silber x. V, 667—676.
—, Ursachen der, f. Silber x. V, 671 f.
— als Ursache der ostasiatischen Konkurrenz, f. Silber x. V, 671 f.

Silbergeräteuer (England und Schweiz [Genf]) f. Luxussteuer IV, 1084, 1087.

Silbergewinnungskosten, Verminderung der, durch die Fortschritte der metallurgischen Technik f. Silber x. V, 671.

Silberkurantmünzen in den Ländern mit hinkender Doppelwährung, Verminderung des Wertes der, f. Silber x. V, 673.

Silberkurantmünzenprägung Hollands, Sistierung der, 1874, s. Silber x. V, 668.
Silberkursschwankungen u. Volkswirtschaft s. Silber x. V, 672 f.
Silberprägung in Deutschland, Einstellung der, 1873, s. Silber x. V, 668.
— in England, Rudings Angaben über die, 13.—15. Jahrh., s. Silber x. V, 660.
Silberprägungen, Beschränkung u. Einstellung der, s. Silber x. V, 668 f., Doppelwährung.
Silberproduktion und Silberprägung der neueren Zeit s. Silber x. V, 660 ff.
—, Silberwährung im 19. Jahrh. s. Silber x. V, 663 ff.
Silberverbrauch der Photographie s. Silber x. V, 667.
Silberverwendung für industrielle Zwecke s. Silber x. V, 666.
Silberwährung Hollands, Annahme der, G v. 26. IX. 1847, s. Silber x. V, 668.
Sismondi, Jean Charles Léonard Simonde de V, 676.
— als Anhänger von Malthus in der Theorie s. Bevölkerungswesen II, 495 f.
—, seinen Anschluß an die OwenMalthusschen Krisentheorien s. Krisen IV, 904.
Sittenpolizei, Sittlichkeitspolizei s. Prostitution V, 302 ff.
Skattebønnan (freie Bauerngüter) s. Bauernbefreiung (Schweden) II, 220.
Slaven in Rom, rechtliche u. thatsächliche Stellung der, s. Unfreiheit VI, 330.
Sklavenhandel s. Handelsverträge, Assiento-Vertrag, Unfreiheit.
—, Brüsseler Konferenzakte v. 1890 gegen den, s. Handelsverträge IV, 362.
—, Deklaration des Wiener Kongresses vom 2. II. 1815 zur Bekämpfung des, s. Unfreiheit VI, 335.
—, Maßregeln gegen den, s. Unfreiheit VI, 336.
Sklavenwirtschaft in Rom, Einfluß derselben auf Staat und Gesellschaft s. Unfreiheit VI, 330.
—, Rückbildung der, s. Unfreiheit VI, 331.
Sklavenzahl im Altertum s. Bevölkerungswesen II, 446 f.
Sklaverei s. Unfreiheit VI, 321.
— im Altertum s. Unfreiheit VI, 321—332.
— in Griechenland (Sparta und Attika) s. Unfreiheit VI, 326 f.
—, neuzeitliche, in den Kolonien und die Aufhebung derselben s. Unfreiheit VI, 333 ff.
— im Mittelalter s. Unfreiheit VI, 332 f.

Sklaverei in Rom s. Unfreiheit VI, 328 ff.
Sklavereiabschaffung in den britischen Kolonien durch Parlamentsakte vom 28. VIII. 1839 s. Unfreiheit VI, 335.
Sklavereiaufhebung in Brasilien durch G. vom 13. V. 1888 s. Unfreiheit VI, 335.
Sklavereiemanzipation in den französischen Kolonien durch G. vom 27. IV. 1848 s. Unfreiheit VI, 335.
Sliding scale s. Lohnskala.
Smith, Adam V, 680.
—, seine Abhängigkeit von Doktrin und Systematik früherer wirtschaftlicher Theoretiker s. A. Smith V, 684 f.
—, seine Bevölkerungspolitik s. Bevölkerungswesen II, 480.
—, seine sorglose Ansicht über Doppelwährung s. Doppelwährung II, 994.
—, sein System der Ethik s. A. Smith V, 681 f.
—, als Finanztheoretiker s. Finanzwissenschaft III, 498 f.
—, und die weitere Entwickelung der Freihandelslehre in England s. Freihandelsschule V, 666 ff.
—, seine Grundrententheorie s. Grundrente IV, 192.
—, seinen sozialen Individualismus u. (bezw. sozialen Liberalismus) s. Individualismus IV, 575.
—, seinen „volkswirtschaftlichen" Kapitalbegriff s. Kapital IV, 650.
—, seine Anschauungen über den Luxus s. Luxus IV, 1078.
—, sein Urteil über die Wirkung des Methuenvertrags s. Handelsverträge IV, 359.
—, seine Anschauung über die Tilgung der Staatsschulden s. Staatsschulden V, 839.
—, als Steuertheoretiker s. Steuer IV, 101.
—, sein Verhältnis zur Gegenwart s. A. Smith V, 686 f.
—, seine Wertdefinition s. Wert VI, 684, 687.
Società cooperativa di credito (cooperative Kreditgenossenschaften) s. Banken (Italien) II, 186.
— di mutuo soccorso (wechselseitige Hilfsvereine) s. Arbeiterversicherung (Italien) I, 571.
— ordinarie di credito s. Banken (Italien) II, 186.
Société d' agriculture, Paris (gegr. 1776) s. Landwirtsch. Vereinswesen IV, 959.
— des amis du peuple und die von ihr inszenierten Emeuten (1827—32) s. Sozialdemokratie V, 713.

Société du crédit foncier de France s. Hypothekenaktienbanken.
— des droits de l'homme (G. Cavaignac, Armand Marrost) 1834 s. Sozialdemokratie V, 713.
— des familles und Société des saisons (Aug. Blanqui u. Barbès) s. Sozialdemokratie V, 713 f.
— française des habitations à bon marché s. Wohnungsfrage VI, 744.
— française de tempérance s. Mäßigkeitsbestrebungen IV, 1154.
— générale pour favoriser l'industrie nationale s. Banken (Belgien) II, 123.
— pour l'observation du dimanche (gegr. 1861 in Genf) s. Sonntagsarbeit V, 701.
— de statistique de Paris s. Statistik VI, 24.
Sociétés anonymes s. Aktiengesellschaften (Belgien) I, 167 f.
— à responsabilité limitée s. Aktiengesellschaften (Frankreich) I, 158.
— de secours mutuels (Belgien) s. Arbeiterversicherung I, 565 f.
Society (Royal) of agriculture, London (gegr. 1753) s. Landwirtsch. Vereinswesen IV, 959.
— for the extension of University teaching s. Volksbildungsvereine VI, 506.
Soden, Friedrich Julius Heinrich, Reichsgraf von, V, 688.
—, als Steuertheoretiker s. Finanzwissenschaft III, 502.
Soden, von (Freiherr), seine Bestallung als Gouverneur von Kamerun, 1885 s. Kolonien x. IV, 765.
—, seine Bestallung zum Gouverneur des deutsch-ostafrikanischen Schutzgebiets, 9. IV. 1891 s. Kolonien x. IV, 769.
Sömmerings erster elektrischer Telegraph (1809) s. Telegraphie x. VI, 193.
Sörgel, Ernst August V, 691.
Soetbeer, Georg Adolf V, 692.
—, seine Schätzung der Silberproduktion Europas im Anfange des 16. Jahrhdts. s. Silber x. V, 659.
—, seine Schätzung der Silberproduktion in Amerika und Europa, 16.—18. Jahrh. s. Silber x. V, 661.
Solidarhaft, Solidarbürgschaft s. Erwerbs- und Wirtschaftsgenossenschaften.
Solidarität, Idee der, der Völker in der Sozialpolitik s. Internationale IV, 597.

Solidarity-Plan, Propaganda der Knights of labour für dieses System f. **Produktivgenossenschaft** V, 794.
Solidarschuhsystem f. **Schutzsystem** V, 604.
Sonnenfels, Joseph, Reichsfreiherr von, V, 698.
—, seine Billigung der die höchste Bevölkerungsziffer erstrebenden Regierungsmaßregeln f. **Bevölkerungswesen** II, 483 f.
— als Finanztheoretiker f. **Finanzwissenschaft** III, 500.
—, sein Klassifizierungssystem der Regalien f. **Regalien** V, 874.
Sonntagsarbeit V, 698.
— beim Bergbau f. **Bergbau** II, 875.
—, in der Gegenwart, Umfang und Gründe der, f. **Sonntagsarbeit** V, 701 ff.
—, Verbot der, Verhandlungen darüber im Deutschen Reichstage f. **Sonntagsarbeit** V, 704 ff.
—, Wert, wirtschaftlicher, der, f. **Sonntagsarbeit** V, 704.
Sonntagsfrage, die, in älterer Zeit f. **Sonntagsarbeit** V, 698 ff.
Sonntagsgesetz vom 1. VI. 1891 f. **Sonntagsarbeit** V, 705.
—, Durchführung des, für das deutsche Handelsgewerbe f. **Sonntagsarbeit** V, 705 f.
Sonntagsgesetzgebung, außerdeutsche, f. **Sonntagsarbeit** V, 706 f.
Sonntagsheiligung, Kongreß, internat., für, Genf 1876 f. **Sonntagsarbeit** V, 701.
Sonntagsruhe im 19. Jahrh., Agitation für, f. **Sonntagsarbeit** V, 700 f.
Sonntagsschutzkongreß, internat., Stuttgarter Versamml. v. 18./20. V. 1898 f. **Sonntagsarbeit** V, 706.
Souveränitätsrechte über den unabhängigen Kongostaat, Annahme der, König Leopold II., 1. VIII. 1885, f. **Kolonien** x. IV, 721.
Sovereigns of industry f. **Erwerbs**- x. **Genossenschaften** III, 333.
Sozialbewegung in England f. **Soziale Reformbestrebungen** V, 741—745.
„Socialdemocratic federation" (seit 1882) f. **Sozialdemokratie** V, 737.
Sozialdemokratie V, 707.
—, Begründung der deutschen (durch Lassalle, 1863) f. **Sozialdemokratie** V, 719 f.
—, Erklärung ihrer geschichtlichen Entwickelung f. **Sozialdemokratie** V, 707 ff.
—, Geschichte der, bis zur Revolution (1848) f. **Sozialdemokratie** V, 711—719.

Sozialdemokratie, Geschichte der, seit 1850 f. **Sozialdemokratie** V, 719—732.
—, Geschichte der neueren, in Amerika f. **Sozialdemokratie** V, 732.
—, Geschichte der neueren, in Belgien f. **Sozialdemokratie** V, 729.
—, Geschichte der deutschen, f. **Sozialdemokratie** V, 719—728.
—, Geschichte der neueren, in England f. **Sozialdemokratie** V, 727.
—, Geschichte der neueren, in Frankreich f. **Sozialdemokratie** V, 727.
—, Geschichte der neueren, in Holland f. **Sozialdemokratie** V, 728.
—, Geschichte der neueren, in Italien f. **Sozialdemokratie** V, 729.
—, Geschichte der neueren, in Oesterreich-Ungarn f. **Sozialdemokratie** V, 728 f.
—, Geschichte der neueren, in den ehemals polnischen Gebieten f. **Sozialdemokratie** V, 731.
—, Geschichte der, im Proletariat der russisch-polnischen Juden f. **Sozialdemokratie** V, 731 f.
—, Geschichte der neueren, in Rußland f. **Sozialdemokratie** V, 730 f.
—, Geschichte der neueren, in der Schweiz f. **Sozialdemokratie** V, 726.
—, Geschichte der neueren, in den Skandinavischen Staaten f. **Sozialdemokratie** V, 726.
—, Geschichte der neueren, in Spanien und Portugal f. **Sozialdemokratie** V, 730.
—, Historische Bedeutung der, f. **Sozialdemokratie** V, 736 ff.
—, Kritik der, f. **Sozialdemokratie** V, 733—739.
—, Kritik des Programms der deutschen, f. **Sozialdemokratie** V, 733 ff.
—, Ueberwindung der, f. **Sozialdemokratie** V, 736 f.
—, Vorbedingungen, sozialpolitische, der, f. **Sozialdemokratie** V, 708 f.
Sozialdemokratische Arbeiterpartei, die (seit April 1869) f. **Sozialdemokratie** V, 721 f.
— Bewegung in den Balkanländern und Griechenland f. **Sozialdemokratie** V, 732.
— Partei, Organisation der neuen, in Deutschland (Liebknecht, Bebel, v. Schweitzer, Fritzsche x.) f. **Sozialdemokratie** V, 721 f.
— Partei Deutschlands seit Aufhebung des Ausnahmegesetzes f. **Sozialdemokratie** V, 723 ff.
— Programm, neues, auf dem Er-

furter Kongreß, Oktober 1891 f. **Sozialdemokratie** V, 723 f.
Soziale Reformbestrebungen V, 741.
—, —, Evangelisch-soziale, f. **Soziale Reformbestrebungen** V, 755 ff.
— —, Katholisch-soziale, in Oesterreich, der Schweiz, Frankreich, Belgien, Italien, England, den V. Staaten v. Amerika f. **Soziale Reformbestrebungen** V, 754—755.
Sozialismus und Kommunismus V, 769.
—, Antiker, f. **Sozialismus** V, 769 ff.
—, der christliche, im Mittelalter f. **Sozialismus** x. V, 771 f.
—, christlich- und ethisch-reformatorischer, in England, der neuere, f. **Soziale Reformbestrebungen** V, 745—750.
—, Geschichte des, f. **Sozialismus** x. V, 769—782.
—, Kritik und Würdigung des, f. **Sozialismus** V, 783 f.
—, Philosophischer, in Deutschland (Heß und Grün) f. **Sozialismus** x. V, 717.
—, der wissenschaftliche, f. **Sozialismus** x. V, 777—782.
Sozialisten, Partei der unabhängigen (Werner, Wildberger, Auerbach x.) seit 1891 f. **Sozialdemokratie** V, 725.
Sozialistengesetz f. **Ausnahmegesetz gegen die gemeingefährlichen Bestrebungen der Sozialdemokratie** I, 988.
Sozialistische Arbeiterpartei Deutschlands f. **Sozialdemokratie** V, 722 f.
— Arbeiterpartei Deutschlands unter dem Ausnahmegesetz von 1878 f. **Sozialdemokratie** V, 723.
— Bewegungen in Belgien (de Potter, Beltrand, Kats) f. **Sozialdemokratie** V, 716.
— Bewegungen in Deutschland bis zur Revolution f. **Sozialdemokratie** V, 716 f.
— Bewegungen in Deutschland während der Revolutionszeit (1848—49) f. **Sozialdemokratie** V, 718.
— Bewegungen in Frankreich bis zur Februarrevolution f. **Sozialdemokratie** V, 713 ff.
— Bewegungen in Frankreich während der Revolution von 1848 f. **Sozialdemokratie** V, 717 f.
— Lehre, daß die Güter nur Arbeit kosten f. **Preis** V, 240.
— Parteikongreß zu Wyden, 1880, f. **Sozialdemokratie** V, 723.
Parteienvereinigung in Belgien: Flämische und brabantische sozialistische Partei vereinigen sich zur belgischen sozialistischen Partei,

1879, f. Sozialdemokratie V, 729.
Sozialistische Regungen in Rußland f. Sozialdemokratie V, 718 f.
— Regungen in Spanien f. Sozialdemokratie V, 716.
— Regungen in den B. Staaten v. Amerika f. Sozialdemokratie V, 719.
— Theorie f. Volkswirtschaft VI, 537 f.
— -kommunistische Schulen von Fourier, Buchez, Louis Blanc, Cabet ꝛc. f. Sozialdemokratie V, 714.
— -revolutionäre Bewegungen in Rußland, Geschichte der neueren, f. Sozialdemokratie V, 730 f.
Soziologie f. Gesellschaft und Gesellschaftswissenschaft III, 838.
Spangenberg, Cyriacus V, 785.
Spanndienste f. Bauernbefreiung, Naturalleistungen.
Spareinlagen, Verjährung für rückständige Zinsen von, f. Sparkassen V, 796.
Sparbeiträge, Rückzahlungen von, f. Sparkassen V, 796.
Spargelderannahme, -Anlage, -Verzinsung und -Rückzahlung durch die Post f. Postsparkassen.
Sparkassen V, 786.
—, Geschichtliches über, f. Sparkassen V, 786.
— Volkswirtschaftliche Bedeutung der, f. Sparkassen V, 789 ff.
Sparkassenbestände, Veranlagung der, f. Sparkassen V, 797.
Sparkassenbücher (livrets), Einlagescheine, Sparmarken, Sparkarten f. Sparkassen V, 791 f.
—, „gesperrte" (remboursements différés) f. Sparkassen V, 796.
Sparkassenanlagen, Annahmestelle für, f. Sparkassen V, 791.
—, Begrenzung des Betrages der, und des Gesamthabens f. Sparkassen V, 797.
— Verzinsung der, f. Sparkassen V, 792.
Sparkasseneinrichtung hinsichtlich Bequemlichkeit der Benutzung u. Sicherung der Anlage ꝛc. f. Sparkassen V, 791—798.
Sparkassenguthaben, Uebertragungen von, f. Sparkassen V, 793.
Sparkassenstatistik f. Sparkassen V, 799 ff.
Sparkassenversicherung f. Sparkassen V, 798.
Sparkassenwesen in verschiedenen Ländern, gesetzliche Regelung des, f. Sparkassen V, 798 ff.
Sparpfleger, Sammelboten, f. Sparkassen V, 794.

Spartakus und der Fechterkrieg f. Sozialdemokratie V, 709.
Spediteur, Pfandrecht des, am Speditionsgute f. Speditionsgeschäfte V, 808 f.
— Pflichten des, f. Speditionsgeschäfte V, 807.
— Rechte des, f. Speditionsgeschäfte V, 808 f.
—, Retentionsrecht des, f. Speditionsgeschäfte V, 809.
Speditionsgeschäfte V, 806.
Speditionshandel f. Speditionsgeschäfte V, 807.
Speenhamland Act f. Armenwesen (Großbritannien) I, 694 ff.
Spekulantenringe f. Wucher VI, 778.
Spekulation V, 809.
—, Uebertreibungen der, im Warenverkehr, f. Börsenspiel II, 702 f.
Spekulationskrisen im Effektenverkehr f. Börsenspiel II, 694 ff.
Spencer, Thomas f. Sozialismus V, 777.
Spencer, Herbert V, 812.
— als Gegner von Malthus aus naturwissenschaftlichen Beweggründen f. Bevölkerungswesen II, 513 f.
—, sein soziologisches System f. Gesellschaft ꝛc. III, 843, s. Spencer.
Sperrgesetze f. Zölle VI, 834.
Spezialdepositen f. Sparkassen V, 797.
Spezialentrepôts f. Zölle ꝛc. VI, 847.
Spezialhandel f. Handelsstatistik IV, 341.
Spezialitätsprinzip bei der Eintragungsvermerke f. Hypotheken ꝛc. Wesen IV, 523.
Spezialmärkte f. Märkte ꝛc. IV, 876.
Spezialseparation f. Zusammenlegung der Grundstücke ꝛc. VI, 899, 917.
Spiegelglasversicherung f. Glasversicherung IV, 75.
Spielbanken f. Glücksspiel IV, 77.
Spielkartensteuer V, 814.
Spielkartensteuergesetzgebung f. Spielkartensteuer V, 814.
Spielrisiko f. Spekulation.
Spielverbot in außerpreußischen Lotterien f. Lotterie ꝛc. IV, 1072.
Spinoza, seinen machttheoretischen Individualismus f. Individualismus IV, 571.
Spiritushandel f. Branntwein ꝛc. II, 713 f.
Splitter, Ludwig Timotheus, Freiherr von, V, 815.
Sprengstoffe V, 816.

Sprengstoffe, Begriff, Bedeutung und Arten der, f. Sprengstoffe V, 816.
—, Mißbräuchliche Anwendung von, RGG. v. 9. VI. 1884, §13. III. 1885 u. 16. IV. 1891 f. Sprengstoffe V, 817 f.
— Reichsrechtliche Normen in Deutschland über, f. Sprengstoffe V, 818 ff.
Sprengstoffgesetzgebung in Oesterreich, England, Frankreich, Italien f. Sprengstoffe V, 818 f.
Staat und Familie f. Familie III, 355.
Staatsangehörigkeit, Erwerb und Verlust der, Gesetz, deutsches, v 1. VI. 1870 f. Freizügigkeit III, 675.
Staatsanleihen f. Anleihen I, 280 ff., Staatsschulden.
— Rückzahlung der, Modalitäten und nach festem Plan f. Anleihen I, 280 f.
— Submissionsweise Begebung der, f. Staatsschulden V, 831.
Staatsamt über das Versicherungswesen des Deutschen Reiches, der Schweiz, Oesterreichs, Großbritanniens und der B. Staaten von Amerika u. die Versicherungsgesetzgebung dieser Staaten f. Versicherung VI, 460 ff.
Staatsbahnsystem f. Eisenbahnen III, 177 f.
Staatsbankerott V, 832.
Staatsbetrieb oder Privatbetrieb f. Post V, 184 f.
Staatseinnahmen aus der Lotterie, Wesen und Charakter der, f. Lotterie IV, 1070 f.
Staatsgläubiger, Sicherung der, f. Staatsschulden V, 831 f.
Staatskolonisation und Privatkolonisation f. Kolonien ꝛc. IV, 715 f.
Staatslotterien f. Lotterie IV, 1071.
Staatspapiergeld ohne und mit Zwangskurs f. Papiergeld V, 97 f.
Staatsrechnung f. Finanzverwaltung III, 483 ff.
Staatsschuld, Kündigungsrecht der, f. Staatsschulden V, 838 f.
—, Anleihen I, 285 f.
Staatsschuldbuch, das preußische, f. Anleihen I, 285 f.
Staatsschulden V, 820, f. a. Anleihen.
— Bemerkungen, allgemeine geschichtliche, über, f. Staatsschulden V, 823 f.
— Einteilung der, f. Staatsschulden V, 824 ff.
— Begriff der, f. Staatsschulden V, 844 ff.
— System der freien Tilgung der, f. Staatsschulden V, 842.
— Tilgung und Tilgungsfonds f. Staatsschulden V, 839 ff.

Staatsschuldenbegebung, Emission f. Staatsschulden V, 829 ff.
Staatsvoranschlag f. Finanzverwaltung III, 482 f.
Staatswaldwirtschaft f. Forsten III, 628.
Stadt, Gegensätze im Innern der (Ritterbürtige, Klerus, Juden, Kämpfe innerhalb der Bürgerschaft) f. Bürger ꝛc. II, 792 ff.
—, Merkmale, unterscheidende, der, f. Bürger ꝛc. II, 790 f.
Stadtbotenanstalten f. Post V, 174.
Stadterweiterung durch Enteignung f. Zusammenlegung städtischer Grundstücke VI, 918.
—, Kosten der, f. Zusammenlegung städtischer Grundstücke.
Stadterweiterungen V, 847.
Stadtkommunalbauten, russische, f. Bauten II, 158 ff.
Stadtwirtschaft, mittelalterliche, als Uebergangsbildung von der Natural- zur modernen Volkswirtschaftsform f. Verteilung VI, 465 f.
Städtereinigung V, 851.
Städtestatistische Aemter in Europa f. Statistik, städtische, VI, 44—54.
Städtische Selbständigkeit, Periode der, f. Bürger ꝛc. II, 791 f.
Stättegeld f. Märkte ꝛc. IV, 1127.
Staffel-, Grabationszölle f. Zölle VI, 836.
Staffeln (gradus) Stechhäuser f Stapelrecht.
Staffeltarife f. Eisenbahnen III, 202.
Stafford, William V, 852.
Stahl, Julius, seine Begründung der Steuer durch die Unterthanschaft f. Steuer VI, 68 f.
Standard of life f. Arbeitslohn I, 581.
Standesbeamten- und Standesamtsbezirke f. Standesregister V, 860 f.
Standesregister V, 854.
—, Staatsbehörden der, f. Standesregister V, 861.
—, Inventarisierung der, f. Standesregister V, 863.
— Rechtliche Bestimmungen der Registerführung f. Standesregister V, 862 f.
—, System der kirchlichen, in Oesterreich-Ungarn, Rußland, den skandinavischen Staaten, Portugal, Serbien f. Standesregister V, 858 ff.
Standorts- oder Wohnungsboden f. Grundbesitz IV, 120 ff.
Stanze di compensazione in Italien f. Clearing House II, 840.
Stapel (stabulum), Stapelgüter,

Stapelstraßen f. Stapelrecht V, 864.
Stapelrecht (droit d'étape) V, 863.
—, Aufhebung des, f. Stapelrecht V, 879 ff.
— Hamburger (Jus constringendi) f. Schiffahrt V, 548.
— Würdigung und volkswirtschaftliche Bedeutung des, f. Stapelrecht V, 878 f.
Stapelrechte, Geschichte der wichtigsten, im Gebiete der Hansa, des Rheins, der Weser, der Elbe, der Oder und der Weichsel, ferner in England f. Stapelrecht V, 865—878.
Stapelzwang f. Stapelrecht.
Statik f. Raubbau in der Landwirtschaft.
Statistical Office für Irland f. Statistik VI, 27.
— (Royal) Society of London f. Statistik VI, 26.
Statistik VI, 1.
— administrative, in Oesterreich-Ungarn f. Statistik VI, 21.
— amtliche, in Asien und Afrika f. Statistik VI, 40 f.
— der Balkanländer f. Statistik VI, 38 f.
— Belgiens f. Statistik VI, 37 f.
— in Deutschland f. Statistik VI, 9—20.
— der deutschen Bundesstaaten: Bayern, Sachsen, Württemberg, Baden, Hessen, Oldenburg, Mecklenburg-Schwerin, den Thüringischen Staaten, Herzogtümer, Fürstentümer, Hansestädte, annektierte Länder f. Statistik VI, 17 ff.
— Frankreichs f. Statistik VI, 24 ff.
— der französischen Kolonien f. Statistik VI, 26.
— Großbritanniens und Irlands f. Statistik VI, 26 ff.
— Italiens f. Statistik VI, 28 ff.
— der Niederlande f. Statistik VI, 36 f.
— Oesterreich-Ungarns f. Statistik VI, 20 ff.
— Preußens f. Statistik VI, 11—16.
— Rußlands f. Statistik VI, 31 ff.
— der Schweiz f. Statistik VI, 35 f.
— der skandinavischen Staaten f. Statistik VI, 34 f.
— Spaniens und Portugals f. Statistik VI, 38.
— Ungarns und Kroatien-Slavoniens f. Statistik VI, 22 f.
— der B. Staaten v. Amerika f. Statistik VI, 39 f.
— der Staaten von Süd- und Zentralamerika f. Statistik VI, 40.

Statistik, Einteilung der, f. Statistik VI, 6 ff.
—, Entwickelung der, geschichtliche, f. Statistik VI, 3 ff.
— des auswärtigen Handels f. Statistik VI, 7.
—, internationale, f. Statistik VI, 41 ff.
—, kantonale schweizerische, f. Statistik VI, 36.
— über Land- und Forstwirtschaft, Bergbau ꝛc. im k. k. Ackerbauministerium f. Statistik VI, 21 f.
— als Methode der systematischen Massenbeobachtung f. Volkswirtschaft VI, 547.
—, ökonomische und finanzielle der statistischen Generaldirektion Italiens f. Statistik VI, 29 f.
—, politische f. Statistik VI, 8.
— des Transportwesens f. Statistik VI, 7.
—, Unausgelöste staatliche, in den einzelnen k. k. Ressortministerien f.
— der Verteilung der Güter f. Statistik VI, 7.
— der Verwaltung in Staat und Gemeinde f. Statistik VI, 8.
— des Warenverkehrs, Kg. v. 20. VII. 1879 f. Handelsstatistik IV, 542.
—, Wesen und Aufgaben der, f. Statistik VI, 1 ff.
— des wirtschaftlichen Lebens f. Statistik VI, 6.
Statistiker, Konferenzen schweizerischer, (seit 1890 jährlich) f. Statistik VI, 36.
Statistische Abteilung im Board of Trade f. Statistik VI, 27.
— Aemter im Deutschen Reich und in den Bundesstaaten, Aufwand für die, 1890—91 f. Statistik VI, 20.
— —, die städtischen, VI, 44.
— Amt, Dänisches, f. Statistik VI, 36.
— Amt, kais. (Deutsches Reich) f. Statistik VI, 9 ff.
—, Gebiet der Thätigkeit des, f. Statistik VI, 10 f.
—, Bureau, eidgenössisches, f. Statistik VI, 36.
— Bureau für Konsularstatistik im State-Department (B. Staaten von Amerika) f. Statistik VI, 39.
— Bureau, kgl. preuß., f. Statistik VI, 11—16.
—, Gebiet der Thätigkeit, Personal- und Etatsverhältnisse, Veröffentlichungen des, f. Statistik VI, 14 ff.
—, Geschichte des, f. Statistik VI, 11 ff.

5

Statistische Departement im k. k. Ministerium für Handel und Gewerbe s. Statistik VI, 21.
— Departements im Board of Customs s. Statistik (Großbritannien) VI, 27.
— Gebühr (droit de statistique, droit de balance) VI, 54, s. a. Handelsstatistik IV, 341, Meldepflicht IV, 1164, Stempel VI, 70.
— —, eingeführt durch G. v. 20. VII. 1879 in Deutschland s. Statistische Gebühr VI, 55.
— Gesellschaft, gegr. 1864 in Bern s. Statistik VI, 36.
— Kongreß, internationaler, s. Statistik VI, 41 f.
— Institut, internationales, s. Statistik VI, 42 f.
— Institut der Niederlande (gegr. 1884) s. Statistik VI, 37.
— Methode und die Enqueten s. Volkswirtschaft VI, 541 ff.
— Verhältniszahlen, Stabilität u. Dispersion der, s. Gesetz III, 847 f.
— Warenverzeichnis s. Handelsstatistik IV, 342.
— Zentralbüreau, Norwegisches s. Statistik VI, 35.
— Zentralkomitee im kais. russisch. Ministerium des Innern s. Statistik VI, 31.
— Zentralkommission, Belgische (gegr. 1841) s. Statistik VI, 37.
— Zentralkommission, k. preuß., s. Statistik VI, 15.
— Zentralkommission, k. k., s. Statistik VI, 21.
Stauanlagen für Wasserbetriebswerke, Genehmigung dazu s. Mühlenrecht IV, 1241.
Stauubbaut (Gebundenheit an die Scholle) s. Bauernbefreiung II, 216, 217.
Stein, Lorenz von, VI, 56.
— seine Ausführung über den Doppelbelastungscharakter der Verkehrssteuern s. Verkehrssteuern VI, 432.
— seine geschichtsphilosophische Gesellschaftslehre s. Gesellschaft x. III, 841.
— als Lehrer der Finanzwissenschaft s. Finanzwissenschaft III, 508.
— als Anhänger von Malthus s. Bevölkerungswesen II, 516.
— seine Darstellung des beständigen Verlaufs französischer Rente als beständige Vergrößerung der französischen Staatsschuld s. Staatsschulden V, 829 f.
— sein Steuereinteilungssystem s. Steuern VI, 99 f.
— seine Auffassung von direkt erhobenen indirekten Steuern s. Steuer VI, 94.
Steinkohlen VI, 58.

Steinkohlenproduktionsstatistik s. Steinkohlen VI, 59 f.
Steinkohlenvorräte s. Steinkohlen VI, 61 ff.
Stellenvermittelungsgewerbe s. Arbeitsnachweis I, 733 f.
Stempel, Stempelabgaben VI, 63.
Stempelabgaben mit Statistik der Einnahmen daraus in verschiedenen Ländern s. Stempel x. VI, 67—71.
Stengel, Karl von, seine Klassifikation der Kolonien s. Kolonien x. IV, 708.
Stephan, von (Generalpostmeister), s. Telegraphie x VI, 201, 208, 209, Post V, 182.
Stephenson, Georg s. Eisenbahnen (Geschichte) III, 147.
Sterbegeld s. Krankenversicherung IV, 863.
Sterbenswahrscheinlichkeit für Invaliden s. Alters- und Invaliditätsversicherung I, 216.
Sterbetafeln und Alterstafeln s. Alters- und Invaliditätsversicherung I, 216 f.
Sterblichkeit u. Sterblichkeitstafeln VI, 72.
Sterblichkeitstafeln von Farr, Queteley, Heym, Brune, Deparcieux x. s. Lebensversicherung IV, 99 ff.
Steuart, James Denham (Sir) VI, 80.
— seine bimetallistische Anschauung über Doppelwährung s. Doppelwährung II, 993.
— als Finanztheoretiker s. Finanzwissenschaft III, 498.
— als Vorgänger von Malthus s. Bevölkerungswesen II, 490.
Steuer VI, 83.
— Einzige und Mehrheit von Steuern s. Steuer VI, 93 f.
— **Steuerbemessungsgrundlage** (Steuerobjekt) s. Steuer VI, 92.
Steuerbewilligungsrecht s. Steuer VI, 111 f.
Steuerdeklaration, Meldezwang zur, s. Meldepflicht.
Steuerdestinatar s. Steuer VI, 93.
Steuerentlastungskämpfe, Begriff und Arten der, s. Steuer VI, 121 f.
Steuerfreiheit des Existenzminimums, Berücksichtigung, thatsächliche, der, in der Gesetzgebung s. Existenzminimum x. III, 327 f.
Steuerhinterziehung s. Steuer VI, 121
Steuerklauseln s. Handelsverträge IV, 354 f.
Steuerkompensation durch Hebung der Produktionsthätigkeit infolge der Steuer s. Steuer VI, 123.

Steuermannes- und Seeschifferprüfungswesen s. Schiffahrt V, 552.
Steuern, Beweglichkeit der, in der Finanzwirtschaft s. Steuer VI, 114.
— direkte und indirekte, s. Steuer VI, 96 ff.
— Einteilung der, nach inneren Momenten s. Steuer VI, 99 f.
— Erhebung von, s. Steuer VI, 116 f.
— Gesetzmäßigkeit der, s. Steuer VI, 111 f.
— ordentliche und außerordentliche, s. Steuer VI, 95.
— Proportionalität und Progression der, s. Steuer VI, 106 ff.
— Volkswirtschaftliche Quelle und Grundsätze der, s. Steuer VI, 112 ff.
Steuerpflicht, Ausdehnung der, s. Steuer VI, 89 f.
— Begründung der, s. Steuer VI, 86 ff.
— Theorien, ältere, über, s. Steuer VI, 86 ff.
Steuertarif, Veranlagung und, der partiellen Einkommensteuer in Bayern, Württemberg, Hohenzollern und Reuß ä. L. s. Einkommensteuer III, 91 f., 93 f., 94.
— nach dem gegenwärtigen Rechtszustande der allgemeinen Einkommensteuer in Sachsen, Baden und den übrigen deutschen Staaten s. Einkommensteuer III, 82 f., 86 f., 88 ff.
Steuerprivilegienpolitik der herrschenden Klassen s. Steuer VI, 121.
Steuerquelle, die, s. Steuer VI, 85 f., 92.
Steuersubjekt s. Steuer VI, 93.
Steuersystem, Wahl des, s. Branntweinsteuer II, 719 ff.
Steuerüberwälzung, Begriff der, s. Steuer VI, 117 f.
— Tragweite der, s. Steuer VI, 119 ff.
Steuerveranlagung s. Steuer VI, 115 f.
Steuerverpachtungen s. Steuer VI, 116.
Steuerverteilung, ehemalige, des Adelslandes in Skandinavien zu gleichen Teilen an die einzelnen Gemeindegenossen s. Reebningsverfahren V, 372.
Steuerwesen, Geschichtliche Entwickelung allgemeiner Grundsätze des, s. Steuer VI, 101 f.
— Geschichte und Statistik des, in den deutschen Staaten im 19. Jahrh. s. Steuer VI, 122/132.
— in Oesterreich, Frankreich, England im 19. Jahrh. s. Steuer VI, 132 ff.

Stevens, Uriah S., Gründer des Ordens der "knights of labor" s. Knights of labor IV, 667.
Stieda, Wilhelm, VI, 943.
Stiftungen VI, 1 ff.
—, Erwerbs- u. Verkehrsbesteuerung der, s. Stiftungen VI, 138 f.
— Steuersubjekte und Steuerformen der, s. Stiftungen VI, 137 f.
Stirner, Max s. Anarchismus I, 256.
Stiura, atiura (heimatiure, ritterstiure) f. Steuern VI, 83.
Stockbücher (Grundbücher) f. Zusammenlegung der Grundstücke VI, 813.
Stockcertificates, stockholders s. Staatsschulden V, 886.
Stock Exchange f. Börse.
Stöckers Gründung der christlichsozialen Arbeiterpartei f. Soziale Reformbestrebungen V, 744.
Stöpel, seine Ausführungen über das Recht auf Arbeit in "Soziale Reform" (1881) f. Recht auf Arbeit V, 367.
Störer (Arbeiter auf der Elbe, Baugewerbe) f. Gewerbe III, 939.
Störer (Bönhase) unzünftige Arbeiter f. Gewerbe III, 933.
—, Kampf gegen die, f. Gewerbe III, 933 f.
Stolgebühren f. Kirchliche Abgaben IV, 674.
Storch, Heinrich VI, 139.
Strafmündigkeit f. Kriminalstatistik IV, 888.
Stranddämme, Strandungsordnung v. 17. V. 1874 f. Schiffahrt V, 558.
Straßenbautechnik, Geschichte der, f. Wege VI, 638 f.
Straßengewerbe VI, 139.
Straßengewerbliche Gesetzgebung f. Straßengewerbe VI, 140.
Straßenlinien, Disposition und Systematisierung der, f. Wege VI, 643 ff.
Streik von Decazeville, 1884, f. Arbeitseinstellungen I, 641 f.
— der Erdarbeiter zu Paris, 1888, f. Arbeitseinstellungen I, 642 f.
— der Grubenarbeiter von Anzin, 1884, f. Arbeitseinstellungen I, 640 f.
— zu Vierzon, 1886/87, f. Arbeitseinstellungen I, 642 f.
Streiks in Belgien, 1867—69, f. Arbeitseinstellungen I, 646—651.
— in Biella f. Arbeitseinstellungen I, 656 ff.
— in den einzelnen Branchen in Deutschland, 1848—89, f. Arbeitseinstellungen I, 619—626.

Streiks, Geschichte, Geographie und Verlauf der, in Deutschland f. Arbeitseinstellungen I, 617 ff.
— der Glasarbeiter im Seine- und Seine et-Oise-Departement (1888 f. Arbeitseinstellungen I, 643.
—, landwirtschaftliche, in Italien von 1884, f. Arbeitseinstellungen I, 659 f.
—, Statistik der, in den Vereinigten Staaten von Amerika von 1875—1886 f. Arbeitseinstellungen I, 662 ff.
—, Statistik der, in Amerika, 1881—1886 f. Arbeitszeit I, 785 f.
Streikbewegung, Statistik der englischen, 1802—1879, f. Arbeitseinstellungen I, 634 ff.
Streikstatistik, offizielle (noch "Statistique annuelle", 1889) f. Arbeitseinstellungen (Frankreich) I, 644.
Streit zwischen den Anhängern der Deduktion (der alten) und denen der Induktion (der neuen Richtung) f. Volkswirtschaft VI, 554 ff.
Strikes f. Arbeitseinstellungen I, 672 f.
Strombauverwaltung f. Gewässer III, 816.
Stück-(Akkord-)Lohn f. Arbeitslohn.
Stückgeld (frustrum) f. Vermögensteuer VI, 440.
Stücklohn f. Arbeitslohn.
Sturges-Bourne-Act f. Armenwesen I, 876.
Subhastation f. Zwangsvollstreckung.
Subjektsteuer f. Personalsteuer.
Subkollektationsrecht f. Steuer VI, 117.
Submissionen f. Handwerk IV, 384.
Submissionswesen VI, 141.
Succession duty f. Erbschaftssteuer III, 302.
Südkompagnie, die schwedische, von 1626 f. Südseegesellschaften VI, 147.
Südseegesellschaft, die englische, und der Assientovertrag f. Südseegesellschaften VI, 148 f.
—, **die französische,** in Verbindung mit der Guineakompagnie und der Gesellschaft de l'Asiento f. Südseegesellschaften VI, 148.
Südseegesellschaften VI, 146.
Südwestafrika, Regulierung der Grenzen von, deutsch-englisches Abkommen vom 1. VII. 1890 f. Kolonien x. IV, 763.
Sueß' Ansichten über die Fortdauer der Steigerungstendenz der Silberproduktion f. Silber x. V, 670 f.
Süßmilch, Johann Peter VI, 163.
—, seine Vorschläge zur Erstrebung

einer großen Volkszahl f. Bevölkerungswesen II, 481.
Suezkanal VI, 150.
Suezkanalsverkehrsstatistik, 1870—91 f. Suezkanal.
Summary Jurisdiction Act v. 1879 f. Zwangserziehung VI, 930.
Sumner, J. Bird, Erzbischof von Canterbury (1780—1862) als Anhänger von Malthus in der Theorie f. Bevölkerungswesen II, 493.
Surtaxe d'entrepôt (Zuschlagszoll) f. Differentialzölle, Schiffahrt V, 543.
— **de pavillon** f. Schiffahrt V, 543.
Sweating system f. Hausindustrie IV, 424 f.
Syme, David VI, 155.
Syndikat f. Gewerkvereine, Unternehmerverbände.
Syndikate (fachgewerbliche Verbände) v. 21. III. 1884 f. Gewerbegesetzgebung (Frankreich) III, 1009.
Syndicats agricoles f. Bauernbefreiung II, 211.
— **professionels** f. Vereins- u. Freiheit VI, 426.
Systeme oder die allgemeinen Theorien über Staat, Recht u. Volkswirtschaft f. Volkswirtschaft x. VI, 536 f.

Tabak, Geschichtlicher Rückblick auf die Einführung der, in die europäische Volkswirtschaft f. Tabak x. VI, 166 f.
—, Ertragsverhältnisse des, in den V. Staaten v. Amerika f. Tabak x. VI, 161.
—, Inlandsteuer auf, f. Tabak x. VI, 176 f.
—, der, in der Volkswirtschaft, f. Tabak x. VI, 159—176b.
— und Tabakbesteuerung VI, 155.
Tabakarbeiter, Unfallversicherungsstatistik der deutschen, 1898, f. Tabak x. VI, 168.
Tabakausfuhr, außereuropäische, 1889, f. Tabak x. VI, 173.
Tabakbau, deutscher, f. Tabak x. VI, 169.
—, **Nordamerikanischer,** f. Tabak x. VI, 159.
—, Rentabilität des, f. Tabak x. VI, 160.
—, Statistik des, f. Tabak x. VI, 161 f.
—, **Technisches** f. Tabak x. VI, 159.
—, **Wirtschaftliches** f. Tabak x. VI, 159 ff.
Tabakbesteuerung f. Tabak x.
—, Ausgestaltung der, im allgemeinen f. Tabak x. VI, 176b ff.

Tabakbesteuerung, deutsche, s. Tabak ꝛc. VI, 176¹ ff
—, finanzielle Ergebnisse der deutschen, (1869/70—1891/92) f. Tabak ꝛc. VI, 176ᵇ.
—, englische, f. Tabak ꝛc. VI, 176ʰ f.
— in Holland, Dänemark, Schweden, Norwegen, der Schweiz f. Tabak ꝛc. VI, 176ᵍ f.
—, russische (Fabrikatsteuer) f. Tabak ꝛc. VI, 176ᵇ f.
— in den V. Staaten von Amerika f Tabak ꝛc. VI, 177 f.
Tabak-Engrospreise in den Ver. Staaten von Amerika (Fakturenpreise, 1875) f. Tabak ꝛc. VI, 144 f.
Tabakfabrikate, Preisverhältnisse und Verkaufswert der deutschen, (1878 und 1895) f. Tabak ꝛc. VI, 167.
Tabakfabrikations- u. Verschleißmonopol f. Tabak ꝛc. VI, 176ᵈ.
Tabakfabrikatsteuer f. Tabak ꝛc. VI, 176ᵃ.
— mit Banderolenkontrolle in Rußland f. Tabak ꝛc. VI, 176ᵇ.
Tabakfabrikation, Technische, f. Tabak ꝛc. VI, 162 f.
—, Wirtschaftliches f. Tabak ꝛc. VI, 163—166.
Tabakfabriken in Österreich-Ungarn, Statistik der, f. Tabak ꝛc. VI, 168.
Tabakgenuß, Neuzeitliche Wandlungen in der Art des, f. Tabak ꝛc. VI, 156 f.
Tabakhandel in Rußland f. Tabak ꝛc. VI, 171 ff.
—, Statistik des, (Deutschland, England, Österreich, Frankreich) f. Tabak ꝛc. VI, 174 f.
—, Technisches f. Tabak ꝛc. VI, 170 f.
—, Wirtschaftliches f. Tabak ꝛc. VI, 171.
Tabakhausindustrie in Amerika und Deutschland f. Tabak ꝛc. VI, 144 f.
Tabaklizenzgebührenstatistik in den Ver. Staaten von Amerika, 1891, f. Tabak ꝛc. VI, 164.
Tabakmonopol (staatliches Vollmonopol, Rohtabakmonopol) f. Tabak ꝛc. VI, 1764.
—, des französischen, f Tabak ꝛc. VI, 176ᵉ.
—, das italienische, f. Tabak ꝛc. VI, 176ᵃ.
— in Österreich-Ungarn f. Tabak ꝛc. VI, 176ᶠ f.
—, des portugiesischen, f. Tabak ꝛc. VI, 176ᵉ f.
— in Serbien und Rumänien f. Tabak ꝛc. VI, 176ᵃ.
—, des türkischen, f. Tabak ꝛc. VI, 176ᵈ ff.
Tabakphansensteuer f. Tabak ꝛc. VI, 176ᵃ.
Tabakmaterialsteuer f. Tabak ꝛc. VI, 176ᵃ.

Tabakpflanzensteuer f. Tabak ꝛc. VI, 176ᵃ.
Tabaksteuer, belgische, f. Tabak ꝛc. VI, 176ᵢ.
Tabaksteuererträge, neuzeitliche, auf den Kopf der Bevölkerung f. Tabak ꝛc. VI, 173.
Tabaksteuergesetzgebung, deutsche, deren in der Schwebe befindliche Reformfrage f. Tabak ꝛc. VI, 176ʰ f.
Tabaksteuersystem, englisches, f. Tabak ꝛc. VI, 176ᵈ.
Tabaksteuersysteme f. Tabak ꝛc. VI, 176ᵃ f.
— und -Steuerformen, thatsächliche Verbreitung der, f. Tabak VI, 176ᵃ f.
Tabakverarbeitung, Statistik der, f. Tabak ꝛc. VI, 168 ff.
Tabakverbrauch, Ermittelung des, f. Tabak ꝛc. VI, 176 ff.
— in den einzelnen Ländern f. Tabak ꝛc. VI, 176 ff.
— als Steuerquelle f. Tabak ꝛc. VI, 176ᵇ.
—, Uebersicht der gegen seine Einführung gerichteten Bestrebungen f. Tabak ꝛc. VI, 157 f.
Tabakverbrauchsangabe auf den Kopf der Bevölkerung f. Tabak ꝛc. VI, 176.
Tabakzoll f. Tabak ꝛc. VI, 176ᵈ.
Tabellenkommission, schwedische, f. Statistik VI, 34 f.
Tableau économique f. Quesnay V, 372 ff.
Tabula de Amalfi f. Schiffahrt V, 534.
Tabular- oder Grundbuchgerichte f. Hypotheken ꝛc. Wesen IV, 554.
Tagles (erwachsene männliche und weibliche Arbeiter) f. Mir IV, 1191.
Tagelöhne, Skala der ortsüblichen, im Deutschen Reich mit Schlußfolgerungen f. Arbeitslohn I, 696 ff.
Tagelöhner (freie und kontraktlich gebundene) f. Landwirtschaftliche Arbeiter IV, 942 f.
Tagespreistabelle verschiedener Güterarten bed "Economist" f. Preis V, 348 f.
Taille, Tallia, Talliagia VI, 179, f. a. Bede II, 381, Kapitalrentensteuer IV, 657.
— in England f. Taille VI, 180.
— in Frankreich f. Taille VI, 180 ff.
— personnelle (mixte) f. Taille VI, 181.
— réelle f. Taille VI, 181.
Tamaffa, G. VI, 182.
Tantième Finanzverwaltung III, 459 f.
Tapezierer f. Banten II, 41.
Tara, Tarasätze, tarifmäßige und wirkliche Tara f. Zölle VI, 836, 837.

Tarif, gradué en raison de la progression ascendante des loyers f. Mobiliarsteuer IV, 1201.
— von Trianon v. J. VII 1810 f. Kontinentalsperre IV, 845.
Tarifhoheit des Staates f. Eisenbahnen III, 202 ff.
Tarifkriege f. Eisenbahnen III, 211 f.
Tarifpolitik f. Barto V, 170 f.
Tarifprämien f. Lebensversicherung IV, 1001, 1006.
Tassa di circolazione (Notenumlaufsteuer) f. Banken II, 141.
Taube, Fr. W. als Bekämpfer der Zünfte f. Zunftwesen VI, 893 f.
Taubstumme, rechtliche Stellung der, f. Taubstumme ꝛc. VI, 182 f.
— und **Taubstummenanstalten** VI, 182.
Taubstummenanstalten, rechtliche Stellung der, f. Taubstumme ꝛc. VI, 183 f.
Taubstummenanstaltsstatistik f. Taubstumme ꝛc. VI, 187.
Taubstummenstatistik f. Taubstumme ꝛc. VI, 185 ff.
Taubstummenunterricht f. Taubstumme ꝛc. VI, 184 f.
Tausch-, Baratto-Handel f. Handel IV, 264.
Tauschmittel, Differenzierung der zu Tauschmitteln gewordenen und der übrigen Waren f. Geld III, 734 f.
Tauschmittelentstehung f. Geld III, 732 ff.
Tauschwert der Güter, Maß, stabiles, des inneren, f. Geld III, 749 f.
—, normaler, f. Wert VI, 684.
—, objektiver u. subjektiver, f. Wert VI, 682 ff.
Tax on malt (Malzsteuer) v. 1697—1880 f Bier ꝛc. II, 595 ff
Taxation, landwirtschaftliche VI, 188.
— von Immobilien f. Taxation landw., VI, 190 ff.
— von Mobilien f. Taxation landw., VI, 189 f.
Taxatoren, Nachtaxatoren f. Zusammenlegung der Grundstücke VI, 912.
Taxe bas et de l'arrière ban f. Wehrsteuer VI, 653.
— de remplacement f. Wein ꝛc. VI, 665.
— sur le revenu des valeurs mobilières (G. v. 15. VI, 1872) f. Lotterie IV, 1074.
— unique f. Wein ꝛc. VI, 665.
Taxen f. Preistaxen.
— für Straßengewerbe, Bezirksschornsteinfeger, Feldmesser, Kultionatoren, Wäger ꝛc. f. Preistaxen V, 264 f.

Taxes annuelles f. Registrierungsabgaben V. 380.
— complémentaires für Salz (Frankreich) f. Zölle VI, 851.
Tayla, Franz von, als Begründer des auf internationaler Grundlage beruhenden Postwesens f. Post V, 179.
Technische Hochschulen f. Gewerblicher Unterricht III, 1102 f.
Teetotalismus in Amerika, Großbritannien und Irland f Mäßigkeitsbestrebungen x. IV, 1147—1151.
Teilbarkeit der Grundstücke f. Bodenzersplitterung.
Teilbau, Teilpacht oder Halbpacht f. Pacht V, 86 f.
Teilhufen f. Hufe IV, 491.
Teilung Afrikas nach dem Stande von 1891, Uebersicht über die, f. Kolonien x IV, 720.
— — und Begründung des Kongostaates f. Kolonien x. IV, 717—722.
Teilungsläger f. Zölle x. VI, 818.
Teilzahlungsgeschäft f. Abzahlungsgeschäfte.
Telegraphenanlagen f. Telegraphie x. VI, 194 ff.
—, Apparate der, f. Telegraphie x. VI, 194 ff.
Telegraphenbetrieb f. Telegraphie x. VI, 197—202.
Telegraphengeheimnis f. Telegraphie x. VI, 204 f.
Telegraphenleitungen, oberirdische und unterirdische, f. Telegraphie f. VI, 195 ff.
Telegraphenrecht f. Telegraphie x. VI, 203 ff.
Telegraphenregal f. Telegraphie x. VI, 203 f.
Telegraphenstaats- oder Privatbetrieb f. Telegraphie x. VI, 197 f.
Telegraphenwesen des Deutschen Reichs (RG. v. 6. IV. 1892) f. Telegraphie x. VI, 203.
Telegraphie im Auslande f. Telegraphie x. VI, 207 f.
— in Deutschland f. Telegraphie x. VI, 205 ff.
—, Elektromagnetische Entdeckungen und Vervollkommnungen auf dem Gebiete der, von Oersted, Gauß, Wilh. Weber, Steinheil, Morse, W. Siemens f. Telegraphie x. VI, 195.
—, internationale, f. Telegraphie x. VI, 199 f.
— und Fernsprechwesen nach dem Stande von 1890, statistische Uebersicht über Anlagen und Leistungen f. Telegraphie x. VI, 210 f.
— — und Telephonie VI, 192.
— — -Gebühren f. Telegraphie x. VI, 198—202.

Telegraphie und Telephonie. Geschichtliches f. Telegraphie x. VI, 192 f.
Telegraphische Nachrichtenvermittelung f. Telegraphie x. VI, 200 f.
Tellkampf, Johann Ludwig VI, 943.
Temple, William (Sir) VI, 212.
—, seine Anschauung, wonach Handelsblüte und Wohlstand Hollands in seiner starken Bevölkerung wurzele, f. Bevölkerungswesen II. 477.
Temporary accise f. Accise I, 20.
Tenants (Kronpächter) f. Taille VI, 180.
Tenementshäuser in New-York f. Tabak x. VI, 164.
Terminsgeschäfte f. Zeitgeschäfte VI. 791.
Terminhandel, börsenmäßiger, f. Zeitgeschäfte.
Territorialsystem, Territorial-standesgenossenschaftliches System f. Arbeiterversicherung I, 513, 514 f.
Testamentarisches Erbrecht f. Erbrecht III, 294 f.
Thaer, Albrecht, sein Fruchtwechselwirtschaftssystem f. Landwirtschaft IV, 935.
—, seine Absicht, die aus dem Studium der englischen Landwirtschaft geschöpften Erfahrungen für preußischen Landeskulturgesetzgebung zu verwerten f. Zusammenlegung der Grundstücke VI, 698.
—, sein rationelles Landwirtschaftsbetriebssystem f. Ackerbau I, 30 f.
—, sein altes statistisches System f. Raubbau x. V, 349.
—, seine Wirksamkeit als Leiter der f. akademischen Lehranstalt des Landbaues zu Möglin f. Unterrichtswesen, landwirtsch. VI, 369 f.
Thaler, eingeführt als Vereinsmünze durch Münzkonvention v. 24. I. 1857 f. Münzwesen IV. 1260.
Theaterzensur f. Schauspielunternehmungen V, 523—525.
Thomas von Aquin (Tommaso d'Aquino) VI, 215.
— als Finanztheoretiker f. Finanzwissenschaft III, 487.
—, seine theoretische Rechtfertigung des kanonistischen Zinsverbots f. Zins VI, 816.
Thomas de Bio (Tommaso da Bio) VI, 215
Thomas (Verfasser des Werkes: "Theorie des Verkehrs" 1841), seine Wertdefinition f. Wert VI, 685.

Thomasius, Christian VI, 215.
Thompson, Robert Ellis VI, 219.
Thompson, William VI, 220.
— als sozialistischer Anhänger von Malthus f. Bevölkerungswesen II, 507.
— als Vertreter des wissenschaftlichen Sozialismus f. Sozialismus V, 777.
Thorabgabe, Thoraccise f. Octroi V, 50.
Thornton, William Thomas VI, 222.
— als Anhänger von Malthus in der Theorie f. Bevölkerungswesen II. 491.
Thünen, Johann Heinrich von, VI, 223.
—, das "Thünensche Gesetz" als maßgebend für den Zinsfuß f. Zins VI, 823.
—, seine Grundrententheorie f. Grundrente IV, 193.
—, seine Lehre vom naturgemäßen und gerechten Lohn f. Arbeitslohn I, 689 f.
—, seine Transportkostentheorie f. Eisenbahnen III, 155.
Thür-u. Fenstersteuern f. Häusersteuer.
— in Frankreich f Häusersteuer IV, 407.
Tierärzte VI. 226.
Tierärztliche Behörden f. Tierärzte VI, 227.
Tierr, Tietjong f. Jacob IV, 641.
Tierheilkunde, Ausübung der, f. Tierärzte VI. 226 f.
Tiefsche Produktion, Statistik der, f Agrarstatistik I, 73 f.
Tierseuchen, Verhütung und Abwehr der, f. Reichsgesundheitsamt V, 406.
Tilgung (amortissement) und Tilgungsfonds (Caisse d'amortissement, sinking found) der Anleihen f. Staatsschulden V, 839—843.
Titres au porteur (seit 1881) f. Staatsschulden V, 830.
Titriermethode f. Feingehalt der Edelmetalle.
Tobt, R. (Pfarrer), seinen christlichen berw. seinen Staatssozialismus f. Soziale Reformbestrebungen V, 763 ff.
—, seine Gründung des Centralvereins für Sozialreform auf religiöser und konstitutionell-monarchischer Grundlage f. Soziale Reformbestrebungen V, 763 f.
Togo f. Kolonien IV, 765 ff.
Token money f. Scheidemünzen V, 526.
Toniolo, Giuseppe VI. 228.
Tonnenabfuhrsystem f. Städtereinigung V, 851.
Tonti, Lorenzo, sein Rentenverberungsprojekt f. Lebensversicherung IV, 992.

Tontinen VI, 228, f. a. **Anleihen** I, 283.
—, Begriff und Wesen der, f. **Tontinen** VI. 228 ff.
—, Geschichtliches f. **Tontinen** VI, 231 f
Tontinenversicherung f **Lebensversicherung** IV, 992—993.
Tooke, Thomas VI. 232.
Torrens, Robert VI. 234
Torrens Act (Artisans & Labourers Dwellings Act) f. **Baupolizei** II. 340.
Totalabstinenzgesellschaft in Holland f. **Mäßigkeitsbestrebungen x.** IV, 1151.
—, Norwegische (seit 1875) f. **Mäßigkeitsbestrebungen x.** IV, 1150
Totalenthaltsamkeitsvereine f **Mäßigkeitsbestrebungen x.** IV, 1147—1153.
—, internationale, f. **Mäßigkeitsbestrebungen x.** IV, 1151 ff.
Tote Hand f. **Erbschaftssteuer**, Ostindien, Jovelland.
Totgeburten f. **Geburtenstatistik** III, 727.
Tote Schuld (dette différée, deuda diferida) f. **Staatsschulden** V. 832
Totenschau f. **Leichenschau** IV, 1038
Townsend, Joseph VI, 235.
— als Vorgänger von Malthus f. **Bevölkerungswesen** II, 491.
Toynbee, Arnold VI, 237.
—, seine christlich-soziale Agitation im Osten Londons f. **Soziale Reformbestrebungen** V, 749, **Toynbee.**
Toynbeehall f. **Toynbee.**
Tracy, Destutt de, VI, 239.
Trade Unions f. **Arbeiterversicherung** I, 556, **Lohnskala** IV, 1084, **Gewerkvereine.**
Trade Unions Act von 1871 nebst Novelle v. 1876 f. **Gewerkvereine** IV, 13.
Tramways f. **Eisenbahnen** III, 154.
Transfer tickets f. **Staatsschulden** V, 836.
Trans- und **Inskriptionsregister** f. **Hypotheken- x. Wesen** IV, 671.
Trans- und **Inskriptionssystem** f **Hypotheken- x. Wesen** IV, 519.
Transit, Freiheit und **Unentgeltlichkeit des,** f. **Weltpostverein** VI, 672 f.
Transitläger, reine und gemischte, f. **Zölle x.** VI, 848.
Transitveredelungsverkehr f. **Veredelungsverkehr** VI, 416.
Transitzölle f. **Durchfuhrzölle** und **Durchfuhrverbote.**

Transport VI, 241.
—, **Blutung des,** speziell auf die Kriegsführung und Politik) f. **Transport** VI, 251 f.
Transportarbeit f. **Produktion** V, 283.
Transportbesteuerungsgesetzgebung in England, Frankreich, Spanien, Rußland, Italien f **Transportsteuern** VI, 255 ff.
Transportdienst, geschichtliche Entwickelung des, f. **Transport** VI, 247 ff.
Transportfortschritt durch Dampf- und Elektrizitätsanwendung f. **Transport** VI, 249.
Transportgefäß, Motor und Betrieb f **Binnenschiffahrt** II, 833 ff
Transport- und **Kommunikationswesen,** volkswirtschaftliche Wirkung des, f. **Transport** VI, 244—254.
Transportkontrolle f. **Zölle x.** VI, 841 f.
Transportsteuern VI, 254, f. a. **Verbrauchssteuern.**
Transportversicherung VI, 257.
—, Verschiedene Arten der, f. **Transportversicherung VI,** 260 f.
—, Bedürfnis der, u. Befriedigungsmittel f. **Transportversicherung** VI, 257 f
—, Geschichte der, f **Transportversicherung** VI, 259 f.
—, Risikenbehandlung in der, f **Transportversicherung** VI, 263 f.
Transportversicherungsgeschäft, Betrieb des, f. **Transportversicherung** VI, 261—267.
Transportversicherungsgesetzgebung, 1869—1891, f. **Transportversicherung** VI, 260.
Transportzettel, schwedische, f **Banken** II, 66.
Trauerordnungen f. **Luxus** IV, 1082.
Trauungen f. **Heiratsstatistik** IV, 459.
Travail à domicile, travail isolé f. **Hausindustrie (Frankreich)** IV, 428 ff.
Treasury bills f. **Schatzanweisungen.**
Treitschke, Heinrich von, seine Definition des Begriffes der bürgerlichen **Gesellschaft** f. **Gesellschaft** III, 841.
Tresorscheine, preußische (ringeführt 4. 11. 1806) f. **Papiergeld** V, 110 f.
Trichinenschau, Trichinenschauämter f. **Schlachthäuser** V, 569.
Triftrecht f **Flößerei** III, 574.
Trinity House in Deptford Strand f. **Schiffahrt** V, 539.
Trinker nach der Definition in der **Habitual Drunkards' Act** f. **Trunksucht** VI, 275.

Trinkerasyle f. **Trunksucht, Arbeiterkolonien** I, 397.
— in Deutschland, Verzeichnis der, f **Trunksucht** VI, 278.
Trinoda necessitas f. **Wege** VI, 646
Trödelhandel VI, 267.
Truant Schools f. **Zwangserziehung** VI, 929
Trucksystem VI, 269, f a. **Großbetrieb** IV, 112.
—, Beurteilung des, f. **Trucksystem** VI, 270 f.
— in Deutschland, Verbot des, f. **Arbeiterschutzgesetzgebung** I, 406 f.
—, Gesetzgebung gegen das, f. **Trucksystem** VI, 271—274.
— in der **Hausindustrie** f. **Trucksystem** VI, 270.
Trunkenheit, Bestrafung der, f. **Trunksucht** VI, 285 f.
Trunksucht VI, 275.
—, Begleiterscheinungen und Folgen der, mit statistischen Daten (aus Irren-, Krankenhäusern und Gefängnissen x.) f. **Trunksucht** VI, 279 f.
—, Bekämpfung der, f. **Trunksucht** VI, 282 ff.
— als soziale Erscheinung f. **Trunksucht** VI, 278—284.
—, Entstehung der, f. **Trunksucht** VI, 280 ff.
—, Ursachen, Begleiterscheinungen, Folgen und Behandlung der, f. **Trunksucht** VI, 275 ff.
Trusts, Amerikanische, im Licht des amerikanischen **Gesellschaftsrechts** f. **Unternehmerverbände** VI, 349 f.
— und **Ringe,** f. **Unternehmerverbände** VI, 349 f
Tal-kon (japanischer Porzellantöpfer) f. **Bauernbefreiung** II. 258.
Tuchordnung von 1486 für die **Marktgenossenschaft Baden** f. **Zunftwesen** VI, 887.
Tuch- und **Webwarenschlüsse** f. **Märkte x.** IV, 1125.
Tucker, Josiah VI, 285.
Tucker (Herausgeber der „Liberty", Boston) f. **Anarchismus** I, 263.
Turbole, Gian Donato VI, 286.
Turgot, Robert Jacques, Baron d'Aulne VI, 286.
— als Verteidiger der Freiheit des Darlehnsvertrags auch im Zinsnehmen f. **Bucher** VI, 783.
Turnpike trusts, turnpike roads f. **Wege** VI, 647, 650.

Uebergangsabgaben VI, 393.
Uebergangsmoore (Gebirgsmoore) f **Moorkultur** IV, 1316.
Ueberlebensversicherung, einfache und wechselseitige, f. **Lebensversicherung** IV, 991.

Ueberhalt- und Unterbaubetrieb f.
Forsten III, 598.
Ueberproduktion VI, 295.
—, die, und die Arbeitslöhne f.
Ueberproduktion VI, 300 f.
—, Gegenwirkung gegen die,
f. Ueberproduktion VI, 298 f.
— durch Geldverteuerung f. Ueberproduktion VI, 301.
—, kapitalistische, f. Ueberproduktion VI, 297.
— als keine direkte Veranlassung zu
einer akuten Krisis f. Ueberproduktion VI, 299.
—, Möglichkeit einer allgemeinen,
f. Ueberproduktion VI,
296 ff.
Ueberschußvorstellung nach gemischtem System f. Lebensversicherung IV, 1009.
Ueberseeische Besitzungen u. Schutzgebiete der europäischen Mächte,
1891, f. Kolonien ꝛc. IV,
708 f.
Ueberwälzungstheorie, Dogmengeschichte der, f. Steuer VI,
118 f.
Ueberweisungserklärung f. Zusammenlegung städtischer
Grundstücke VI, 920 f.
Mserdretungsrecht f. Fischerei
III, 520.
Ufoa, Bernardo de VI, 301.
Umlageverfahren f. Arbeiterversicherung, Unfallversicherung.
— bei der Prämienbedarfung f. Lebensversicherung IV, 1000.
Umlaufskredit f. Kredit IV,
874.
Umlegung, Umlegungsverfahren,
Umlegungsgebiet f. Zusammenlegung städtischer Grundstücke VI, 919 f.
Umpfenbach, Karl Friedrich VI,
302.
— als Systematiker der Finanzwissenschaft f. Finanzwissenschaft III, 502 f.
Umschlagsrecht f. Speditionsgeschäfte V, 807, Stapelrecht.
Umtriebszeit des größten Massenertrages f. Forsten III, 604.
—, technische, f. Forsten III, 606.
Um- oder Zusammenlegungsverfahren der Grundstücke f. Stadterweiterung V, 860.
Unehelige Geburten f. Geburtenstatistik III, 721.
Unfallentschädigungssumme, bis
Ende 1893 gezahlt, f. Unfallstatistik VI, 308.
Unfallstatistik VI, 303.
— vom Jahre 1881 f. Unfallstatistik VI, 304 f.
—, Gesetzentarsierung in der, f.
Unfallstatistik VI, 303 f.
—, gewerbliche, vom Jahre 1887 f.
Unfallstatistik VI, 305 ff.

Unfallstatistik, landwirtschaftliche,
vom Jahre 1891 f. Unfallstatistik VI, 307 f.
—, Quellen der, f. Unfallstatistik
VI, 304—308.
—, Wesen der, f. Unfallstatistik
VI, 303 f.
Unfallverhütung f. Unfallstatistik VI, 303 f.
Unfallverhütungsgesetz, Dänisches,
von 1869 f. Arbeiterschutzgesetzgebung I, 477.
Unfallversicherung VI, 309, f. a.
Reichsversicherungsamt
V, 408 f.
—, Abschluß und Revision der, f.
Unfallversicherung VI,
318.
—, Ausdehnungsgesetz der, v. 28.
V. 1885 f. Unfallversicherung VI, 315.
— in Deutschland, Vorgeschichte der,
f. Unfallversicherung VI,
309—312.
—, Verhältnis der, zur Haftpflicht
f. Unfallversicherung VI,
314 f.
— in Oesterreich f. Unfallversicherung VI, 318 ff.
—, schweizerische, f. Arbeiterversicherung I, 556 f.
Unfallversicherungsgesetz v. 6. VII.
1884 f. Unfallversicherung
VI, 312 ff.
—, landwirtschaftliches, v. 5. V.
1886 f. Unfallversicherung
VI, 315 f.
Unfallversicherungsgesetzentwürfe
v. 8. III. 1881, 8. V. 1882 und
v. 6. III. 1884 f. Unfallversicherung VI, 310 ff.
Unfallversicherungsgesetzgebung,
gegenwärtige, f. Unfallversicherung VI, 312—318.
Unfallversicherungsstatistik für
1892 f. Unfallversicherung
VI, 318.
Unfallversicherungswohlthatenempfänger im Jahre 1892 f.
Unfallstatistik VI, 309.
Unfallverzeichnisse der Fernsprechgenossenschaften f. Unfallstatistik
VI, 308.
—, ortspolizeiliche, f. Unfallstatistik VI, 308.
Unfreiheit VI, 321.
—, Begriffe und Arten der, f. Unfreiheit VI, 321 f.
—, Verhältnis der wirtschaftlichen
Zweckbestimmung der, zu ihrer
rechtlichen Struktur f. Unfreiheit VI, 324 f.
Ungeld VI, 337, f. a. Accise.
Unger, J. F., über sein preußisches System einer „Ordnung der
Fruchtpreise" f. Preis V, 257.
Union Chargeability Act von 1865
f. Armenwesen I, 678.
United States Bureau of Labor f.
Statistik VI, 59.

Universitätslehrer in Deutschland,
Fürsorge für die Hinterbliebenen
der, f. Witwen- u. Waisenversicherung VI, 725 f.
University extension movement f.
Volksbildungsvereine VI,
506.
— settlements im Osten Londons f.
Soziale Reformbestrebungen V, 749, f. a. Toynbee.
Unternehmer und Arbeiter, Verhältnis von, f. Fabrik III, 331.
— und Unternehmergewinn VI, 337,
f. a. Einkommen III, 48.
Unternehmereinkommen f. Unternehmer ꝛc. VI, 339 f.
—, Zerlegung, rechnungsmäßige, des,
f. Unternehmer ꝛc. VI, 340 f.
Unternehmergewinn als Kapitalgewinn, Uebereinstimmung des
wissenschaftlichen Sozialismus mit
der englischen klassischen Nationalökonomie in der Auffassung des,
f. Unternehmergewinn VI,
345 f.
— und Kapitalgewinn f. Unternehmer ꝛc. VI, 341 ff.
— in der Wirklichkeit, verschiedene
Höhe der, f. Unternehmer ꝛc.
VI, 343 f.
Unternehmerverbände VI, 346.
—, Entstehung, Mittel und Zwecke
der, f. Unternehmerverbände
VI, 346 ff.
—, Verhalten der Staatsgewalt gegenüber den, f. Unternehmerverbände VI, 351.
— zur allgemeinen Vertretung gemeinschaftlicher Interessen f. Unternehmerverbände VI, 355
—367.
—, die wirtschaftlichen, f. Unternehmerverbände VI, 346—
355.
—, Würdigung der, f. Unternehmerverbände VI, 351 ff.
Unternehmervereine im Auslande
(Oesterreich-Ungarn, Frankreich,
Finnland, Rußland, Belgien,
Schweiz ꝛc.) f. Unternehmerverbände VI, 365 ff.
—, die einzelnen industriellen Kategorien der, in Deutschland f.
Unternehmerverbände VI,
357—361.
— für mehrere Berufszweige (Fabrikanten- u. Industrievereine ꝛc.)
in Deutschland, f. Unternehmerverbände VI, 361 f.
— für kleinere Gewerbe- und Handelsgebiete, für Handel und verwandte Gewerbe, für den Handel
überhaupt und einzelne Handelszweige f. Unternehmerverbände VI, 362 f.
Unterrichtswesen, forstliches, f.
Forsten III, 595 f.
Unterspediteur f. Speditionsgeschäfte.

Unterstützungsverein — Vereine für Schiffahrtsgewerbe

Unterstützungsverein deutscher Buchdrucker s. Gewerbvereine IV, 24.
Unterstützungswohnsitz (Geschichtliches) s. Armenwesen (Deutsches Reich) I, 842 f.
—, Erwerb und Verlust des, s. Armenwesen I, 847 ff.
— Geltungsbereich des Gesetzes über den, s. Armenwesen I, 843.
Unverletzlichkeit des Privateigentums auf der See s. Schiffahrt V, 556.
Unzucht, gewerbsmäßige, s. Prostitution.
Unzünftigenverfolgung s. Zunftwesen VI, 841.
Urban s. Anzugsgeld I, 355.
Urhebergesetz vom 11. VI. 1870, Geltungsgebiet des, s. Urheberrecht VI, 404 f.
Urheberrecht, Begriff und Gegenstand des, s. Künste, IV, 915.
—, Dauer und Sicherstellung des, s. Künste IV, 916 f.
—, Inhalt und Dauer des, s. Urheberrecht VI, 399 ff.
—, Internationaler Schutz des, s. Künste IV, 917.
— an Mustern und Modellen (RG. vom 11. I. 1876) s. Künste IV, 915.
— an Schriftwerken (G. vom 11. VI 1870) s. Künste IV, 915, 917.
— an Schriftwerken, Abbildungen, musikalischen Kompositionen und dramatischen Werken VI, 398.
Urheberrechtsgesetzgebung in den V. Staaten von Nordamerika, in Frankreich, Großbritannien, Oesterreich, der Schweiz s. Urheberrecht VI, 405 ff.
Urheberrechtsübertragung s. Künste IV, 915.
Urheberrechtsverletzung, Folgen der, s. Urheberrecht VI, 402 ff.
—, Strafverfahren bei, s. Urheberrecht VI, 403 f.
—, Verjährung der, s. Urheberrecht VI, 404.
Urmaße, Urgewicht s. Maß- u. Wesen.
Ursachen der volkswirtschaftlichen Erscheinungen s. Volkswirtschaft VI, 549—554.
Ursprungszeugnisse s. Handelsverträge IV, 566.
Usseling, Wilhelm, als Gründer der schwedischen Südkompagnie von 1626 s. Südseegesellschaften VI, 147.
Usualmatrikel s. Matrikularbeiträge IV, 1156.
Utopia, Skizze dieses Staatsromans, s. Morus IV, 1231.
Utopien, sozialistische, der neueren Zeit, s. Sozialismus x. V, 712 f.
Utrechter Handelsvertrag von 1713 s. Handelsverträge IV,

359 f., s.a. Assiento-Vertrag I, 948.
Azara, Gerónimo de VI, 407.

Vaccination, Revaccination s. Impfwesen.
Vaccination Act s. Impfwesen IV, 562.
Vairasse als Verfasser der sozialistischen Utopie: „Histoire des Sevarambes" s. Sozialismus x. V, 772.
Valeriani, Luigi Molinari VI, 409.
Valeurs, valeurs-lres, valeurs actuelles s. Zölle VI, 835.
— permanentes, valeurs variables s. Zölle VI, 835.
Valoren- (Geld- und Wertsachen-) versicherung s. Transportversicherung VI, 261, 262.
Valuta, Regelung der österreichisch-ungarischen durch Uebergang zur Goldwährung 1892/93 s. Papiergeld V, 115.
Vauban, Sébastien le Prestre de, VI, 409.
—, seine Anschauungen über den Nutzen einer Förderung der Bevölkerungsreproduktion s. Bevölkerungswesen II, 478.
— als Finanztheoretiker s. Finanzwissenschaft III, 495 f.
Vaughan, Kardinal (Erzbischof v. Westminster) als Gründer der katholisch-sozialen Union für Fortbildung jugendlicher Personen im Quartiert Londons s. Volksbildungsvereine VI, 514 f.
Veenkolonien s. Ansiedelung I, 349, Moorkultur IV, 1217.
Veenkultur, holländische, s. Moorkultur x. IV, 1217.
Venerische Krankheiten, Maßregeln zum Schutze der Gesundheit gegen, s. Prostitution V, 304.
Verarmungsursachen s. Armenstatistik (Deutsches Reich) I, 808.
Verbindungsrente (vom längsten oder kürzesten Leben mehrerer Personen abhängige Leibrente) s. Leibrente IV, 1030.
Verbrauchsabgaben- und Vergütungslager im Zuckerniederlageregulativ von 1867 s. Zölle x. VI, 849.
Verbrauchsanlagen s. Finanzverwaltung III, 475 f.
Verbrauchsbesteuerung, indirekte, s. Accise.
Verbrauchssteuern VI, 412.
Verbrecherkolonien, Strafkolonien s. Kolonien x. IV, 705.
Verbriefung und Staatsschuldbuch s. Staatsschulden V, 854—836.
Veredelungsverkehr (admission temporaire) VI, 412 f., s.a. Handelsstatistik IV, 340 f., Zölle VI, 838 f.

Veredelungsverkehr, Aequivalentsystem im, s. Veredelungsverkehr VI, 417.
—, aktiver und passiver, s. Veredelungsverkehr VI, 416.
— in Frankreich, Deutschland und Oesterreich, Geschichtliches, s. Veredelungsverkehr VI, 420 ff.
—, Regelung, autonome, des, s. Veredelungsverkehr VI, 418.
—, Regelung, vertragsmäßige, des, s. Veredelungsverkehr VI, 418.
Veredelungsverkehrsmaxen, Festhaltung der Identität der, s. Veredelungsverkehr VI, 419.
Vereenigigng tot afschaffing von sterken drank s. Mäßigkeitsbestrebungen IV, 1163.
— voor den alcoholhandel s. Börse.
Vereenigte Oostindische Compagnie, Privilegien der, vom 20. III. 1602 s. Ostindische Handelsgesellschaften V, 67.
Verehelichungsfreiheit s. Eheschließung III, 6.
Verein, internationaler, zur Bekämpfung des Alkoholgenusses s. Mäßigkeitsbestrebungen IV, 1161.
—, deutscher, für Jugendsparkassen in Glogau (seit 1880) s. Sparkassen V, 795.
— für Massenverbreitung guter Schriften in Weimar s. Volksbildungsvereine VI, 510 f.
—, deutscher, gegen den Mißbrauch geistiger Getränke in Hildesheim s. Trunksucht VI, 263.
— zum Schutze deutscher Einwanderer in Texas (1842—1848) s. Auswanderung I, 1022.
— zur Wahrung der wirtschaftlichen Interessen von Handel und Gewerbe, Berlin s. Unternehmerverbände VI, 362.
Vereine für jugendliche katholische Arbeiter s. Volksbildungsvereine VI, 513.
— für weibliche katholische Gehilfen und Lehrlinge s. Volksbildungsvereine VI, 514.
— für junge katholische Kaufleute s. Volksbildungsvereine VI, 513.
— für katholische kaufmännische Lehrlinge s. Volksbildungsvereine VI, 513 f.
—, Privatrechtliche Stellung der, in Deutschland s. Vereins- x. Freiheit VI, 428.
— für Schiffahrts-, Spedition-, Fuhrunternehmer- und Gastbesitzergewerbe in Deutschland, ferner für deutsche Privatbankiers und Versicherungsanstalten s. Unternehmerverbände VI, 365.

Vereine zum Schutze des Kleinhandels — Verteilung 73

Vereine zum Schutze des Kleinhandels s. Unternehmerverbände VI, 843 f.
— zum gemeinnützigen Verkaufe landwirtschaftlicher Erzeugnisse s. Landwirtschaftl. Genossenschaftswesen IV, 949 ff.
Vereinsfreiheit in Deutschland, Beschränkungen der, s. Vereins- x. Freiheit VI, 428.
Vereinsgesetzgebung der römischen Republik s. Collegia II, 847.
Vereinskrankenkassen s. Krankenversicherung IV, 867.
Vereins- u. Versammlungsfreiheit VI, 422.
— in Deutschland s. Vereins- x Freiheit VI, 426 ff.
— in England s. Vereins- x. Freiheit VI, 425.
— in Frankreich s. Vereins- x. Freiheit VI, 425 f.
—, zur Geschichte der, s. Vereins- x. Freiheit VI, 423 f.
— in Oesterreich-Ungarn s. Vereins- x. Freiheit VI, 429, 430.
— in den V. Staaten von Amerika s. Vereins- x. Freiheit VI, 425.
— in den übrigen europäischen Staaten und in Japan s. Vereins- x. Freiheit VI, 429 f.
Vereinswesen in Deutschland, Gesetzgebung und Beaufsichtigung des, s. Vereins- x. Freiheit VI, 426 ff.
Verfügungsmacht über Güter, Methoden, um eine veränderliche Geldsumme zu bestimmen, welche stets die nämliche Verfügungsmacht bedeutet s. Preis V, 248 ff.
Vergesellschaftung, fortschreitende, durch internationale Wechselbeziehung des Geistungs-, Erwerbs- und Kulturlebens s. Transport VI, 150.
Verkauf an Nichtkonsumvereinsmitglieder (RG. vom 1. V. 1899) s. Konsumvereine IV, 859 f.
Verkaufs- und Ankaufsmonopol s. Monopol IV, 1313.
Verkaufskredit (Verkauf auf Kredit) s. Kredit IV, 874.
Verkehr (Transportwesen, Währungs-, Kredit-, Börsenverhältnisse, Papiergeldemission ꝛc.) und Krisen s. Krisen IV, 894 ff.
Verkehrsabgaben f. Finanzverwaltung III, 476.
Verkehrssystem VI, 431.
Verkehrsteilung (kartell pool) s. Eisenbahnen III, 211 f.
Verklarung s. Schiffahrt V, 555.
Verkoppelung, moderne staatliche, s. Gemeindsteilung III, 785, Zusammenlegung der Grundstücke.

Verkoppelung, private, als Mitfaktor bei der Entstehung der Großwirtschaft s. Agrarschichte I, 54.
—, Verkoppelungsgesetzgebung, hannoversche, s. Zusammenlegung der Grundstücke VI, 910.
Verlagssystem und seine Entstehung s. Gewerbe III, 940 ff.; s. a. Hausindustrie IV, 418.
Verlosung mit Geldgewinnsten (Zwecklotterie) s. Lotterie IV, 1060.
Verlosungs- und Zuteilungsbezirke s. Zusammenlegung der Grundstücke VI, 912 f.
Vermahlschißung in Schleswig-Holstein s. Gemeinheitsteilung III, 791 ff., Zusammenlegung der Grundstücke VI, 898.
Vermählungssteuer im Deutschen Reich s. Bier ꝛc. II, 561 f.
Vermengungslagergeschäft s. Warrants VI, 605.
Vermittelungsmonopol s. Maklerwesen IV, 1097.
Vermögen, das, und seine Verteilung s. Verteilung VI, 470.
Vermögenssteuer VI, 434.
— im Altertum (Griechenland und Rom) s. Vermögenssteuer VI, 437.
— in Brandenburg-Preußen (Geschichtliches) s. Vermögenssteuer VI, 440.
— als Ergänzungssteuer s. Vermögenssteuer VI, 435 f.
—, formelle (nominelle) und reelle (materielle) s. Vermögenssteuer VI, 434 f.
— in Frankreich s. Vermögenssteuer VI, 442 f.
— in Großbritannien s. Vermögenssteuer VI, 442.
— in Oesterreich (Geschichtliches) s. Vermögenssteuer VI, 440 f.
— in den deutschen Reichsstädten (Geschichtliches) s. Vermögenssteuer VI, 440.
— als Reichssteuer (Geschichtliches) s. Vermögenssteuer VI, 439.
— der italienischen Republiken im Mittelalter (Genua, Venedig, Mailand, Florenz) s. Vermögenssteuer VI, 438 f.
— in anderen deutschen Territorien, Bayern, Sachsen, Württemberg, Hessen ꝛc. s. Vermögenssteuer VI, 441 f.
Vermögenssteuergesetzgebung in der Schweiz s. Vermögenssteuer VI, 443 ff.
— in den V. Staaten von Amerika s. Vermögenssteuer VI, 445.
Verpflegungsstationen s Arbeiterkolonien.
Verri, Pietro, Graf VI, 446.
— als Steuertheoretiker s. Steuer VI, 101.

„Verruf", Kampfmittel der Gesellen gegen die Meister s. Zunftwesen VI, 868.
Versammlungen s. Vereins- u. Versammlungsfreiheit.
Versammlungsrecht in Deutschland s. Vereins- x. Freiheit VI, 427.
Versandgeschäfte s. Handel IV, 264.
Versatzämter s. Leihhäuser IV, 1035, s. a. Pfandleih- x. Geschäfte V, 147.
Versicherung auf Gegenseitigkeit s. Versicherungswesen VI, 455, Lebensversicherung IV, 1006, 1009.
— in amerikanischen Trades Unions s. Arbeiterversicherung I, 587 ff.
Versicherte, Meldepflicht vom Austritt der, in Oesterreich s. Krankenversicherung IV, 869.
Versicherungsaktiengesellschaft als Erwerbsgesellschaftsform s. Versicherungswesen VI, 452 f.
Versicherungsamt s. Reichsversicherungsamt.
Versicherungsanstalten, Staatskommissar, Vorstand, Ausschuß, Vertrauensmänner, Schiedsgericht der 31 deutschen, s. Invaliditäts- x. Versicherung IV, 603 f.
Versicherungs- und Beitragspflicht, Ausnahmen von der, s. Invaliditäts- x. Versicherung IV, 601.
Versicherungsorgane s. Krankenversicherung IV, 859 f.
— in Oesterreich s. Krankenversicherung IV, 867 f.
Versicherungspflicht aller berufsmäßigen Lohnarbeiter mit weniger als 2000 Mk. Jahresarbeitsverdienst s. Invaliditäts- x. Versicherung IV, 600.
Versicherungsvertrag, vom Standpunkte des bürgerlichen Rechts, s. Versicherungswesen VI, 457 f.
Versicherungswesen VI, 449.
—, Geschichtliches über, s. Versicherungswesen VI, 455 ff.
—, Oeffentlichrechtliche Regelung des, s. Versicherungswesen VI, 458—462.
—, Wirtschaftliche Bedeutung des, s. Versicherungswesen VI, 462 f.
Verteilung VI, 464; s. a. Arbeitslohn, Grundrente, Grundbesitz, Unternehmer und Unternehmergewinn.
—, Mißverhältnisse der, und mögliche Mittel zur Abhilfe s. Verteilung VI, 470 f.
—, primäre und sekundäre, s. Verteilung VI, 469 f.

Verteilungsplan, Verteilungssystem f. Zusammenlegung städtischer Grundstücke VI, 918.
Verteilungsprozeß des Agrarbodens f. Grundbesitz IV, 1031 f.
Versteigerungsprivilegien f. Warrants VI, 605.
Vertragsbruch f. Lehrlingswesen IV, 1015, 1016, 1017, 1018, 1019.
— des Arbeiters und Vertragsbruch des Arbeitgebers f. Arbeitsvertragsbruch I, 751 ff., 757 ff.
—, Gesetzentwürfe, neuere, über Bestrafung des, f. Arbeitsvertragsbruch I, 759 f.
—, Rechtsfolgen des, f. Arbeitsvertragsbruch I, 753—757.
Vertretungsverbindlichkeit, subsidiäre dritter Personen f. Zölle rc. VI, 852 f
Verwaltungsschulden f. Staatsschulden V, 821.
Verwaltungsstatistik in den baltischen Ländern: Livland, Ehstland und Kurland f. Statistik VI, 32 f.
— der englischen Kolonien f. Statistik IV, 27 f.
— Finlands f. Statistik VI, 33 f
Verwitterungsboden, Befestigung, mechanische, des, f. Forsten III, 609.
Verzehrungssteuern, Konsumtionssteuern f. Verbrauchssteuern
Verzehrungssteuerpatent, österreichisches, vom 29. V. 1829 f. Oetroi V, 53
Verzollung, Durchführung der, f. Zölle VI, 840 ff
Veterinärbeamte f. Reichsgesundheitsamt.
Vicinalstraßen f. Wege VI, 645.
Viehhaltung f. Landwirtschaft, Agrarstatistik I, 65 f.
Viehrennen VI, 472.
Viehstatistik f. 476.
Viehversicherung VI, 486.
—, statistische Daten über, f. Viehversicherung VI, 489 f.
—, Verstaatlichungsfrage der, f. Viehversicherung VI, 489.
Viehversicherungsbedingungen f. Viehversicherung VI, 488
Viehzählung als selbständige Zählung oder als Bestandteil anderer Aufnahmen f. Viehstatistik VI, 479 f
Viehzählungen, Entwickelung der, f Viehstatistik VI, 476 ff
—, Ergebnisse der, von 1878—1892 f. Viehstatistik VI, 483 f.
—, Erhebungsverfahren und Erhebungsgegenstände der, f. Viehstatistik VI, 480 ff.
—, Versahren, gegenwärtiges, bei den, u. seine Beurteilung f. Viehstatistik VI, 478—483.
—, Zählungsperioden u. Erhebungszeit der, f. Viehstatistik VI, 478 f.
Viehzölle VI, 490.
—, Berechtigung und Bedeutung der, f. Viehzölle VI, 490 ff.
—, Entwickelung und gegenwärtiger Stand der, in Deutschland, Frankreich, England, Rußland, Oesterreich, Italien, Spanien, Portugal, der Schweiz, den Niederlanden, Belgien, den Standinavischen Staaten, Rumänien, Serbien, Griechenland, den V. Staaten von Amerika f. Viehzölle VI, 492 —498.
Viehzolltabelle nach dem Stande von Anfang Oktober 1893 in den wichtigsten Ländern f. Viehzölle VI, 4—9.
Vilains, Villeins en gros, Villeins regardant (Leibeigene) f. Bauernbefreiung (Frankreich u England) II, 205, 222, 225.
Villeneuve-Bargemont, le Vicomte Alban de, VI, 500.
Villermé, Louis René VI, 501.
Vinfikationen oder Fronhöfe f. Hof IV, 481.
Vinaglium oder Weinlauf f. Antiqua I, 355.
Vinkulierung und Devinkulierung f. Staatsschulden V, 834.
Virements (Uebertragungen) f. Finanzverwaltung III, 484.
Virginischer Tabak f. Tabak VI, 156.
Visa pour timbre, Einreichung ungenügend gestempelter Wechsel zum, f. Wechselstempelabgabe VI, 637.
Visitationsrecht nach Kriegskontrebande rc. f. Schiffahrt V, 557.
Vocke, Wilhelm VI, 503
Vogtrechte f. Bauernbefreiung (Württemberg) II, 195
Voll'sche Rohrstoffverbrauchsuntersuchungen und Normaluahrungsmaßstabtabelle f. Konsumtion IV, 811 ff.
Volders (Deputierter), seine Besürwortung der Pflege der Fachvereine und Kooperativgenossenschaften in Belgien, f. Sozialdemokratie V, 789.
Volksbibliotheken f. Volksbildungsvereine VI, 507.
Volksbibliothekenstatistik f. Volksbildungsvereine VI, 509 f.
Volksbildungsmittel, Abhaltung von Vorträgen als, f. Volksbildungsvereine VI, 505.
—, Unterrichtskurse als, f. Volksbildungsvereine VI, 505 f.
Volkseinkommen f. Einkommen III, 46.
—, Berechnung des (reale, personale und gemischte Methode) f. Einkommen III, 53—60.

Volkseinkommen, Relative Größe des, f. Einkommen III, 58.
—, Einkommen für den Kopf, f. Einkommen III, 60 ff
—, Verteilung des (Uebertapitalisation der oberen, Unterkonsumtion der mittleren und unteren Volksklassen) rc. f. Krisen IV, 896 ff.
Volkshaus in Brüssel f. Sozialdemokratie V, 729.
Volkskrankheiten VI, 518.
Volksmenge, Schätzungs-, Berechnungs- und Auszählungsverfahren (Abnahme und Zunahme) zur Ermittelung der, f. Volkszählungen VI, 564.
Volkspaläste, Volksheime f. Volksbildungsvereine VI, 507.
Volksschriftenverein, Oesterreichischer, Wien (gegr. 1848) f. Volksbildungsvereine VI, 511.
Volksschriftenvereine f. Volksbildungsvereine VI, 510 f.
Volksseuchen, Miasmatische, kontagiöse und miasmatisch-kontagiöse, f. Volkskrankheiten VI, 519.
Volkstheater (freie Volksbühne rc.) f. Volksbildungsvereine VI, 507.
Volksunterhaltungsabende f. Volksbildungsvereine VI, 507.
Volksverein für das katholische Deutschland (gegr. 1891) f. Soziale Reformbestrebungen V, 753.
Volkswirtschaft, Naturlehre der, oder Quesnaysche und A. Smithsche Theorie f. Volkswirtschaft rc. VI, 527.
—, Volkswirtschaftslehre, Volkswirtschaftsmethode VI, 527.
Volkswirtschaftliche Erscheinungen, Beobachtung und Beschreibung der, f. Volkswirtschaft VI, 538 ff.
—, Klassifikation der, in der Begriffsbildung f. Volkswirtschaft rc. VI, 547 f.
**Volkswirtschaftliche Untersuchungen, Kontroverse, ob sie vom Individuum oder von den Kollektiverscheinungen auszugehen haben f. Volkswirtschaft rc. VI, 551 f.
Volkswirtschaftslehre f. Volkswirtschaft rc. VI, 532.
—, Methode der, f. Volkswirtschaft rc. VI, 532.
—, Namengebung f. der beschreibenden, und dessen definierende Verwandlung der Namen in Begriffe f. Volkswirtschaft rc. VI, 546 f.
Volkswirtschaftspolitik, Merkantilistische, f. Handelsbilanz IV, 272 f.
Volkswirtschaftsrat, preußischer, f. Handwerk IV, 378.
Volkswohlstand, Symptomatik des, f. Einkommen III, 64 f.
Volkszählungen VI, 563.

Volkszählungen — Warenfälschung

Volkszählungen, Gegenstände der Ermittelung der, s. Volkszählungen VI, 580 ff.
—, Geschichtliches (317 v. Chr. bis 1871) f. Volkszählungen VI, 564 ff.
—, Kosten der, f. Volkszählungen VI, 672 f.
—, Organe der, f. Volkszählungen VI, 570.
—, Zählzeit der, in den verschiedenen Ländern, f. Volkszählungen VI, 568 f.
Volkszählungsverfahren f. Volkszählungen VI, 570 f.
Volkszahl, Entwickelung der, und Dichtigkeit der Bevölkerung f. Bevölkerungswesen II, 429 f.
„Vooruit" in Gent f. Sozialdemokratie V, 789.
Voranschlag f. Budget.
Vorbereitungsarbeit, Vorarbeit s. Produktion V, 284.
Vorflut VI, 573.
Vorrede (Treibeigene) f. Bauernbefreiung (Dänemark) II, 316.
Vorzugsrente VI, 575.
Vulgarrecht f. Handelsrecht (Rom u. Hellas) IV, 331.

Währung f. Gold-, Silber-, Doppel-, Parallelwährung.
Währungs-, Scheide- und Handelsmünzen f. Münzwesen IV, 148 f.
Wälder Europas, Größe, Verteilung und Besitzstand der, f. Forsten III, 587 ff.
Wagen- und Pferdesteuer f. Luxussteuer IV, 1087.
Wagenzwang f. Märkte x. IV, 1123.
Waghorn'sche Ueberlandpost von England nach Indien, 1835, f. Post V, 181.
Wagner, Adolph Heinrich Gotthilf VI, 580.
—, seine Stellungnahme zum Altruismus f. Altruismus I, 236, 239.
—, die seinem Erwerbsteuersystem zu Grunde gelegten drei Steuergruppen f. Erwerbsteuer III, 306.
—, als Theoretiker der von ihm sozialpolitisch behandelten Finanzwissenschaft f. Finanzwissenschaft III, 208.
—, seine Befürwortung der Grundeigentumsreform als Abhilfemittel gegenüber der Wohnungsnot f. Wohnungsfrage VI, 781.
—, seine Unterscheidung zwischen den realen Produktionsmitteln und den privaten Eigentumsrechten zur Festsstellung des Kapitalbegriffes f. Kapital IV, 651.

Wagner als Anhänger von Malthus f. Bevölkerungswesen II, 517.
—, als Vermittler in der methodologischen Kontroverse zwischen der historischen Schule und der abstrakten Methode f. Selbstinteresse (Litteratur) V, 652.
—, seine Ausführungen über die Opfertheorie f. Steuer VI, 105.
—, seine Proportionalsteuertheorie f. Steuer VI, 108.
—, seine Bevorzugung der statistischen Methode, als des relativ besten induktiven Verfahrens in der Volkswirtschaft, vor der historischen Methode f. Volkswirtschaft x. VI, 545.
—, seine Definition der Steuern f. Steuer VI, 83 f.
—, als Steuersystematiker f. Steuer VI, 102.
—, seine Kritik der Untersuchungen zwischen direkten und indirekten Steuern f. Steuer VI, 99.
—, als Steuerüberwälzungstheoretiker f. Steuer VI, 119 f.
—, seine Definition des Volkseinkommens f. Einkommen III, 46.
—, seine dreigliedrige Systematisierung der wirtschaftlichen Handlungen f. Altruismus I, 239.
Waisenversicherung f. Witwen- u. Waisenversicherung.
Wakefield, E. G., seine „Colonization Society" f. Auswanderung I, 1037.
—, sein Kolonisationssystem f. Kolonien x. IV, 712.
Wald, wasserwirtschaftliche Bedeutung des, f. Forsten III, 608 f.
Waldbenutzung f. Forsten III, 597.
Walddienstbarkeiten f. Forsten III, 624.
Waldeigentum f. Forsten III, 591 f.
Waldfeldbau im Siegener Lande f. Haubergswirtschaft IV, 395.
Waldfeldbetrieb f. Forsten III, 600.
Waldfeldwirtschaft f. Haubergswirtschaft IV, 395.
Waldgrundgerechtigkeiten f. Forsten III, 624 ff.
—, Ablösung der, f. Forsten III, 625 f.
—, Wertermittelung der, f. Forsten III, 626 f.
Wald- oder Hagenhufe f. Ansiedelung I, 305, 308.
Waldhufen f. Flurzwang III, 517.
Waldreinertragswirtschaft f. Forsten III, 601.
Waldservituten f. Walddienst-

barkeiten bezw. Forsten III, 624.
Waldstreuberechtigungen f. Forsten III, 624.
Waldwirtschaft, merkantilistische, f. Forsten III, 593 f.
—, Produktionsfaktoren der, (Grund und Boden, Kapital und Arbeit) f. Forsten III, 613—617
Walker, K., seinen Vorschlag zur Dezentralisation der Bevölkerung f. Wohnungsfrage VI, 780.
Walker, Francis Amasa VI, 584.
Wallace, Robert VI, 586.
Walras, Marie Esprit Léon VI, 587.
Wandernde, wogende Grundstücke f. Hof IV, 478.
Wanderausstellung f. Ausfuhrmusterlager.
Wanderbibliotheken f. Volksbildungsvereine VI, 507.
Wandergewerbe VI, 588; f. a Gewerbe III, 937 ff.
—, Beschränkungen des, f. Wandergewerbe VI, 591 f.
—, Besteuerung des, f. Wandergewerbe VI, 595 f.
—, Mißstände, verknüpft mit dem, f. Wandergewerbe VI, 590 f.
—, volkswirtschaftliche Berechtigung des, f. Wandergewerbe VI, 589 f.
Wandergewerbe-Enquete, Ergebnisse der, von 1876 f. Wandergewerbe VI, 592 ff.
Wandergewerbegesetzgebung, Stand, gegenwärtiger der, f. Wandergewerbe VI, 596 f.
— in Oesterreich, Frankreich und England f. Wandergewerbe VI, 596 f.
Wanderhandel f. Handel IV, 266.
Wanderschaft, Wandern f. Zunftwesen VI, 886.
Wanderseuchen, Vereinbarungen, internationale, zur Abwehr gefährlicher, f. Volkskrankheiten VI, 542.
Wanderungen f. Auswanderung.
Wanderunterstützung und Verpflegungsstationen der Schweiz f. Armenwesen I, 889.
Wapparus, Johann Eduard VI, 597.
**Waren, Verarbeitung, Vervollkommnung und Reparatur ein- und ausgeführter, f. Veredelungsverkehr VI, 413.
—, Verbote, wünschenswerte, des Handels mit einlagerungsfähigen, und Verbote der Belehnung eingelagerter, f. Warrants VI, 605.
Warenabzahlungsgeschäft f. Abzahlungsgeschäft.
Warenbörse f. Börse.
**Warenein- u. Ausfuhr, Wertermittelung der, f. Handelsstatistik IV, 349.
Warenfälschung VI, 599.

Warenfälschung — Weltpostverein

Warenfälschung, Aufdeckung und Verhütung der, s. Warenfälschung VI, 600 ff.
—, Bestimmungen, gesetzliche, gegen, s. Warenfälschung VI, 600. Nahrungsmittelpolizei V, 5 ff.
Waren- u. Gewichtsfälschung, Vorschriften gegen, s. Gewerbegesetzgebung (Großbritannien) III, 1001 f.
Warenhandel s. Handel.
Warenlotterie s. Lotterie ꝛc.
Waren- u. Produktenmakler s. Wasserwesen IV, 1099.
Warenverkehr, Statistik des, G. v. 20. VII. 1879 s. Zölle ꝛc. VI, 842.
Warenverzeichnis, amtliches, s. Zölle VI, 834.
Warenzeichen, figürliches, s. Markenschutz.
—, Priorität, bezw. berechtigter Besitzstand bezügl. der, s. Markenschutz IV, 1113 f.
Wargentin, Lehr VI, 603.
Warrants VI, 604.
— (crossed check-) s. Staatsschulden V, 836.
Wasserbenutzungsrecht, Beschränkungen des, s. Mühlenrecht IV, 1249 f.
Wassergenossenschaften VI, 610.
Wassergenossenschaftslandesgesetze in Oesterreich-Ungarn s. Wassergenossenschaften VI, 613.
— in Preußen, Bayern, Baden, Hessen, Elsaß-Lothringen s. Wassergenossenschaften VI, 611 —615.
Wassergrafen. Wassermeister s. Mühlenrecht IV, 1740.
Wasserhoheit s. Gewässer III, 911.
Wasserläufe, Verunreinigungen der, s. Fischerei III, 519.
Wasserlauf, Ordnung des, s. Vorflut.
Wasserpolizei s. Gewässer III, 910 f.
Wat Tyler, der Bauernführer s. Sozialdemokratie V, 708.
Weber, Friedrich Benedikt VI, 615.
Weberlöhne im Königreich Sachsen s. Arbeitslohn I, 709 ff.
Wechsel VI, 617.
—, Entwicklungsperiode des, s. Wechsel VI, 618 f.
—, die, auf London s. Wechsel VI, 630 f.
—, volkswirtschaftliche Bedeutung des, s. Wechsel VI, 623—634.
Wechseldiskontierung, Wechselkontopolitik ꝛc. s. Wechsel VI, 630 f., Diskonto f.
Wechselegalisation s. Schuldhaft V, 595.
Wechsel-, Fonds- und Geldmakler s. Maklerwesen.
Wechselhaft s. Schuldhaft V, 595.

Wechselkurse s. Wechsel VI, 627 ff.
—, Beeinflussung der, durch eine Goldprämie s. Wechsel VI, 627, 629.
—, Unsicherheit der, und Veränderlichkeit des Pari im Wechselverkehr zw. schen Ländern mit verschiedener Metall- oder mit Metall- und Papierwährung s. Wechsel VI, 630.
Wechselmessen s. Märkte ꝛc. IV, 1123.
Wechselordnung, Vollendung des Entwurfs einer allgemeinen deutschen, vom 9. XII. 1847 auf der Leipziger Wechselkonferenz s. Zollverein VI, 864.
Wechselrecht, deutsche Periode des, (Neueste Zeit) s. Wechsel VI, 628 f.
—, Französische Periode des, von der Mitte des 16. bis zur Mitte des 19. Jahrh. s. Wechsel VI, 621 f.
—, Italienische Periode des, s. Wechsel VI, 619 ff.
Wechselreiterei s. Wechsel VI, 632.
Wechsel- oder Schlagwirtschaft s. Felderwirtschaft III, 360.
Wechselstempelabgabe s. Wechsel VI, 634.
Wechselverkehr, inländischer, s. Wechsel VI, 632 ff.
—, internationaler, s. Wechsel VI, 625 ff.
Wechselverkehrsstatistik (Deutschland, England, Frankreich, Oesterreich-Ungarn) s. Wechsel VI, 643 f.
Wedderlegiug, Fürlegung s. Faktor III, 346.
Wege VI, 638.
—, Bau- und Unterhaltungslast der, s. Wege VI, 646 ff.
Wegegraben s. Wege VI, 650 f.
Wegebauverpflichtung, staatliche, in Preußen s. Wege VI, 650.
Wegeboden s. Grundbesitz IV, 135; s. a. Wege, Eisenbahnen.
Wege- und Brückenzoll s. Wege VI, 650.
Wegehausbau u. Volkswirtschaft s. Wege VI, 643.
Wegerecht, Wegegerechtigkeiten s. Wege VI, 646. Grundgerechtigkeiten IV, 180.
Wegeregal s. Wege VI, 646.
Wegereglement für Westpreußen vom 1795 s. Wege VI, 646, 647.
Wegestatistik (Länge der Straßen und Aufwand für die Straßen) s. Wege VI, 651.
Wegewesen u. Volkswirtschaft, Wechselwirkung zwischen, s. Wege VI, 640 ff.
Wehrsteuer VI, 652.
—, Bedenken gegen die, s. Wehrsteuer VI, 656 f.
—, Begriff und Geschichte der, s. Wehrsteuer VI, 652 f.

Wehrsteuerbegründung s. Wehrsteuer VI, 656 f.
Wehrsteuergesetzgebung (Schweiz, Oesterreich, Frankreich, Deutschland) s. Wehrsteuer VI, 653 ff.
Wehrsteuerveranlagung s. Wehrsteuer VI, 658 f.
Weideberechtigungen s. Forsten III, 625.
Weide- oder Hütungsgerechtigkeiten s. Grundgerechtigkeiten IV, 180.
Weide-, Wald-, Jagdboden, natürlicher, s. Grundbesitz IV, 128 f.
Weidewirtschaft s. Ackerbausystem I. 39 f.
Wein und Weinsteuer VI, 659.
— und weinhaltige Getränke, KO. vom 20. IV. 1892 betreffend den Verkehr mit, s. Nahrungsmittelpolizei V, 3.
Weineingangssteuer s. Wein ꝛc. VI, 662.
Weinelagersteuer s. Wein ꝛc. VI, 662.
Weinflächensteuer s. Wein ꝛc. VI, 661.
Weinhandelssteuer s. Wein ꝛc. VI, 662.
Weinhold, Karl August (Vater der Inhibitionstheorie) als outrierter Anhänger von Malthus in der Theorie s. Bevölkerungswesen II, 497 f.
Weinkelter- s. Kelterungssteuer s. Wein ꝛc. VI, 661.
Weinproduktionssteuer s. Wein ꝛc. VI, 661.
Weinsteuergesetzgebung (Deutsches Reich, Oesterreich-Ungarn, Großbritannien, Frankreich, Belgien, Schweiz, Griechenland ꝛc. s. Wein ꝛc. VI, 663—667.
Weinversandsteuer s. Wein ꝛc. VI, 661 f.
Welserprojekt s. Forsten III, 601.
Weitling, Wilhelm VI, 668.
—, als Gründer des kommunistischen „Briefungsbundes" 1847 s. Sozialdemokratie V, 719.
—, Kommunismus in der Schweiz; W. Weitling und August Becker s. Sozialdemokratie V, 717.
Weizen-Aus- und -Einfuhrländer s. Getreidehandel III, 881—884.
Weizenhandel, Uebersicht des, s. Getreidehandel III, 885.
Weltausstellung s. Ausstellungen I, 671.
Weltbriefporto, Einführung des einheitlichen, (Berner Konferenz, Oktober 1874) s. Porto V, 170.
Weltscheckgesetzentwurf s. Check II, 828 f.
Weltökonomie, System der, s. Winterbleck VI, 710.
Weltpostverein VI, 671.
—, Gründung des (von 1878 nebst Zusatzabkommen von 1891) s. Post V, 182.

Weltpostvereinsleistungen, 1875 bis 91 f. Weltpostverein VI, 676 f.
Weltpreis s. Preis V, 233.
Weltstraßen, Zentralstraßen s. Wege VI, 644 u. ö.
Werkgenossenschaften VI, 678.
— der Handwerker und Arbeiter s. Wertgenossenschaften VI, 678 ff.
— in der Landwirtschaft s. Wertgenossenschaften VI, 680.
Werkgeverbond s. Arbeiterversicherung I, 563.
Werklieden, Nederlandsche pensioenvereeniging voor, s. Arbeiterversicherung I, 566.
Werkmeisterschulen s. Gewerbliches Unterrichtswesen III, 1094.
Werkverdingung s. Submissionswesen.
Werner, s. Sozialdemokratie V, 715.
Wert VI, 681.
— abstrakter und konkreter, s. Wert VI, 683.
— der Arbeit s. Arbeitslohn I, 677 f.
— der Produktivgüter s. Wert VI, 695 f.
— natürlicher, s. Wert VI, 684.
—, subjektiver und objektiver, s. Wert VI, 682.
—, wirtschaftlicher, Grundidee des, s. Wert VI, 681 f.
Wertbegriff, Dogmengeschichte des, jur. s. Wert VI, 684 f.
Wertpapiere, Verkauf von, gegen Teilzahlung s. Abzahlungsgeschäfte I, 18
Wertschätzung von Gütern aus einem gegebenen Vorrate s. Wert VI, 692 f.
—, die um den Preis persönlicher Opfer frei ersetzlich sind s. Wert VI, 693 f.
—, die bei einem gegebenen Vorrat den Produktivmitteln aus diesem beliebig, soweit es zulangt, ersetzbar sind s. Wert VI, 694 f.
Werttheorie, Aufgaben der, s. Wert VI, 643 f.
—, zur Dogmengeschichte der, s. Wert VI, 644—691.
—, klassische, s. Wert VI, 687.
—, subjektive und objektive, s. Wert VI, 645.
Wertzölle (Zölle ad valorem) s. Zölle VI, 834 f.
Wesen des Finanztheoretikers s. Finanzwissenschaft III, 493.
Weserschiffahrt VI, 698.
Westergaard, Harald Ludwig VI, 699.
Wettbewerb VI, 700.
Weyland, John (Verfasser der Schrift „Principles of population and production", 1816) als optimistischer

Gegner von Malthus s. Bevölkerungswesen II, 508.
Whately, Richard VI, 704.
Wheatstone's Berechnungen der Geschwindigkeit der Fortpflanzung des elektrischen Stromes s. Telegraphie x. VI, 104.
Wichern, Johann Heinrich VI, 705.
—, als Begründer des evangelischen Kirchentages und Förderer der inneren Mission der deutschen evangelischen Kirche s. Soziale Reformbestrebungen V, 762.
Wiedereinstehkommen s. Einkommen III. 50.
Wiedertäufer, Güter- und Weibergemeinschaft der Sekte der, s. Sozialismus x. V, 772.
Wiesenbewässerung s. Gewässer III, 915.
Wilberforce, William, seine Agitation für Aufhebung des Negerhandels s. Unfreiheit VI, 535.
Wildbachverbauung s. Forsten III, 609.
Wildberger s. Sozialdemokratie V, 735.
Wilddiebstahl, Geschichtliches s. Jagd IV, 543.
Wildproduktion und Wildnutzung, rohe der, s. Jagd IV, 544.
Wildschaden VI, 707.
Wildschadengesetz, das preußische, vom 11. VII. 1891 s. Wildschaden VI, 708 f.
Will, Georg Andre VI, 709.
Winkelblech, Karl Georg (Pseudon. Karl Marlo) VI, 710.
—, seine die Gewerbefreiheit bekämpfenden Anträge auf dem Hamburger Vorkongreß norddeutscher Handwerker, Juni 1848 s. Handwerk IV, 370 f.
— als (bedingter) sozialistischer Anhänger von Malthus s. Bevölkerungswesen II, 507.
—, seine geistige Urheberschaft der Arbeiterversicherung s. Arbeiterversicherung I, 518.
Winkelhurerei s. Prostitution V, 305.
Winzergenossenschaften s. Produktivgenossenschaft V, 291.
Wirkungswert s. Wert VI, 681.
Wirth, Max VI, 712.
Wirtschaft s. Volkswirtschaft.
Wirtschaftlich unproduktive Ausgaben für Heer und Marine s. Krisen IV, 897.
Wirtschaftsgeschichte, Erweiterung der, zur Sozialgeschichte s. Selbstinteresse V, 643.
Wirtschaftsgenossenschaften s. Erwerbs- x. Genossenschaften.
—, Norddeutsches Bundesgesetz (von 1868) betr. die Einrichtung von, s. Landwirtsch. Genossenschaftswesen IV, 944 s.

Wirtschaftsmensch, Marktmensch (economical man) s. Selbstinteresse V, 648.
Wirtschaftsordnung, Heilmittel, vereinbare, mit der gegenwärtigen, s. Krisen IV, 900 f.
—, Umgestaltung, prinzipielle, der gegenwärtigen, s. Krisen IV, 901.
Wirtschaftssystem s. Landwirtschaft IV, 937 f.
Wirtshauswesen und Getränkehandel VI, 714.
Wißmann's Diktatur als Reichskommissar Deutsch-Ostafrikas s. Kolonien x. IV, 768.
Wittelshöfer, seine pessimistische Theorie der wirtschaftlichen Störungen s. Krisen IV, 917.
Witwen und Waisen von Offizieren, Ärzten und Beamten der deutschen Heeres und der Marine, Fürsorge für die, s. Witwen u. Waisenversicherung VI, 724.
Witwen- und Waisenversicherung VI, 721.
—, Erschwinglichkeit der, s. Arbeiterversicherung I, 510.
—, zur Geschichte der, s. Witwen- x. Versicherung VI, 721 f.
Witwen- und Waisenversicherung der Reichsbeamten und der preußischen Staatsbeamten s. Witwen- x. Versicherung VI, 723 f.
— von Staatsbeamten in Bayern, Württemberg, Sachsen, Baden, Hessen, Braunschweig, Elsaß-Lothringen s. Witwen- x. Versicherung VI, 724 f.
— von Staatsbeamten in außerdeutschen Ländern s. Witwen- x. Versicherung VI, 726.
Wochenbettunterstützung s. Krankenversicherung IV, 863.
Wochenlohn, Vorschläge der Eisenacher Sozialkonferenz von 1873 in Bezug auf den durchschnittlichen, und Kritik der Vorschläge, s. Arbeitslohn I, 701 f.
Wochenmärkte s. Märkte x.
Wohnbevölkerung (population domiciliée) s. Volkszählungen VI, 586.
Wohnhaftigkeit s. Wohnungsfrage VI, 731.
Wohnrecht s. Heimatrecht IV, 446.
Wohnung, Bedeutung der, s. Wohnungsfrage VI, 735 f.
Wohnungsfanatismus s. Wohnungsfrage VI, 785.
Wohnungsfrage VI, 727.
Wohnungsmietsmanöver, persönliche, s. Mobiliarsteuer.
Wohnungsnot, Ursachen der, s. Wohnungsfrage VI, 736 ff.
Wohnungsnotsabhilfe s. Wohnungsfrage VI, 739—751.

Wohnungssteuer — Zlese

Wohnungssteuer s. Mietsteuer.
Wohnungszustand der Wirklichkeit s. Wohnungsfrage VI, 728 — 735.
Wolf (Wolff), Christian VI, 763.
Wolf, Julius VI, 754.
Wolkoff, Matthieu de, VI, 755.
Wolle und Wollindustrie VI, 760.
Wollgarn-, Wollwaren-, Rohwollzölle und -Zollgesetzgebung in Preußen, Oesterreich, Frankreich, England, Rußland, den V. Staaten von Amerika c. s. Wolle c. VI. 769—773.
Wollindustrie, Wollverbrauch, Allgemeines, Großbritannien, Ver. Staaten von Amerika, Deutsches Reich, Frankreich, Oesterreich s. Wolle c. VI. 764—769.
—, englische, in Bezug auf die Gewerbepolitik Eduard III. s. Bauernbefreiung II. 224.
Wollproduktion der Erde s. Wolle c. VI. 763 f.
Wollverbrauch s. Wollindustrie.
Wolost (Großgemeinde oder Gruppierung kleiner ländlicher Gemeinden in Rußland) s. Bauernbefreiung II, 229, Mir IV, 1187.
Wolowski, Louis François Michel Raimund VI, 755.
— seine bimetallistische Propaganda s. Doppelwährung II, 994.
Work-house s. Armenwesen I, 875 f., 877, Arbeitshaus.
Wucher VI, 773.
—, Begriff und wirtschaftliche Beurteilung des, s. Wucher VI, 773 f.
—, Mittel zur Bekämpfung des, s. Wucher VI, 786 f.
—, positiv-rechtliche und moralische Beurteilung des, s. Wucher VI, 775—780.
Wuchergesetz für das Deutsche Reichsgebiet vom 24. V. 1880 nebst Ergänzungsgesetz vom 19. VI. 1893 s. Wucher VI, 785 f.
Wuchergesetzgebung, die neuere und gegenwärtige im Deutschen Reichsgebiet s. Wucher VI, 784 ff.
—, die neuere, außerhalb des Deutschen Reichsgebiets s. Wucher VI, 783 f.
Würzesteuer in Baden s. Bier x. II. 582, 589.
Würzesteuergesetz vom 12. VIII. 1880 s. Bier c. (Großbritannien) II, 598.

Yellow stuff s. Tabak VI, 158.
Young, Arthur VI, 789.
—, seine Untersuchungen über den Fruchtwechsel in den angestammten Gegenden Englands s. Ackerbausysteme I, 38.
—, seine Glossen über die wirtschaftliche Vorschriebart einer Regierung, nahe prächtigen Bräuchen

und Straßen schlechte, den Fremdenverkehr schädigende Gasthöfe zu dulden s. Wege VI, 641.
— als Anwender des Systems der index number in einer Schrift von 1811 über den Wert des Geldes s. Preis V, 343.
— als Vorgänger von Malthus s. Bevölkerungswesen II, 491.

Zachariae von Lingenthal, Karl Salomon VI, 791.
Zählkarte (bull-tin individuel) s. Volkszählungen VI, 570 f.
Zahlenlotto s. Lotterie IV, 1068 f.
Zahlungsbilanz, internationale, s. Wechsel VI, 624 f.
Zahlungssperre s. Mortifikation IV, 1279.
Zambelli, Andrea VI, 794.
Zehent s. Bauernbefreiung, Naturalleistungen.
Zehnten s. Kirchliche Abgaben IV, 672 ff., Bauernbefreiung.
Zeichenregister s. Markenschutz IV, 1112 f.
Zeidelweide s. Forsten III, 693.
Zeitgeschäft und Bedenken dagegen s. Zeitgeschäfte VI, 796—799.
—, Mißstände, besondere, im, s. Zeitgeschäfte VI, 801 f.
—, Vorschläge zur Abstellung der Schäden des, s. Zeitgeschäfte VI, 802 ff.
— und Gesetzgebung über die Differenzgeschäfte in den verschiedenen Ländern (Deutschland, Amerika, Belgien, England, Frankreich, Italien, Oesterreich, Schweiz) s. Zeitgeschäfte VI, 799 ff.
Zeitgeschäfte VI, 794; s. a. Aktiengesellschaften, Arbitrage, Börse, Börsengeschäfte II, 682, Börsenspiel, Getreidehandel, Mäklerwesen, Spekulation.
—, Abwickelung der, s. Börsengeschäfte II, 684 ff.
—, zur Geschichte der, s. Zeitgeschäfte VI, 794 f.
Zeitlohn s. Arbeitslohn I, 672.
Zeitpacht s. Pacht V, 86 f.
—, gegen Zusicherung eines Wiederkaufs beim Verkauf eines Gutes s. Pacht VI, 87.
Zeitrenten s. Anleihen I, 283.
Zeitungen, Zeitungswesen, Zeitungsanzeigen VI, 804, s. a. Preßgewerbe x.
— und Zeitschriften, Arten, Inhalt und Verbreitung der, s. Zeitungen c. VI, 808 f.
— und Zeitungsanzeigen, Bedeutung der, s. Zeitungen c. VI, 811.
Zeitungsanzeigen s. Zeitungen c. VI, 809 f.

Zeitungsstempelsteuer, preußische, GG. vom 7. III. 1822, 2. VI. 1852, 20. VI. 1861 und v. 26. IX. 1862 s. Zeitungssteuer VI, 813, Zeitungen c. VI, 806.
Zeitungssteuer VI, 813.
Zeitungsverkehr s. Post V, 188.
Zeitungswesen, Begriff und Geschichte des, s. Zeitungen c. VI, 805 ff.
— in Oesterreich und Einwirkung der Preßgesetzgebung auf das. (Tabelle) s. Zeitungen c. VI, 807.
— und Post s. Zeitungen c. VI, 810 f.
Zeller, E., sein Resumé über die Hauptsätze der sokratischen Sittenlehre. Selbstinteresse V, 641.
Zensur, Aufrechterhaltung der, auf Grund der Karlsbader Beschlüsse, G. vom 18. IX. 1819 f. Preßgewerbe c. V, 269.
—, Jahrhunderte, die, der, im Preßgewerbe s. Preßgewerbe V, 267 f.
Zensurfreiheit, Uebergang, allmählicher, zur, s. Preßgewerbe c. V, 268 f.
Zentralankaufsstelle des landwirtschaftlichen Zentralvereins für die Provinz Sachsen für Maschinen-Einkauf und -Absatz s. Landwirtsch. Genossenschaftswesen IV, 947.
Zentralausschuß vereinigter Innungsverbände Deutschlands (gegr. 15. XII. 1884) s. Handwerk IV, 379.
Zentraldarlehnskasse und Generalanwaltschaft in Neuwied, Firma Raiffeisen u. Konf. s. Darlehnskassenvereine II, 907 f.
Zentralisierte oder dezentralisierte Bearbeitung (Aufbereitung, depouillement) des durch die Zählung gewonnenen Urmaterials s. Volkszählungen VI, 571 f.
Zentralkommission, statistische, der Niederlande s. Statistik VI, 36.
Zentralkomitee für Handfertigkeitsunterricht und Hausfleiß (gegr. 13. XI. 1881) s. Handfertigkeitsunterricht IV, 366.
Zentralmoorkommission s. Moorkultur IV, 1220.
Zettelbanken, Entstehung der, s. Law, Banken II, 53 f., 66.
—, die britischen, von 1797—1844 s. Banken II, 55 ff.
—, die britischen seit der Gesetzgebung von 1844 s. Banken II, 57 ff.
—, die englischen und schottischen bis zur Bankstestrittion 1797 s. Banken II, 54 f.
—, drei italienische, aufgehoben nach Gründung des Königreichs Italien s. Banken II, 134.
Zlese s. Acclse.

Zigarettenfabrikation — Zündhölzchenfabrikationsgesetz 79

Zigaretten und Zigarillosfabrikation s. Tabak VI, 163
Zigarrenfabrikation s. Tabak VI, 163.
Zincke, Georg Heinrich VI, 814.
Zins VI, 815, s. a. Einkommen III, 48.
Zinsenlotterie (Prämienanleihen) s. Lotterie IV, 1069.
Zinserneuerungsschein, Feise (Talon) s. Staatsschulden V, 843.
Zinsfuß, Verschiebung in der Verteilung des Volkseinkommens durch fortschreitendes Sinken des, s. Zins VI, 824.
— und Geldfülle s. Zins VI, 826 f.
— und Kurs der Staatsanleihen s. Staatsschulden V, 842 ff.
Zinsfußbewegung in Deutschland seit 1815 s. Zins VI, 824 f.
Zinshöhe in verschiedenen Zweigen der Kapitalverwendung s. Zins ꝛc. VI, 825 f.
Zinsnehmungsverbote, kanonische, s. Wucher VI, 781.
Zins- und Pachtgut vom 12. bis 14. Jahrhundert s. Bauerngut ꝛc. II, 264.
Zinsprämien s. Sparkassen V, 79?.
Zinsproblemerfassung als Wertproblem, Theorie der, s. Zins VI, 818 f.
Zinsschein (Coupon), Zinsscheinreihe (Couponbogen) s. Staatsschulden V, 841.
Zins- und Wucherverbote, die älteren, s. Wucher VI, 780 ff.
Zirkulationssteuern (Transport- u. Handelssteuern) s. Verbrauchssteuern.
Zölle, Zollwesen VI, 827.
—, Maßregeln und Anstalten zur Sicherung des Einganges der, s. Zölle ꝛc. VI 840 ff.
—, preußische, s. Zölle VI, 834 f.
Zollabfertigung s. Handelsstatistik IV, 342.
Zollberechnungsbevölkerung s. Volkszählungen VI, 566.
Zollabschläge (détaxes) s. Zölle VI, 831.
Zollämter, binationale, s. Zölle VI, 841.
—, Hebe- und Abfertigungsbefugnisse der, s. Zölle VI, 842 f.
Zollanschlüsse, Zollausschlüsse s. Zölle VI, 837.
Zollanschluß Badens an den Deutschen Zollverein, 12. V. 1835 s. Zollverein VI, 862.
— Kurhessens an den preußisch-hessischen Zollbund, 25. VIII. 1831 s. Zollverein VI, 862.
— Sachsens an den nord- und süddeutschen Zollverein, 30. III. 1833 s. Zollverein VI, 862.
Zollanschlußverträge s. Zollverein VI, 861 f.

Zollanschlußvertrag zwischen Preußen und Hessen-Darmstadt vom 14. II. 1828 s. Zollverein VI, 861.
Zollausland, echtes Zollausland (étranger effectif) s. Zölle ꝛc. VI, 832, 846
— im Zollinland (Niederlagen) s. Zölle ꝛc. VI, 832, 846.
Zollbagatellprozeß s. Zölle ꝛc. VI, 856.
Zollbetragsfiktitation s. Zölle ꝛc VI, 856.
Zollbindungen s. Zölle ꝛc. VI, 833.
Zolldefraudationen und deren Verjährung s. Zölle ꝛc. VI, 851 ff., 854.
Zollerlasse (Zollermäßigungen) s. Zölle ꝛc. VI, 838 ff.
Zollerleichterungen für den kleinen Grenzverkehr s. Zölle ꝛc. VI, 839.
Zollfreiheiten s. Zölle ꝛc. VI, 838 ff.
— der Retourwaren (d. h. der auf ungewissen Verkauf ausgeführten Waren) s. Zölle ꝛc. VI, 834.
Zollgebiet, Zollgrenze s. Zölle ꝛc. VI, 832, 841.
Zollgefälle, Verjährungsfrist der, s. Zölle ꝛc. VI, 838.
Zollgesetz von 1818 s. Zollverein VI, 860.
Zollgrenze s. Zollgebiet.
Zoll- und Handelsverein der thüringischen Staaten, Anschluß d. an den nord- und süddeutschen Zollbund vom 11. V. 1833 s. Zollverein VI, 862.
Zollkartelle gegen den Schleichhandel s. Zölle ꝛc. VI, 855.
Zollkredit, eiserner Zollkredit s. Zölle ꝛc. VI, 837.
Zollinie s. Zölle ꝛc. VI, 841.
Zollniederlage (entrepôt) s. Handelsstatistik IV, 341.
Zollparlament s. Zölle ꝛc. VI, 832.
Zollpflicht, Zollschuldigkeit s. Zölle ꝛc. VI, 837.
Zollpolitik s. Zölle ꝛc. VI, 832, s. a. Handelsverträge, Schutzsystem.
Zollrecht, Zollregal s. Zölle ꝛc. VI, 841 f.
Zollschutz s. Zölle ꝛc. VI, 849 - 855.
Zollskala, gleitende, s. Zölle ꝛc. VI, 851.
Zollstatistik s. Zölle ꝛc. VI, 855 ff.
Zoll- oder Steuerdeklaration (Meldepflicht) IV, 1164.
Zoll- und Steuervergütung bei der Ausfuhr von deutschen Tabaksfabrikaten s. Tabak VI, 184 f.
Zollstrafrecht s. Zölle ꝛc. VI, 849 - 855.
Zollstraßen s. Zölle ꝛc. VI, 842.
Zollsendungsscheine s. Veredelungsverkehr VI, 417.

Zolltarif und Zollsatz, Zolltarifgesetzgebung s. Zölle ꝛc. VI, 832 — 837.
Zollverein VI, 859.
—, deutscher, Konstituierung des, in der Neujahrsnacht 1834 s. Zollverein VI, 862.
—, Organisation und Tarifpolitik (nach dem Prinzip der freien Einfuhr) des, s. Zollverein VI, 863 f.
—, süddeutscher, zwischen Bayern und Württemberg, Vertrag vom 18. I. 1828 s. Zollverein VI, 861.
Zollvereinskrisen, drei, von 1845 bis 1865 s. Zollverein VI, 863.
Zollvereinsverband auf 8 Jahre zwischen dem bayrisch-württembergischen und dem preußisch-hessischen Zollbund, 1. I. 1834 s. Zollverein VI, 862.
Zollverfahren bei Strandgütern s. Zölle ꝛc. VI 840.
Zollwerteinschätzung s. Zölle VI, 845.
Zollwertepertise s. Zölle VI, 845.
Zollzuschläge auf die auf fremden Schiffen oder zu Lande eingeführten Waren s. Schutzsystem V, 615.
Zonenenteignung s. Zusammenlegung städtischer Grundstücke VI, 922.
Zucht- oder Herdbuchgesellschaften s. Landwirtschaftliches Genossenschaftswesen IV, 952.
Zuckerbesteuerung s. Zuckerindustrie ꝛc. VI, 870 - 875.
Zuckerfabrikatsteuer und Verbrauchsabgabe s. Zuckerindustrie VI, 872 f.
Zuckerindustrie und Zuckersteuer VI, 865.
—, (Rohr- und Rübenzuckerindustrie) Geschichte der, s. Zuckerindustrie ꝛc. VI, 865 ff.
Zuckerpauschalsteuer (nach der Leistungsfähigkeit der Saftgewinnungsapparate) s. Zuckerindustrie ꝛc. VI, 872.
Zuckerrohmaterialsteuer s. Zuckerindustrie VI, 870 ff.
Zuckerprämie, Gewährung der, bis zum 31. VII. 1897 s. Schutzsystem V, 604, Zuckerindustrie VI, 874.
Zuckerproduktion für den Weltmarkt 1852/94 (Tabelle) s. Zuckerindustrie ꝛc. VI, 869.
Zuckersaftsteuer s. Zuckerindustrie ꝛc. VI, 872.
Zuckersteuer in den einzelnen Ländern (Deutschland, Frankreich, Oesterreich-Ungarn, Rußland, Belgien und Holland) s. Zuckerindustrie VI, 873 ff.
Zündhölzchenfabrikationsgesetz, dänisches, s. Arbeiterschutzgesetzgebung I, 476 f.

Zündhölzchengesetz — Zwischenspediteur

Zündhölzchengesetz, eibgenössisches, vom 23. XII. 1879 s. Arbeiter-schutzgesetzgebung I, 456.
Zündhölzersteuer VI, 876.
Zündholzsteuergesetzgebung (Frankreich, Rußland, Spanien, Griechenland x.) s. Zündholz-steuer VI, 876 f.
Zünfte, Entstehung der, s. Zunft-wesen VI, 879 ff.
—, Zusammenhänge der, mit dem Gildewesen s. Zunftwesen VI, 879, Gilden IV, 60.
—, Organisation der älteren, s. Zunftwesen VI, 882 ff.
— Organisation, militärische, der, s. Zunftwesen VI, 886 f.
— in Rußland s. Gewerbegesetz-gebung III, 1029.
Zünftische Mißbrauch des „Scheltens oder Aultreibens" s. Zunft-wesen VI, 891.
— Normierung des Lehrlings- und Gesellenwesens s. Zunftwesen VI, 888 f.
— Pflege des religiös-geselligen Moments s. Zunftwesen VI, 886.
Zuhältertum, Unwesen des, s. Pro-stitution V, 803.
Zunftkämpfe s. Zunftwesen VI, 864.
Zunftrollen, Zunftbriefe s. Zunft-wesen VI, 878.
Zunftterrorismus der Gesellen s. Zunftwesen VI, 886.
Zunftwesen VI, 878.
—, Blütezeit des deutschen, s. Zunftwesen VI, 884 ff.
—, Verfall des deutschen, s. Zunft-wesen VI, 887 ff.
Zunftwesenverordnung durch Polizei-ordnung des Großen Kurfürsten vom 3. I. 1688 s. Zunftwesen VI, 889.
Zunftzwang s. Zunftwesen VI, 887, 885.
Zusammenlegung der Grundstücke VI, 896, s. a. Feldbereini-gung, Konsolidation, Spe-zialseparation.
— in den Gebieten außerhalb des gemeinen Landrechts und in den seit 1866 mit Preußen vereinigten Ländern s. Zusammenlegung der Grundstücke VI, 909—914.
— in den östlichen Provinzen Preußens alten Bestandes s. Zusam-

menlegung der Grundstücke VI, 898—909.
Zusammenlegung in den süddeut-schen Staaten s. Zusammen-legung der Grundstücke VI, 915 f.
Zusammenlegung (Umlegung) städ-tischer Grundstücke VI, 916.
Zusammenlegungsstatistik, preu-ßische, s. Zusammenlegung der Grundstücke VI, 915.
Zuschlagserteilung s. Submis-sionswesen VI, 144 f.
Zusammenstöße auf Schiffe auf See, internationale Vereinbarun-gen zur Verhütung von, s. Schiffahrt V, 563.
Zusatzpatent s. Patentrecht V, 179.
Zuschlagsprämie s. Lebensver-sicherung IV, 1107.
Zuschlagszölle s. Zölle VI, 831.
Zuzugsbeschränkungen s. Frei-zügigkeit III, 673.
Zwangsamortisation, Prinzip der, s. Landeskreditkassen IV, 921.
Zwangsanleihen (emprunts forcés) s. Staatsschulden V, 826 f.
Zwangsarbeitsanstalten in Däne-mark und Rußland s. Armen-wesen I, 930, 931.
Zwangsarbeits- und Besserungs-anstalten in Österreich s. Armen-wesen I, 926 ff.
—, Gesetz vom 24. V. 1885 s. Zwangsversicherung VI, 931.
Zwangsarmenpflege in der Schweiz s. Armenwesen I, 847, 931.
Zwangseinschreibung (Inskribie-rung) der Prostituierten s. Pro-stitution V, 808.
Zwangserziehung VI, 923.
— in Großbritannien, Irland, Öster-reich, Frankreich, Italien s. Zwangserziehung VI, 928—932.
— und Kriminalität s. Zwangs-erziehung VI, 926 ff.
— in Preußen und den anderen deutschen Staaten s. Zwangs-erziehung VI, 924 f.
Zwangserziehungsgesetz, preußi-sches, vom 13. III. 1878 (ergänzt durch GG. vom 27. III. 1881 und 23. VI 1884) s. Zwangser-ziehung VI, 924.

Zwangshellung und Entmündigung der Trunker s. Trunksucht VI, 283 f.
Zwangsimpfungen s. Impfrecht.
Zwangskosten, Zwangsdiätisten in Preußen s. Arbeiterver-sicherung I, 577 ff., Knapp-schaftskassen IV, 681.
Zwangskassenversicherung s. Krankenversicherung IV, 868.
Zwangspapiergeld s. Papiergeld V, 96 f.
Zwangspaß, Leichenpaß s. Paß-wesen V, 122.
Zwangsstellbeitigungen in den öffentlichen Büchern s. Hypothe-ken- x. Wesen IV, 678.
Zwangsvergleich s. Konkurs IV, 605.
Zwangsvollstreckung VI, 932.
—, Rechtsänderungen der, s. Zwangs-vollstreckung VI, 933 ff.
—, Recht, positives, der, s. Zwangs-vollstreckung VI, 934 f.
—, Statistische Behandlung der, s. Zwangsvollstreckung VI, 936.
—, Volkswirtschaftlicher Effekt und die Beschränkungen der, s. Zwangs-vollstreckung VI, 938 ff.
Zwanzig-Guldensußfuß, Uebergang vom, zum 48-Fl.-Fuß s. Sorten II, 100.
Zweckstreben, Methode alles ver-nünftigen, des Menschen s. Selbst-interesse V, 548.
Zweiheitssystem, Opposition der Notarier gegen das, s. Warrants VI, 608.
—, Erklärung des deutschen Juristen-tages gegen Einführung des, in Deutschland s. Warrants VI, 609.
Zweitthalerstück, eingeführt als Ver-einsmünze für den Zollverein, 1838 s. Münzwesen IV, 1260
Zwergbrett, Zwergwirtschaft s. Bo-denzersplitterung, Güter-schlächterei IV, 236.
Zwingli, Ulrich (Huldreich) VI, 938.
Zwischenhandel s. Handel.
Zwischenprodukte s. Kapital IV, 853.
Zwischenspediteur s. Spedition-geschäfte.

Nachtrag.

Achenwall, Gottfried, als Einführer des Subjantivs Statiſtik für die Staatsbeſchreibung als akademiſches Lehrfach ſ. **Statiſtik VI,** 8.

Agrariſche Grundbeſitzfrage, Gründe, die bei bäuerlichem Bodenbeſitz für Privateigentum, bei Großgrundbeſitz für Gemeineigentum sprechen ſ. **Grundbeſitz IV,** 136 f.

Altersſtafeln und Sterbetafeln ſ. **Alters- ꝛc. Verſicherung I,** 216 f.

Amsberg, von, als geistiger Urheber der ersten deutschen Staatsbahn von Braunschweig nach Wolfenbüttel ſ. **Eisenbahnen III,** 184.

Arbeit, Weit der, ſ. **Arbeitslohn I,** 677 f.

Arnold (Direktor der „Rugby School") als ethiſcher Sozialreformer ſ. **Soziale Reformbestrebungen V,** 747.

Ashley, Lord (später Earl of Shaftesbury) als chriſtlicher Sozialreformer ſ. **Soziale Reformbestrebungen V,** 745, 746.

Aveling als marxiſtiſcher ſozialdemokratiſcher Agitator in England ſ. **Sozialdemokratie V,** 727.

Banken, Aktivgeſchäfte der, ſ. **Banken II,** 16—21.
— **Paſſivgeſchäfte der,** ſ. **Banken II,** 13—16.

Barbès, Armand, als Babouviſt, Kommuniſtenführer, Geheimbündler und Verſchwörer erſt gegen das Königtum in Frankreich, dann gegen die Republik ſ. **Sozialdemokratie V,** 714 ff.

Bauten, Verfügung von einer verſtändigen Umlegung von Grundſtücken hinderlicher, ſ. **Zuſammenlegung städtiſcher Grundſtücke VI,** 921.

Bayard, Saint-Amand, als Syſtematiker der kommuniſtiſchen materiellen und immateriellen Eigentumsreform ſ. **Sozialdemokratie ꝛc. V,** 774, **Saint-Simon ꝛc. V,** 480 f.

Bebel, Auguſt, ſ. **Grundbeſitz IV,**

130, **Sozialdemokratie V,** 721.

Becker, Auguſt, als Leiter der kommuniſtiſchen Agitation in der Schweiz. 1843—1845 ſ. **Sozialdemokratie V,** 717.

Gefühlswerkzeugs ſ. a. **Handwerk IV,** 379, 380, 381.

Berghoff-Iſing, ſeinen Vorſchlag, neben der bisher gebräuchlichen Minimalrate eines Domänenpachtungsobjekts eine Maximalrate einzuführen ſ. **Domänen II,** 971.

Blanqui, Auguſt, als Kommuniſtenführer, Geheimbündler und Verſchwörer gegen das Königtum in Frankreich und gegen die trikolore Republik ſ. **Sozialdemokratie V,** 714 f.

Blauer Montag ſ. a. **Geſellenverbände III,** 830, 831.

Bodenhaushalt ſ. **Raubbau u. Statik V,** 344.

Börne, Ludwig, als Verherrlicher des Saint-Simonismus ſ. **Sozialdemokratie V,** 716.

Böttiger, von (Staatsſekretär), ſeine Warnung vor dem Hinausſchieben der Entſcheidung über die Alters- und Invaliditätsverſicherung bis zur Herstellung einer deutschen Lohnſtatiſtik ſ. **Arbeitslohn I,** 695.

Boiſſel, François, als Jakobiner und kommuniſtiſcher Theoretiker ſ. **Sozialismus ꝛc. V,** 774.

Boſch, Jan, von den (1830—39), ſein „Kultursyſtem" (Plantagenſyſtem auf Java) ſ. **Kolonien ꝛc. IV,** 713, **Oſtindiſche Handelsgeſellſchaft V,** 71.

Briſſot de Warville als sozialiſtiſcher Girondiſt ſ. **Sozialismus ꝛc. V,** 773.

Buchez als chriſtlich-ſozialer, die Produktivaſſoziation befürwortender Kommuniſt ſ. **Sozialdemokratie V,** 714, **Sozialismus ꝛc. V,** 776.

Carey, Henry Charles, ſeine Ausführungen über die Aufgabe der Schutzzölle zur Hebung der einheimiſchen Induſtrie und mittels

letzterer zur Verwertung der Arbeitskraft einer zunehmenden Bevölkerung zu dienen ſ. **Handelspolitik IV,** 324.

Cavaignac, Godefroy, als radikaler Sozialiſt und Haupt des Geheimbundes „Société des droits de l'homme" ſ. **Sozialdemokratie V,** 713.

Compagnie van Verre ſ. **Oſtindiſche Handelsgeſellſchaften V,** 66 f.

Conrad, J., ſeine Vorſchläge zur allmählichen Aufhebung der Getreidezölle ſ. **Getreidezölle III,** 909.
— , ſeinen Nachweis, daß der Getreidebau auch bei ſinkenden Preiſen zu ſeiner Fortdauer des Schutzzolles nicht bedarf ſ. **Getreidezölle III,** 909.

Conſiderant, Victor, als kommuniſtiſchen Syſtembauers ſ. **Sozialismus ꝛc. V,** 776.

Conſtant als chriſtlich-ſozialer Kommuniſt ſ. **Sozialdemokratie V,** 714.

Coſſa, Luigi, ſeine Einteilung der Steuern ſ. **Steuer VI,** 100.

Cournot, Anton Auguſtin, ſeine analytiſche Unterſuchung über den Einfluß der Zahl der Teilnehmer eines Monopols auf die theoretiſche- und die Monopolpreisbildung ſ. **Monopol IV,** 1212 f.

Deleſtre, Hugues, als Vater des Sparkaſſengedankens ſ. **Sparkaſſen.**

Dézamy, Theodor, als ehemaliger Sekretär und ſpäter zum Syſtem Fouriers übergegangener Kommuniſt ſ. **Sozialdemokratie V,** 714, **Sozialismus ꝛc. V,** 776.

Differenzgeſchäfte, Geſetzgebung über die, in den verſchiedenen Ländern (Deutſchland, Amerika, Belgien, England, Frankreich, Italien, Oeſterreich, Schweiz) ſ. **Zeitgeſchäfte VI,** 792 ff.

Drobiſch, ſeine Löſung des Diviſionsexempels zur Erlangung der Durchſchnittspreiſe von differenten Gütermiſchungen ſ. **Preis V,** 274.

Eden-Vertrag (Handelsvertrag zwischen Frankreich und England von 1786) f. Handelsverträge IV, 360.

Enfantin, Barthélemy Prosper f. a. Saint-Simon x. V, 481.

Földes, Béla VI, 941.

Frauds, Act of, von 1662 f. Schiffahrt V, 537.

Fritzsche (Zigarrenarbeiter und Leiter des Allgemeinen deutschen Arbeitervereins) als Begründer fachgewerblicher Vereinigungen f. Sozialdemokratie V, 722.

Geld, Schätzung des, f. Preis V, 829 ff.

—, Warencharakter des, f. Geld III, 753 f.

Gerste-, Hafer-, Roggen- u. Mehlhandel f. Getreidehandel (Statistik) III, 845—848.

Gerstner, von, als Vater des Eisenbahnwesens in Oesterreich f. Eisenbahnen III, 189.

Getreidehandel, Technik des, f. Getreidehandel III, 867—878.

Gewerbepolitik Eduard III. in Bezug auf Wollindustrie f. Bauernbefreiung II, 224.

Goldwährung, Regelung der österreich.-ungarischen Valuta durch Ueberang zur, 1892/93 f. Papiergeld V, 113.

Gotheln, Eberhard, seine Forschungen über die militärische Organisation der Zünfte f. Zunftwesen VI, 886.

Guden, Ph. P. (Verfasser der "Polizei der Industrie", 1768) als zonentheoretischer Vorläufer Thünens f. Wege VI, 641.

Halbscheidpacht in Oberitalien f. a. Produktivgenossenschaft V, 294.

Heine, Heinrich, als Saint-Simonist und Bekämpfer der Geldaristokratie in der "Augsburger Allgem. Zeitung" f. Sozialdemokratie V, 716.

Hermann, Friedrich Benedikt Wilhelm von, seinen Kapitalbegriff f. Kapital IV, 651.

Hoffmann, Johann Gottfried, seine Einteilung der Steuern f. Steuer VI, 99.

Hume, David, seinen Kapitalbegriff f. Kapital IV, 650.

Hyndman (Advokat) als sozialdemokratischer Agitator und Veranstalter der Demonstrationen der Arbeitslosen 1886 und 1887 in England f. Sozialdemokratie V, 727.

Istituti di credito agrario f. Banken (Italien) II, 136.

— di credito fondiario f. Banken (Italien) II, 136.

Jottrand, als belgischer Kommunist f. Sozialdemokratie V, 716.

Kade (Gerichtsassessor), seinen Plan, dem Altenteilvertrag die Eigenschaft eines gewagten Geschäftes durch Versicherung des Altenteilers zu nehmen f. Altenteil I, 197.

Kamen (Lord), seinen Vorschlag für eine Domänenverwaltung, entweder das bei Ablauf einer Pachtperiode vom Pächter auf Grund von ihm vorgenommener Meliorationen abzugebende Pachtmehrgebot anzunehmen oder dem Pächter die zehnfache Summe seines Mehrgebots auszuzahlen f. Domänen II, 970.

Kats, als österreichischer Sozialist f. Sozialdemokratie V, 716.

Kaufkraft, Sinken der, f. Krisen IV, 896 f.

Keir Hardie als sozialreformatorischer Arbeitervertreter in England f. Sozialdemokratie V, 727.

Kingsley, Charles, als Schüler von Maurice und als christlich-sozialer Publizist f. Soziale Reformbestrebungen V, 745 ff.

Kossuthnoten, Ungültigkeitserklärung der, f. Banken II, 99.

Kumulierungsklausel f. Transportversicherung VI, 264.

Landsystem f. Grundbesitz IV, 135.

Landwirtschaftliche Maschinenbenutzung f. Agrarstatistik I, 69.

Lohnermittelungen im Tabakgewerbe von Sombart, Wörishoffer, Bohmert, Alban Förster f. Tabak x VI, 166.

Marrast, Armand, als Kommunist und Redakteur von "Tribune", des Prestorgans der Société des droits de l'homme f. Sozialdemokratie V, 713.

Methode, Wesen der (für die einzelnen Wissenschaften) überhaupt f. Volkswirtschaft x. VI, 539 f.

Miquel (Verfasser von "Maßregeln zur Erreichung gesunder Wohnens", Braunschweig 1888) f. Wohnungsfrage VI, 748, 749, 750.

Neumann, Friedrich Julius, seine Einteilung der Steuern f. Steuer VI, 100.

Obligationen und Koupons, Verjährungsfrist für, f. Staatsschulden V, 844.

Rau, Karl Heinrich, seine durch Gleichung und Proportion gelöstes Wirtschaftsproblem, wonach ungenügende Kaufkraft der Arbeiter als Konsumenten der durch neue Unternehmungen des Kapitals bewirkten Vermehrung des Warenangebots gegenübersteht f. Krisen IV, 896 f.

Reiser, Friedrich, seine in dem Altenbuch "Reformation Kaiser Sigismunds" niedergelegte Bekämpfung der Zünfte aus gewerbepolitischen Motiven f. Zunftwesen VI, 854 f.

Rodbertus, Johann Karl, seine Unterscheidung zwischen den Begriffen Volks- und Individualeinkommen f. Einkommen III, 46.

Rubner, seine Untersuchungen über den Nahrungsbedarf Erwachsener, in Wärmeeinheiten ausgedrückt, innerhalb des 24-stündigen Stoffumsatzes f. Konsumtion IV, 833.

Rulands Handlungsbuch für die Tafel- und Paternostermacher f. Gewerbe III, 941.

Schweitzer, J. B. von, als Leiter des Allgemeinen deutschen Arbeitervereins und als Begründer fachgewerblicher Vereinigungen f. Sozialdemokratie V, 722.

Sedi (Banksuccursalen) f. Banken (Italien) II, 136.

Sliding scale f. a. Zölle x. VI, 854.

Smith, Adam, seine Einkommenslehre f. Einkommen III, 47.